그들은 어떻게

부자가

되었을까

ORDINARY PEOPLE, EXTRAORDINARY WEALTH

그들은 어떻게 부자가 되었을까

릭 에들먼 지음 | 장석훈 옮김

청림출판

옮긴이 | 장석훈

서강대와 프랑스 리용 2대학에서 철학, 불문학, 임상 심리학을 공부했다. 현재 출판기획, 번역, 출판 칼럼니스트 활동을 하고 있으며 프랑스 도서출판 문화를 소개하는 '도도부깽' 웹사이트를 운영하고 있다. 역서로는 『백만장자 마인드』『고통받는 몸의 역사』『과학의 즐거움』『내방 여행』 등 20여 권이 있다.

URL : http://home.megapass.co.kr/~naozdo

e-mail : naoz@naver.com

그들은 어떻게 부자가 되었을까

1판 1쇄 발행 | 2002년 3월 20일
1판 7쇄 발행 | 2005년 3월 10일

지은이 | 릭 에들먼
옮긴이 | 장석훈
발행인 | 고영수
발행처 | 청림출판
등   록 | 제9-83호(1973. 10. 8)
주   소 | 135-816 서울시 강남구 논현동 63번지
전   화 | (02) 546-4341
팩   스 | (02) 546-8053

http://www.chungrim.com
e-mail : cr1@chungrim.com

ISBN 89-352-0470-6   03320

• 가격은 뒤표지에 있습니다.
• 잘못된 책은 교환해 드립니다.

5,000명의 백만장자가 들려주는
누구나 할 수 있는 투자 비결

이 책은 일반적인 개인 투자서와는 다르다. 경제적으로 성공한 사람들이 어떻게 그 성공을 이끌어낼 수 있었는지 알려준다는 면에서는 다른 책들과 같지만, 월스트리트의 엘리트들이나 유명한 대기업을 운영하는 사람들에게 초점을 맞추지 않았다는 점에서 전혀 다르다. 오히려 그렇게 많은 돈을 벌지도 못하며 사업이나 정치 그리고 예술 분야에서 탁월한 자리를 차지하고 있지도 않은 평범한 미국 서민들이 어떻게 부를 축적하게 되었는지를 보여줄 것이다.

이들은 교사, 기술자, 공무원, 컴퓨터 분석가, 물리 치료사, 평범한 사무원, 의사, 저널리스트, 그래픽 디자이너, 음악가들로 당신의 이웃이고 동료이며, 친구이고 친척들이다. 또한 그들은 나이도 당신과 비슷한 연배이고, 비슷한 사회적 지위, 비슷한 수입과 지출 내역을 가지며, 아이들과 애완동물이 있고 비슷한 목표와 포부가 있는 사람들이다. 당신처럼 그들은 조용한 이웃에 둘러싸인 아늑한 가정을 갖기를 원하고, 자식들이 대학을 졸업하고 결혼해서 손자들을 낳아주고, 또한 자신들의 부모를 돌볼 수 있고, 은퇴한 후 편안한 삶을 즐길 수 있을 만큼 재정 능력이 충분하기를 바란다.

그런데 이 평범한 미국인들은 대단한 무엇인가를 이루어냈다. 즉 그들은 금전적으로 안정된 생활을 누리기에 충분한 돈을 벌면서 위에서 말한 모든 삶의 목표들을 성취해내었다.

그들은 어떻게 그럴 수 있었을까?

이제 여러분은 그 답을 알게 될 것이다. 우리 회사의 5천여 고객들의 실생활과 습관을 알게 될 테니까. 이 책에서 당신에게 그 방법을 알려줄 사람은 내가 아니라 비범한 성공을 거둔 평범한 그들이다.

우리 회사는 비교적 규모가 큰 재정 관리 회사이며, 우리 회사 고객들 중에는 경제적으로 성공한 사람들이 많다. 그런데 직원들과 나는 그들을 위해 특별히 한 일이 없다. 닭이 먼저냐 달걀이 먼저냐 하는 식의 문제를 얘기하자는 것은 아니지만, 그들이 재산을 관리하기 위해 우리 회사를 택한 것은 그들이 성공한 사람들이기 때문이지, 우리가 그들을 성공시켰기 때문에 재산 관리를 맡긴 것은 아니다.

성공한 사람들이나 성공하고 싶어하는 사람들은 재정 고문을 필요로 하게 마련이다. 내가 그들을 부자로 만들어준 것이 아니듯 어떠한 재정 고문도 그런 일은 할 수 없다. 우리를 필요로 하는 고객들은 이미 부자가 되어 있거나 그들의 성향상 부자가 될 수밖에 없는 사람들이다. 단지 내가 누린 행운이라고 한다면, 그 여정을 그들과 함께 할 수 있었다는 것이다. 내가 아닌 다른 사람을 재정 고문으로 고용했다 하더라도 그들은 별다름 없이 성공을 거두었을 것이라는 점을 인정한다. 다른 말로 하자면, 헬스 클럽에 가입한 사람은 이미 신체 건강한 사람이거나 그럴 수 있는 사람이라는 것이다. 어떤 헬스 클럽인가 하는 문제는 그들의 건강에 별로 커다란 영향을 미치지 않는다.

우리 회사 고객들은 모두 자수성가한 투자자들이다. 그래서인지 그들은 공통된 습관과 특징을 많이 가지고 있다. 이 책을 쓰기 위해 내가 한 일은 그러한 특징과 습관이 어떤 것인지를 찾아내고 그것을 여러분과 함께 나누는 것이다.

나는 이러한 일을 하기 위해 다소 직접적인 방법을 택했다. 말하자면 고객들 일부에게 단도직입적으로 질문을 던졌다. 또한 이 방면에서 유명한 여론조사 회사인 마켓 팩츠(Market Facts)에서 내가 조사한 여덟 쪽 분량의 제안 자료를 바탕으로 설문조사를 하고 그것을 모아서 분석했다. 즉 우리 고객들이 어떻게 재산을 관리해왔는지를 설문을 통해 조사했으며, 나는 그들의 답변에서 공통점과 일관된 부분을 찾았다.

이처럼 다양한 사람들 속에서 분명한 패턴과 경향을 찾을 수 있었느냐고 묻는다면 물론 그 대답은 "예."이다. 자료를 연구하던 중 나는 조사에 참여한 거의 모든 사람들이 공통적으로 가지고 있는 여덟 가지의 주요한 특징을 알아낼 수 있었다. 이러한 각각의 특징들이 그들이 재산을 모을 수 있었던 가장 중요한 요소라는 생각이 들었다. 그리고 무엇보다 반가운 소식은, 어느 누구든지 자신의 인생에서 그 여덟 가지 특징들을 손쉽게 키워나갈 수 있다는 사실이다.

다시 말해 여러분도 그들이 이룬 것처럼 쉬운 방법으로 확실하게 금전적 성공을 거둘 수 있다는 것을 의미한다. 커다란 역경을 거치지 않고서도 금전적 성공을 거둘 수 있다는 말이다. 당신의 현재 직업을 그만둘 필요도 없고, 새로운 가게를 낼 필요도 없으며, 주식 투자자가 될 필요도 없다. 그리고 주식 투자를 위해 하루 종일 컴퓨터 화면을 응시할 필요도 없다. 수십 권이나 되는 투자 정보지를 구독할 필요도 없으며, 월스트리트 경제 논평가들의 말에 매달릴 필요도 없다. 그리고 자신의 행동 습관을 확 뜯어고칠 필요도 없고, 내면의 자아를 찾아야 할 필요도 없으며, 부모와 충돌할 필요도 없다. 또한 세상을 혁명적으로 바꿀 무언가를 발명할 필요도 없다.

당신이 해야 할 일은 여덟 가지의 간단한 전략을 따르는 것뿐이다. 그 방법들이 쉬우면서도 놀라울 정도로 효과가 있다는 것을 곧 알게 될 것이다. 우리 고객들은 이미 성공을 거두었거나 성공의 기로에 있는 사람들이다. 물론 그들 중에는 워렌 버펫(Warren Buffett)이나 빌 게이츠(Bill Gates) 같은 사람은 없다. 우리 고객들처럼 당신도 얼마든지 성공할 수 있다.

이 책을 읽으면서 당신은 놀라게 될 것이다. 이제 하나하나씩 둘러보게 될 전략들은 당신이 예상하는 것과는 전혀 다르며 오히려 그와 반대되는 것일지도 모른다. 그러므로 일단 마음을 열어두고 이 책을 읽어야 한다.

여러분은 아마도 두 가지 방식으로 당신 자신을 보게 될 것이다. 우선 우리 고객들의 이야기를 통해 당신 자신이 그들과 다르지 않으며 그들이 한 것을 여러분도 할 수 있다는 것을 알게 될 것이다. 그리고 그들의 경험담을 읽고 난 뒤 자신에게 이렇게 외칠지도 모른다. 왜 난 그들이 했던 것과 반대로 해왔던 것일까?

그리고 끝으로 여러분은 용기를 얻게 될 것이다. 여러분은 자신이 그 동안 잘못해왔던 것을 고치는 일이 얼마나 쉬우며, 또 새로운 것을 행하고 그럼으로써 금전적 성공을 얻는 것이 얼마나 쉬운 일인지 알게 될 것이다. 사실 그렇게 바꿔야 할 것도 그리 많지 않으며, 해야 할 것도 누구나 할 수 있는 쉬운 일이다. 우리 고객들의 성공담은 여러분에게 힘을 주고, 여러분을 행복하게 만들어줄 것이다.

릭 에들먼

CONTENTS

1 부자가 되고 싶다면 남의 돈으로 집을 사라

주택저당대출을 부를 강화하는 도구로 사용하는 방법

1
부자가 되고 싶다면
남의 돈으로 집을 사라

지금 바로 주택저당대출(mortgage, 모기지)을 갚을 수 있는 충분한 돈이 있다면 그렇게 하겠는가? 많은 사람들이 그렇다고 대답할 것이다. 사실 '아메리칸 드림'은 집을 저당 잡히지 않고 완전히 소유하는 것이다. 매달 저당회사나 은행에 이자를 갚지 않아도 되는 완전한 내 소유의 집을 상상해보라. 그런 행운을 얻는다는 것은 당신이 꿈에 그리던 행복한 삶을 사는 것을 의미한다. 30년 후, 즉 360개월 매달 대출금을 갚아나간 후, 그 집이 이제 영원히 당신 것이 되었다는 기쁨을 상상해보라. 그것은 무척이나 멋진 일일 것이다. 하지만 경제적으로 성공한 수천 명의 내 고객들이 집을 살 때 빌린 돈을 갚지 않고 있는 이유는 무엇일까?

내가 실시한 설문조사에서 나온 사실들을 살펴보자. 조사 대상자들의 답은 이렇다.

1. 그들이 사는 집의 평균 시세는 25만 5,700달러이고, 대출금의 평균 잔액은 14만 2,000달러이다. 조사 대상자는 모두 빚을 지지 않고도 자기 집을 살 능력이 있음에도 불구하고, 83퍼센트의 응답자가 아직 대출금을 갚지 않고 있다.

2. 조사 대상자 100퍼센트가 월 대출 상환금 외에도 추가로 원금을 상환할 능력이 있지만 90퍼센트가 그렇게 하지 않고 있다. 오히려 그들 중 85퍼센트 가량이 30년 상환의 대출을 받았으며, 그들 중 어느 누구도 중도에 원금을 상환하지 않고, 납입금을 격주로 내지도 않는다.

이들 성공한 투자자들은 이처럼 큰 액수의 장기 대출을 전혀 신경 쓰지 않는다. 당신이라면 어떻게 하겠는가? 만약 당신이 주택저당대출을 갚기 위해 고군분투하고 있거나 마지막 상환일만을 손꼽아 기다리고 있다면, 당신은 경제적으로 성공을 거둔 사람들이라면 결코 하지 않을 행동을 하는 것이다.

당신이 모르는 무엇을 그들은 알고 있는 것일까?

대출 금액이 크고 상환 기간이 길수록 유리하다

저당에는 두 가지 측면의 문제가 있다. 하나는 대출금을 매달 갚아나갈 수 있는가에 관한 문제이고, 다른 하나는 대출 원금과 함께 매달 납부해야 하는 이자에 관한 문제이다.

첫번째 경우부터 살펴보자. 당신은 다달이 월납입금을 붓지 못할 경우가 생길까봐 두려워하고 있는가? 이는 대출금을 제때 갚지 못할 경우 은행에서 집을 압류하지 않을까 하는 우려에서 생겨나는 문제이다. 그래서 당신은 갑자기 직업을 잃기라도 하면 어떻게 하나 걱정을 하는 것이다. 수입이 없다면 대출금을 갚아나갈 수 없을 것이고 결국 집을 잃게 되기 때문이다.

그런데 이것이 하루라도 빨리 대출금을 갚아야 하는 충분한 이유가 될까?

대답은 아니오이다.

좀더 현실적으로 생각해보자. 가지고 있는 돈이 적을수록 당신은 직업을 잃을까봐 더욱 전전긍긍하게 되지만, 그럴수록 많은 금액을 저당 잡히는 것이 유리하다. 이런 주장이 다소 이상하게 들릴지 모르지만 사실이다. 여기서 이 점을 정확히 이해하고 넘어갈 필요가 있겠다. 빌 게이츠 같은 사람이라면 저당에 대해 달리 구애받는 일이 없을 것이다. 저당을 잡혔다고 해서 그의 인생

머니테크 모기지(Mortgage), 주택저당대출

금융 거래에 있어서 차주(借主)가 대주(貸主)에게 부동산을 담보로 제공하는 경우 담보물에 설정되는 저당권 또는 이 저당권을 표방하는 저당증서 또는 이러한 저당금융 제도를 모기지(Mortgage)라 하며, 우리말로는 주택저당대출이라고 할 수 있다.

일반적인 대출이 만기가 될 때까지 자금이 묶이는 것과는 달리 은행은 대출시 취득한 저당권을 담보로 하는 증권을 발행하고, 유통시켜 또 다른 대출 자금을 마련할 수 있다는 특징이 있다. 또한 이용자는 적은 금액으로 집을 마련할 수 있다는 점에서 미국 등에서 널리 이용되고 있다. 최근에는 국내 은행들도 모기지 사업에 진출하고 있다.

에 별다른 변화가 생기지는 않을 것이기 때문이다. 그러나 돈도 없고 직업도 안정적이지 못한 당신에게는 저당을 설정하는 것이 집을 가장 안전하게 보유할 수 있는 길이다.

카렌과 자넷의 연봉은 둘 다 3만 5,000달러이다. 두 사람 모두 수입의 28퍼센트를 세금으로 내고 1만 2,000달러를 저축해 두었다. 그리고 모두 12만 달러의 집을 구입했다.

자넷은 주택저당대출에 대한 부담을 줄이고 싶어서 그동안 모은 돈 1만 2,000달러를 헐었다. 그리고 연이율 6.5퍼센트에 15년 상환의 대출을 받았다. 그녀가 매달 내야 하는 대출 상환금은 941달러인데, 이 중 57퍼센트는 이자이며 상환금 중 이자에 대해서는 세금 공제를 받기 때문에 자넷의 실제 월납입금은 790달러이다. 또한 자넷은 대출금을 더욱 빨리 갚기 위해 원금을 매달 50달러씩 추가로 상환했다. 추가로 갚아나가는 50달러로 대출 원금은 빨리 줄어들겠지만, 추가 상환금은 세금 혜택은 전혀 받을 수 없는 돈이다.

반면 카렌은 집값으로 6,000달러만 지급하고 나머지는 은행 대출을 받기로 했으며, 연이율 7퍼센트에 30년 상환의 대출을 선택했다. 카렌의 대출금은 11만 4,000달러로 자넷의 10만 8,000달러보다 많지만, 카렌이 매달 갚아야 할 돈은 자넷보다 훨씬 적은 758달러이다.

그뿐 아니다. 월납입금의 81퍼센트가 이자이기 때문에 카렌은 세금 공제분을 제하면 매달 586달러를 내는 셈이다. 이는 자넷이 내는 돈보다 204달러 적다. 카렌은 이 204달러만큼 매달 저축을 했으며 매년 세금을 제하고 8퍼센트의 이자를 받았다. 또한 자넷이 매달 추가로 상환하는 50달러 역시 카렌은 저축에 보탰다. 그 결과 5년 후 카렌은 1만 2,675달러를 모을 수 있었다.

5년 후 두 사람 모두 갑작스럽게 실직을 하게 되었다. 자넷은 그 동안 번 돈을 모두 대출을 갚는 데 썼기 때문에 모아놓은 돈이 없 다. 그녀는 처음부터 무리하게 대출금을 갚아나갔기 때문에 현재 대출금은 4만 3,285달러밖에 남지 않았다. 하지만 그것은 그녀가 생활을 꾸려나가는 데는 아무런 도움도 되지 않는다. 자넷은 실 직하자 당장 생활을 꾸려가기가 어려워졌으며, 거래 은행은 그녀 가 직장을 잃었다는 이유로 주택을 담보로 한 추가 신용 대출을 거부한다. 이제 그녀는 남은 대출금을 갚을 능력이 없어 집을 포 기해야 할지도 모른다. 이런 일이 생길까봐 두려워 그토록 열심 히 대출금을 갚아나갔건만.

이제 자넷은 집주인이 되기 위해 꼭 필요한 비결 한 가지를 알 게 되었다. 주택저당대출의 월납입금은 자신의 수입에 맞춰서 정 해야지 집의 가격에 맞춰서 정하는 것이 아니라는 것을 말이다. 수입이 없으면 주택을 담보로 추가 대출을 받을 수도 없는 법이 다. 자넷은 일자리를 구해야 했다. 그것도 빨리. 그렇지 않으면 먹거리를 살 돈도 집도 잃게 될 것이다.

이와 대조적으로 카렌은 1만 2,675달러의 저축액이 있으므로 실 직을 했어도 월납입금을 붓는 데 지장이 없고, 당분간은 생활비 걱정도 할 필요가 없었다. 사실 그녀는 직장이 없어도 앞으로 2년 동안은 월납입금을 낼 수 있는 돈을 가지고 있었다.

이 얼마나 아이러니한 일인가. 자넷은 많은 금액의 빚을 지고 있는 것이 두려워서 될 수 있는 한 빨리 갚아버리려고 했다. 그러나 이제는 집을 지키려는 그녀의 전략이 오히려 집을 잃게 만들 수도 있다는 것을 알게 되었다.

분명한 것은 여러분도 매달 내야 하는 월납입금을 너무 크게 잡아서는 안 되며, 대출금을 빨리 상환하려고 서둘러서도 안 된다는 것이다. 당신에게 현금이 없을수록, 그리고 수입이 일정하지 않을수록 대출 금액이 크고 상환 기간이 긴 것이 유리하다.

그러나 큰 액수와 장기간의 저당을 설정한다는 것에는 또 다른 면도 있다는 것을 알아야 한다. 두려움 때문에 사람들이 저당을 꺼리긴 하지만, 그렇다고 두려움이 없기 때문에 사람들이 저당을 잡히는 것은 아니다. 거기에는 다른 이유가 있다. 그것을 부자가 되고자 하는 욕망이라고 불러야 할 것이다.

여기에 부자가 되고자 하는 사람들이 꼭 알아야 할 중요한 가르침이 있다. 즉 돈을 저축하지 않으면 부자가 될 수 없다. 다시 말해 빚을 갚는 것과 부자가 되는 것은 별개의 일이다.

새삼스레 이런 말을 하는 것은 많은 사람들이 주택저당대출을 갚아버리면 재정적으로 더 나아질 거라고 생각하는 경향이 있기 때문이다.

이에 대해 당신은 이렇게 말할 것이다. 그렇지 않다고? 아냐, 그건 맞는 말이야. 주택저당대출이 없다면 매달 그 돈을 갚아나 갈 때보다 경제적으로 훨씬 나아지지 않겠어?

유감이다. 많은 사람들이 이 말에 동의하겠지만 이 생각은 틀린 것이다. 그 이유가 무엇일까?

주택저당대출을 싫어하는 사람들 중에는 두 부류가 있다. 한 부류는 저당을 두려워하는 사람이고, 또 다른 부류는 저당을 잡히면 많은 돈이 이자로 나간다고 믿는 사람이다. 전자의 경우처럼 저당이 두려움의 대상이 되는 경우는 이미 살펴보았다. 남은 문제를 해결해보자.

대출금을 갚아버리면 매년 3퍼센트를 잃게 된다

주택을 저당 잡히고 있다고 해서 당신의 돈을 까먹게 되는 것은 아니다. 오히려 그 반대이다. 주택저당대출은 실질적으로 큰 도움이 된다. 주택저당대출을 갚아버리면 당신은 이익을 얻을 수 있는 기회를 놓치게 되는 것이다.

이미 보았듯이 두번째 부류의 사람들, 즉 저당을 두려워하기보다는 싫어하는 사람들은 상환 기간을 30년으로 했을 경우 집값보다도 많은 돈이 이자로 나기기 때문에 저당을 싫어한다.

앞에서 예로 든 카렌의 경우를 보자. 30년 상환 조건으로 대출을 받은 그녀는 원금 12만 달러를 갚기 위해 약 15만 9,000달러의 이자를 지급해야 한다. 이런 사실은 대출 받은 사람들을 미치게 만든다. 이처럼 큰 액수의 이자를 내고 싶지 않아 많은 사람들이 어리석은 짓을 범한다. 가령 상환 기간을 15년으로 줄여 이자액을 많이 낮추거나 목돈이 생기는 대로 대출 원금을 상환하거나 납입금을 격주로 지급하는 것이다.

이자로 나가는 돈을 줄여보기 위해 여러분도 이러한 종류의 행동을 한 적이 있을 것이다. 몇몇 이유 때문에 여러분은 돈을 버는 것과 저축하는 것은 같은 일이라고 생각한다. 그러나 그 둘은 동의어가 아니다.

이러한 당신의 행동은 심리학에서 구획화(compartmentalization) 라고 부르는 것이다. 개인의 감정이 투자 의사 결정과 효과면에서 어떤 영향을 미치는지를 연구하는 행동주의 재정학(Behavioral finance)에 의하면 사람들은 이 구획화의 성향 때문에 재정적 판단을 할 때 크게 볼 줄 모른다고 한다. 한 가지 문제에만 얽매여서 그것을 풀고 나서야 다음 문제로 이동하는 것이다. 결국 한 가지 올바른 판단을 내리는 대신 일련의 잘못된 판단을 하게 되는 것이다.

당신은 이자로 빠져나가는 돈을 줄이려 하고, 따라서 비용을 최소화하기 위해 앞에서 말한 것처럼 대출금을 빨리 갚으려 할 것이다. 그 문제를 해결해야만 은퇴 이후에 대비해 저축을 할 마음이 생길 것이며 규칙적으로 저축하려고 최선을 다할 것이다. 하지만 결과적으로 당신은 재산을 모으는 데 실패하게 된다. 여전히 그 이유는 깨닫지 못한 채.

저당 문제를 먼저 해결하고 나중에 저축을 하려고 한다면, 저당이 저축을 하는 데 이로운 역할을 한다는 것을 깨닫지 못하게 된다. 이자를 줄이려는 전투에서는 이길지 몰라도 부자가 되기 위한 전쟁에서는 참패를 면치 못하는 것이다.

이제 그 이유를 살펴보자. 월납입금을 줄이거나 아니면 대출금을 완전히 상환해버린다면, 내야 할 이자만큼의 많은 돈을 절약할 수 있다. 당연하다. 하지만 동시에 당신은 아주 중요한 사실을 망각하고 있다. 대출금을 상환하는 데 들어갈 돈은 당신이 다른 곳에 투자할 수도 있는 돈이라는 사실이다.

이는 아주 중요한 사실이다. 요즘 주택저당대출에는 대략 6.5퍼센트에서 7.5퍼센트 정도의 이자가 붙는다. 그 정도의 평균 이자율에 30년 상환을 감안한다 하더라도, 당신이 다른 곳에 투자해서 그 정도를 벌지 못하겠는가? 정부의 장기 채권으로도 그 정도는 벌 수 있으며, 주식의 경우 1926년이래 평균 11.2퍼센트의 수익률을 보여주었다. 그렇다면 7퍼센트의 이자가 무서워서 돈을 은행에 상환하는 것은 10퍼센트의 수익을 올릴 수 있는 투자기회를 잃는 것이 된다.

7퍼센트를 아끼는 대신 10퍼센트를 벌 수 있는 기회를 잃게 되는 것이다. 그래서 돈을 모으기보다 대출금을 갚아버리는 것은 사실 매년 3퍼센트를 잃는 것과 같다. 나무는 보되 숲을 보지 못하는 결과가 되는 것이다.

대출금을 갚는 것을 훌륭한 투자라고 생각하는 것 자체가 아이러니이다. 사실 그들이 하는 일은 돈을 침대 밑에 묻어두는 것과 같다. 이것은 투자와는 거리가 멀다. 왜냐하면 집값은 30년간 당신이 저당을 잡혀 있든 말든 올라갈 것이기 때문이다.

이런 경우를 생각해보자. 당신이 집을 팔려고 내놓았을 때 구매자는 그 집이 얼마에 저당 잡혀 있는지는 안중에도 없을 것이다. 또한 국세청은 당신이 세제상 이익을 봤는지 손해를 봤는지 신경도 쓰지 않을 것이다. 결국 저당은 집값에 아무런 영향도 미치지 않는다.

당신에게는 선택권이 있다. 20만 달러짜리 집을 완전히 소유하기 위해 대출금을 모두 갚아버릴 수 있고, 아니면 집값의 20퍼센트만을 지급하고 나머지는 저당 잡힌 채 살 수도 있다. 이제 각각의 경우를 살펴보고, 어떻게 하면 부자가 되는 길에 한층 더 가까워질 수 있는지 알아보자.

대출 이자를 부담스러워하지 마라

줄리아는 집을 팔아서 아니면 스톡옵션을 받았거나 유산을 받아서 그도 아니면 보험금을 타서 현금 20만 달러를 가지고 있다. 어쨌든 그녀는 20만 달러를 가지고 있고, 어떻게 해서 그 돈이 생겼는지는 우리가 상관할 바가 아니다. 중요한 것은 그녀가 그 돈으로 20만 달러짜리 새집을 사고 싶어한다는 것이다.

줄리아는 새집을 사느라 가지고 있던 현금 전부를 써버렸다. 그래도 어쨌든 저당만은 피할 수 있었다. 그리고 집값 상승률이 매년 3.5퍼센트가 된다고 가정하면, 30년 후에는 그 집값이 60만 달러가 될 것이다. 그녀는 꽤 현명한 판단이라는 생각이 들었다.

그런데 진은 다른 방법을 취했다. 진에게도 20만 달러의 현금이 있다. 진도 줄리아처럼 20만 달러짜리 집을 사고 싶어한다. 그러나 진은 20퍼센트만, 즉 4만 달러만 현금으로 지급했다. 그리고 나머지 16만 달러는 주택저당대출을 받았다. 월납입금은 1,064달러지만 실제로 내는 금액은 그보다 적었다. 그것은 줄리아가 생각하지 못했던 것으로, 주택저당대출의 이자는 세금 공제를 받기 때문이다. (줄리아는 저당 잡히는 문제와 세금 내는 문제를 별개로 생각했던 것이다. 그래서 그녀는 선택 과정에서 그 두 가지 문제를 동시에 고려하지 못하는 실수를 범했다.)

결국 세금 공제로 인해 월납입금이 240달러 정도 낮아져서 진이 실제로 내야 할 돈은 매달 824달러가 된다. 매달 상환할 돈을 마련하기 위해 그녀는 남겨둔 16만 달러를 투자했고, 거기서 매년 10퍼센트의 수익을 올린다. 그녀는 여기서도 세금 혜택을 받는다. 일반적으로 이자 소득에는 28퍼센트의 세금이 부과되지만 그녀는 장기 투자를 선택했기 때문에 20퍼센트의 세금만 내면 된다. 덕분에 또 8퍼센트를 절약한 것이다. 그녀는 그 수익으로 매달 대출 상환금을 낸다.

16만 달러의 투자 소득으로 진은 매달 세금을 제하고 1,067달러를 손에 쥘 수 있고, 대출 상환금을 내고 나서도 매달 243달러가 남는다. 그녀는 그 돈을 다시 투자한다. 30년이 지나면 집값이 더 오를 것이고 진은 (줄리아처럼) 60만 달러짜리 집을 가지게 될 것이다. 진 역시 대출을 모두 상환한 상태이다. 그뿐만 아니라 진에게는 여전히 16만 달러가 남아 있고 30년간 매달 243달러씩 투자해서 벌어들인 55만 달러의 돈도 생기게 된다.

줄리아는 저당으로 인한 이자 지출을 피하고 싶었던 것이고 진은 재산을 불리고 싶었던 것이다. 다시 말해서 진은 재산을 불리기 위해 저당을 잡혀야 한다면, 기꺼이 그렇게 했던 것이다. 그 결과 진은 131만 달러의 부를 얻게 되었다. 이는 줄리아보다 2배가 넘는 금액이다. (이런 예를 납득하지 못하는 독자도 있을 것이다. 왜냐하면 진은 대출 상환금을 내야 하는 데 반해, 줄리아는 그 여유분으로 진보다 매달 824달러 이상 더 투자할 수 있다는 것이다. 그러한 점 때문에 줄리아가 30년간 진보다 더 많은 부를 축적할 수 있을 것이라고 주장한다. 하지만 애석하게도 사정은 그렇지 않다. 줄리아가 매달 824달러를 투자할 수 있다 하더라도 진의 수중에는 당장 투자할 수 있는 16만 달러의 돈이 있다. 줄리아가 연이율 10퍼센트에 매달 824달러씩 30년 간 투자하면 그녀에게 돌아오는 돈은 186만 달러 정도 된다. 그런데 진이 연이율 10퍼센트에 지금 당장 16만 달러를 투자해서 30년 뒤에 벌어들일 수 있는 돈은 317만 달러가 된다. 줄리아하고는 비교할 수도 없는 액수이다. 어떻게 하든지 간에 저당을 유지하고 있는 편이 더 많은 부를 축적할 수 있다.)

그러니 대출 이자에 대해서 너무 부담스러워할 필요가 없다. 대신 처음부터 은행에 돈을 전부 상환하지 않음으로써 유용하게 사용할 수 있는 돈을 생각해야 한다.

그래도 월납입금이 성가시게 여겨진다면 시간 여행을 떠나보자. 저당을 유지하는 것이 얼마나 큰 즐거움을 안겨주는지 알게 될 것이다. 30년 전인 1970년 집값은 평균 2만 3,400달러 정도였으며, 30년 상환의 주택저당대출의 고정 이자율은 6퍼센트였다. 만일 집값을 전액 저당 잡혀 대출을 받았다면 월납입금은 금액상으로 140달러이고 그 액수는 현재 당신이 내고 있는 자동차 할부금보다 적다.

옛날이 좋았다고 추억에 젖기 전에, 당시의 월급이 보통 646달러였다는 점을 명심해야 한다. 즉 당시의 월납입금 140달러는 현재 당신에게는 1,000달러 정도의 부담이라는 것이다. 그리고 20년 후에는 당신의 아이들이 현재의 상환금이 별거 아니라고 이야기할지 모른다. 왜냐하면 20년 후의 수입과 집값은 1970년에 비해 지금의 월급과 집값이 훨씬 오른 것처럼 더 오를 것이기 때문이다.

그렇다. 시간이 흐를수록 월납입금이 점점 싸진다는 점에 유의할 필요가 있다. 월납입금은 시간이 지나도 변하진 않지만 당신의 수입은 올라갈 것이기 때문에 사실상 싸지는 것이다. 그러므로 더 이상 그런 대출 규모가 크다고 두려워할 필요가 없다. 주택저당대출은 영원히 크게 보이지 않을 것이다.

이런 모든 이유에서 대출 상환 기간을 30년으로 하는 것이 15년

머니테크 **주택저당대출의 세금 공제**

우리나라에서는 주택저당대출(장기주택 저당차입금)의 이자상환액을 연 300만원 한도까지 소득 공제를 받을 수 있다(소득세법 52조 3,4항).

(1) 공제 대상
• 국민주택 규모의 주택을 취득하기 위하여 주택에 저당권을 설정하고 금융기관 · 국민주택기금으로부터 차입한 장기주택 저당차입금의 이자 상환액
• 배우자 또는 부양 가족이 있는 세대주일 것

(2) 장기주택 저당차입금의 범위
• 다음 세 가지 요건을 모두 갖춘 경우
  - 본인 명의의 주택에 본인 명의로 저당권을 설정하고 금융기관 · 국민 주택기금으로부터 차입할 것
  - 주택소유권 이전 · 보존 등기일로부터 3월 이내에 차입할 것
  - 차입금 상환 기간(거치기간 포함)이 10년 이상일 것
• 조세특례제한법 제99조의 양도소득세 감면 대상 신축 주택을 최초로 취득하기 위하여 금융기관 · 국민주택기금으로부터 차입한 금액
• 무주택자인 세대주가 국민주택 규모의 주택 분양권을 취득하고 주택 취득을 위하여 주택 완공시 장기주택 저당차입금으로 전환할 것을 조건으로 금융기관 또는 국민주택기금으로부터 차입한 금액

으로 하는 것보다 훨씬 낫다. 또한 격주 상환 프로그램이 얼마나 잘못된 선택인지를 보여준다. 알다시피 15년 상환이나 격주 상환은 단지 30년 상환보다 매년 더 많은 원금을 갚아나가는 것뿐이다. 원금을 더 많이 갚을수록 더 빨리 저당을 없앨 수 있다. 그러나 앞에서 본 것과 같이 은행에 필요 이상의 원금을 상환하는 것은 되도록 피하는 것이 좋다. 다시 한번 그 이유를 살펴보자.

1. 대출 상환금 중 원금에는 세금 혜택이 없다. 세금 혜택은 단지 이자에 대해서만 주어진다.
2. 당신이 지출하는 돈은 세금 공제되는 이자보다 낮은 세액이 적용된다. 그러므로 당신은 원금 상환을 최소 한도로 하고 이자를 늘리는 쪽을 택할 것이다.
3. 은행에 상환하는 돈은 재대출을 하지 않는 한 다시 만질 수 없는 돈이다. 그런데 간혹 재대출을 받기 위해 현재 대출 받은 돈을 빨리 상환하려는 사람들이 있다. 내 수천 명의 고객들 중에는 단 한 사람도 새로운 대출(예를 들어 나중에 아이들 대학 등록금을 대기 위한)을 받기 위해 주택저당대출을 상환하는 사람은 없었다. 좀 이상한 전략 아닌가. 단지 나중에 대출을 받기 위해 지금 기를 쓰고 은행에 모든 돈을 상환하다니. 그보다는 더 많은 이윤을 내기 위해 그 돈을 다른 곳에 투자하거나 필요할 때를 대비해 가지고 있는 것이 낫지 않은가?

당신이 여분의 돈을 은행에 상환하지 않는 가장 중요한 이유는 무엇인가? 그것은 현금이 최고이기 때문이다. 집을 소유하는 것과 뜻하지 않은 의료비를 지급하는 것은 별개의 문제이다. 우리는 가족들의 결혼을 위해, 또는 자녀를 대학에 보내기 위해, 또는 뜻하지 않은 사고 때문에 돈이 필요할 수 있다. 아무리 비싼 집을 갖고 있다 하더라도 직업을 잃고 수중에 현금이 없어서 은행에서 차를 압류하려고 할 때, 당신이 주택저당대출을 받지 않았다고 해서 상태가 더 나아지는 것은 아니다.

　지금까지 설명한 그 무엇도 당신을 설득시킬 수 없다면, 내 고객들이 미국에서 재정적으로 성공한 사람들이라는 걸 기억할 필요가 있다. 그들은 아직 대출금을 다 갚지 않았다. 당신도 그들처럼 부자가 되고 싶다면, 이제 그들이 하는 것처럼 해야 한다.

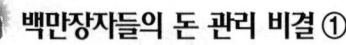

66 부자가 되고 싶다면
남의 돈으로 집을 사라 99

　우리 부부는 에어프랑스에서 30년간 일했으며 아내와 나는 지난 20년간 여러 채의 집을 소유했습니다. 우리는 주택 구입 자금은 언제나 대출을 받았습니다. 물론 처음엔 가난했기 때문에 대출금을 상환하기 어려울 때도 있었지만 나중에 목돈이 생겼을 때도 우리는 대출금을 줄이지 않았습니다. 목돈을 대출금을 갚는 데 써서는 안 된다는 것을 알았기 때문이지요. 집을 저당 잡히고 있어서 불편한 점은 없었습니다. 대출 이자는 집을 소유하는 데 드는 비용이라고 생각했지요. 우리는 될 수 있는 한 대출 기간을 길게 잡을 것을 권합니다. 남의 돈을 이용하는 것이 당신의 돈을 쓰는 것보다 나으니까요.

　"만약 과거로 돌아가 처음부터 다시 시작한다면 그때도 그렇게 할 건가요?" 누군가 이렇게 묻는다면 당연히 그럴 거라고 대답하겠습니다. 그러나 한 가지 다르게 하고 싶은 것이 있어요. 우리는 주로 별생각 없이 부동산 중개인에게 의뢰하여 대출 상품을 골랐습니다. 처음부터 우리가 직접 여러 상품들을 꼼꼼하게 비교해서 알아보았다면 좀 더 좋은 조건의 대출 상품을 선택할 수 있었을 것입니다.

마이클 버크, 에어프랑스 은퇴, 현재 변호사

엘리노어 버크, 전직 에어프랑스 간호사, 현재 판화가

우리는 언제나 될 수 있는 한 많은 금액을 대출 받습니다. 덕분에 사업을 할 수 있는 여유 자금이 생겼지요. 다른 사람들에게도 가능한 한 빨리 집을 장만하라고 권하고 싶습니다. 그러면 당신도 우리와 같은 혜택을 누릴 수 있기 때문이지요. 당신은 신용 등급이 높아질 것이고, 세금 공제도 받게 될 것입니다.

하인리히 호프먼, 요리사
안나 호프먼, 요리사

난 대출금을 갚아나갈 자신이 있었고, 그래서 저당에 대해 아무런 부담도 느끼지 않았습니다. 주택저당대출은 투자 자금을 마련하고 세금 공제를 받기에 아주 좋은 방법입니다. 당신도 최대한 많은 금액을 저당 잡히는 것이 좋습니다. 물론 갚아나갈 수 있는 한도 내에서이긴 하지만. 이전에 산 집은 대출을 조금 받았다가 집수리 비용이 부족해 결국 다시 대출을 받아야만 했지요. 난 처음부터 대출 금액을 늘리고 그만큼 현금을 가지고 있었어야 했습니다. 그랬으면 조금 더 절약하고 일을 쉽게 처리할 수 있었겠지요.

마티, 비서

우리는 보다 많은 돈을 저축하기 위해 주택저당대출을 받았어요. 어머니는 대출을 받지 않아도 될 정도로 많은 돈을 주셨지만, 우리는 그 돈을 저축하고 투자했지요. 처음에는 현금을 가지고 있으면서도 집을 저당 잡힌다는 것이 꺼려지긴 했지만, 그것이 오히려 재산을 늘릴 수 있는 좋은 방법이라는 걸 알게 되었어요. 우리는 집을 살 때 최대한 현금을 지급하지 않고 장기간 대출을 받으라고 권하고 싶어요. 그렇게 하면 당신의 수입으로도 충분히 생활할 수 있으며, 비상시에 쓸 돈을 남겨둘 수 있고 또한 저축을 할 수도 있답니다.

비아 블랙로우, 생태학자
로저 블랙로우, 정치인

　부모님은 1942년에 현금을 주고 집을 사셨습니다. 그분들은 같은 지역에 있는 집 2채를 2,500달러를 주고 샀습니다. 아버지는 이탈리아에서 이민을 오신 분이었는데 광부 일을 해서 집 살 돈을 모으셨습니다. 그때는 지금과는 상황이 아주 달랐습니다. 그분들은 옛날 사고방식을 가지신 분들이라 집을 저당 잡히는 건 생각하지 않으셨지요.
　우리는 1967년에 처음으로 대출을 받아 집을 샀는데, 매달 대출금을 갚기가 힘겨웠습니다. 정말 월납입금을 내기 위해 가진 돈 전부를 털어야 할 정도로 어려웠고, 한때는 시간외 부업을 해야만 했습니다. 자식들이 셋이나 있었고 의료비도 많이 지출했지요. 하지만 곧 수입이 늘어났고, 오래지 않아 큰 어려움 없이 대출 상환금을 낼 수 있게 되었습니다.

토니 댈러샌드로, 전기 기술자
루스 댈러샌드로, 주부

　난 주택저당대출을 받은 것에 대해 불안하게 생각한 적이 없어요. 어렸을 때 풍족하게 자랐고, 10대 중반쯤에는 증권 투자에 눈을 뜨기 시작했지요. 집을 저당 잡히는 것은 세금 공제를 받는 투자와 같다고 생각해요.

팻 블랙, 컴퓨터 프로그래머

저당에 대해서 부담스럽게 생각하지 않습니다. 세금 혜택도 있고 해서 목돈이 생겨도 대출금을 갚지 않고 있지요. 우리는 저당 때문에 불편하다고 생각한 적이 한번도 없어요. 언제든 저당을 풀 수 있고, 그리고 언제든 은행에서 대출 받을 수 있기 때문입니다. 저당을 잡히는 것은 비용을 절감하는 가장 좋은 방법이라고 생각해요.

윌리스 마틴, 시스템 엔지니어
마르시아 마틴, 여행 가이드

부모님은 그들의 세대가 우리 세대와 다른 것을 아셔서 내게 저당에 대해 아무런 이야기도 하지 않습니다. 내가 자라던 1950년대에 아버지는 제철소에서 시간당 3달러를 버셨습니다. 1976년에 집을 살 때 아버지에게 집값이 5만 달러라고 말씀드렸습니다. 생각해보십시오. 아버지는 1900년대에 태어나신 분입니다. 아버지는 놀라시더군요. 다른 세대에 사셨고 공황을 겪으셔서인지 부모님은 집값이 5만 달러나 된다는 것을 이해하지 못하셨습니다.

저당은 집을 소유하는 첫 단계입니다. 유지하고 관리하는 것 또한 매우 중요합니다. 뜻하지 않은 사고에 대비해야 하고 배관, 난방, 그리고 지붕 공사에 필요한 돈을 가지고 있어야 합니다. 저당은 집을 유지하기 위해 매달 지출하게 되는 일종의 비용입니다.

빌 하퍼, 소매상 관리자
셜리 하퍼, 사무장

우리는 대출금을 빨리 갚아버리는 것보다 그 돈을 다른 곳에 투자하면 많은 돈을 벌 수 있다고 생각합니다. 처음 저당을 잡혔을 때는 그 어마어마한 금액 때문에 걱정이 되었지요. 그러나 대출 상환금을 갚아나가다보니 그냥 월세를 내는 것과 같다는 걸 알게 되었고 이제는 익숙해졌습니다.

중요한 것은 유지하기 어려울 정도로 큰 집을 사지 않는 것이지요. 주위에는 너무 비싼 집을 사서 늘 쪼들리며 사는 친구들이 있거든요.

익명, 경영 컨설턴트
배우자, 내과의사

우린 39년 동안 집을 가지고 있으면서 항상 저당 잡혀 있었습니다. 처음에는 돈이 없어서 대출을 받을 수밖에 없는 상황이었지만, 지금은 굳이 저당을 풀 이유가 없기 때문에 그대로 유지하고 있습니다. 부모님도 대출금을 빨리 갚아버리지 않았습니다. 그분들도 돈을 다른 데 투자하셨으니까요.

처음 집을 사면서 1만 9,000달러만 지급하고 나머지 금액은 대출을 받으면서, 우린 서로를 바라보고 말했습니다. 우리가 도대체 뭘 한 거지? 우린 그때 심지어 신용카드조차 없었습니다. 하지만 검소하게 생활하자 두려움은 곧 사라졌습니다.

가계가 가난해지지 않는 비결은 분수에 맞게 생활하고 대출금을 갚는 데 모든 돈을 쓰지 않는 것입니다. 집을 살 때 최소한의 돈만을 쓰고 나머지는 투자하십시오.

B.A., 리스 회사 부사장
D.A., 항공기 서비스 엔지니어

처음 내집을 갖게 된 것은 20대 때였습니다. 부모님은 저당에 대해 아무런 말씀도 해주지 않았지요. 그처럼 난 빚을 두려워하는 환경에서 자랐습니다. 지금도 신용카드 대출은 즉시 갚는답니다. 그러나 저당은 풀지 않을 것입니다. 저당을 푸느니 차라리 현금을 가지고 있거나, 보다 이익을 올릴 수 있는 다른 곳에 투자할 것입니다.

만약 당신이 큰 금액을 저당 잡혀야 한다면 이런 생각이 들 것입니다. 직장을 잃으면 어떻게 이 돈을 갚지? 나의 경우는 긍정적 사고의 힘을 빌렸습니다. 옛날엔 집을 투자의 대상으로 생각했지만, 지금은 그저 사는 곳일 뿐이라는 생각을 갖고 있지요. 그래서 나는 다른 사람들에게 될 수 있는 한 낮은 이율로 많은 금액을 저당 잡히라고 충고합니다. 그리고 남은 돈을 다른 곳에 투자하라고.

빌 페릭, 세일즈맨
샌디 페릭, 교사

우리는 31년간 집을 소유하고 있어요. 처음에 우리는 집값을 모두 치를 돈이 없어서 주택저당대출을 받았지만, 지금은 돈을 다른 곳에 쓸 수 있고 저당을 풀더라도 아무런 이득이 없어서 저당을 유지하고 있답니다.

31년 전 처음에는 굉장히 부담스럽게 생각했습니다. 그 집은 우리의 첫 집이었고 우리 능력으로 살 수 있는 가장 큰 집을 산 것이기도 했으니까요. 그러나 시간이 흐름에 따라 제 수입은 늘어났어요. 그렇게 수입이 증가하면서 부담은 덜해졌고, 어느 순간 더 이상 부담스럽지 않게 되었지요.

난 부동산이 참 좋은 투자 대상이라고 생각했어요. 그러나 그건 사실이 아니에요. 이제 집은 단지 사는 장소일 뿐이죠. 그러나 세를 드는 것보다는 집을 소유하는 것을 권하고 싶어요.

제리 화이트 파테인, 시스템 분석가
카밀 화이트 파테인, 컨설팅 회사 부사장

39년 동안 집을 소유해왔습니다. 난 돈을 사업에 투자하고자 하기 때문에 아직 저당을 풀지 않고 있습니다. 난 내가 가진 돈 전부가 집에 묶여 있길 바라지 않습니다. 세금 혜택도 생각해야 하지요.

셜리 펠젤, 부총지배인

저당을 없애는 것은 정말 말도 안 되는 일입니다. 세금 혜택을 포기할 수 없기 때문이지요. 내게는 지금 어느 정도의 목돈이 있습니다. 그러나 그것을 대출금을 갚는 데 다 써버리면 수익이 더 큰 다른 곳에 투자할 기회가 없어지지요. 부모님은 옛날에 학교를 나오셨고, 그래서 저당은 나쁜 것이라며 가능한 한 빨리 풀어야 한다고 말씀하셨습니다. 그러나 난 이러한 충고를 받아들이지 않았지요. 물론 처음에 대출을 받았을 때는 나도 많이 걱정했습니다. 그 금액은 정말 커보였으니까요. 특히 젊었을 때는 더했습니다. 그러나 내 수입은 조금씩 늘어갔고 점차 걱정하지 않게 되었습니다.

스티븐 포스터, 네트워크 엔지니어
데비 포스터, 주택 관리인

주택저당대출은 우리로선 세금 공제를 받을 수 있는 유일한 방법입니다. 대출 서류에 서명할 때는 별로 좋은 기분이 아니지만, 그렇게 해야만 합니다.

집을 사기 위해서는 저당뿐 아니라 생각해야 할 것들이 많습니다. 아들이 대학 1학년 때 친구와 함께 집을 빌리는 대신 집을 사려고 했지요. 나는 아들에게 신중하게 생각하라고 충고했습니다. 아들은 월 납입금만을 생각했고 보험이나 수리비, 세금, 그밖에 현금이 들어갈 곳이 많다는 것은 몰랐던 거지요.

저당 빚이 있는 것은 물론 나쁘지 않습니다. 단지 그게 당신이 가지고 있는 유일한 빚이라면.

로니 매컨치, 관리 이사

마이클 매컨치, 주부

2 적은 돈을 재산으로 만들려면 시간만 있으면 된다

작은 투자가 큰 것보다 유효하게 작용하는 이유

2
적은 돈을 재산으로 만들려면
시간만 있으면 된다

"나에게 100만 달러를 주십시오. 그럼 200만 달러로 만들어드리지요."

세상에 정말 바보 같은 말이 있다면, 이 말도 그 중 하나일 것이다. 이 말이 거짓이기 때문이 아니라, 그건 너무도 당연한 것이기 때문이다. 누구나 100만 달러로 200만 달러를 만들 수 있다. 함정은 어떻게 100만 달러를 모으느냐에 있다! (월스트리트에 내려오는 말 중에 이런 말이 있다. "100달러를 100만 달러로 만들기는 정말 어려운 일이지만, 100만 달러를 1,000만 달러로 만드는 것은 식은 죽 먹기다.")

그럼 이 말은 어떤가?

"부자가 더 부자가 되고, 가난한 사람이 더 가난해진다."

부자에게 더 많은 세금을 내게 해서 가난한 사람에게 돌리자는 정치적인 발언을 정당화하기 위해 많은 사람들이 이런 말을 부적절하게 사용하곤 한다. 그러나 단순히 가난한 사람에게 돈을 주는 것만으로는 그들을 부자로 만들 수 없다. 만약 그런 게 통한다면 사회보장 제도의 혜택을 입는 사람들은 모두 백만장자가 되었을 것이다.

부자가 더 부자가 되고 가난한 사람이 더 가난하게 된다는 말은 사실이다. 그러나 전혀 다른 뜻을 내포하고 있다. 잘 알다시피, 이런 말은 어떻게 부를 축적할 것인가에 대한 비밀을 내포하고 있다. 부자가 더 부자가 되고 가난한 사람들이 더 가난해지는 이유는, 부유한 사람들은 부자가 될 수 있었던 일을 계속하고 가난한 사람들은 가난해질 수밖에 없는 일을 계속 반복하기 때문이다. 그럼 부자들이 어떻게 부자가 되는 방법을 찾아내는지 알아보자.

여기서 제발 유산에 대해서는 말하지 말자. 그것은 부유한 사람들이 어떻게 계속 부자로 남을 수 있는가 하는 문제이지, 어떻게 부자가 되는가 하는 문제가 아니다. 현재 미국에서 부자인 사람들의 집안 역사에 대해 이야기해보자. 그들 중 처음부터 부자로 출발한 사람은 아무도 없다. 그들은 오늘날 가난한 사람들만큼이나 모두 가난했다.

그럼 다시 한 번 이야기해보자. 부유한 사람이 어느 날 갑자기 파산한다 해도 아마 그는 가난하지 않을 것이다. 가난이란 의식의 상태이다. 그리고 파산은 단지 지갑의 상태일 뿐이다. 파산의 상황은 얼마든지 고쳐나갈 수 있다. 그러나 가난은 고치기 힘들다. (게다가 최고로 부자인 사람들은 재산을 상속받았다고 하는 것 또한 사실이 아니다. "무일푼에서 얻은 부는 다시 무일푼으로 가는 데 3대가 걸린다."란 말은 대체로 사실이다. 자수성가한 백만장자의 아들은 잘살 것이다. 그러나 그가 3대 이상 그 부를 유지하는 것은 굉장히 힘든 일이다. 할아버지가 1억 달러를 벌어들였다고 가정해보자. 할아버지 대에서 반을 부동산 세금으로 떼이고, 나머지 반이 세 아들에게 갔다고 하자. 그럼 아들 각자는 약 1,700만 달러를 받게 된다. 그리고 그들이 죽을 때 상속세로 재산의 반을 잃는다고 하면, 처음 돈을 벌어들인 할아버지의 9명의 손자들에게는 각각 280만 달러가 돌아가게 된다. 쉽게 알 수 있겠지만, 집안에 어떤 사람도 처음에 부를 쌓았던 할아버지처럼 돈을 벌지 않았다면, 다음 대인 4대째에 이르러 27명의 증손자들에게는 남은 재산이 거의 없을 것이다. 그럼 이제 알겠지만, 그들이 노력을 통해서 할아버지의 돈을 계속 유지한다면, 그들이 단지 '유산'을 받았기 때문에 부자가 되었다는 말을 할 수는 없을 것이다.)

그럼 어떻게 파산에서 벗어날 것인가? 그건 전혀 마술이 아니다. 단지 열심히 일하고 약간의 돈을 벌고 그 중 일부를 저축하기만 하면 된다. 이러한 과정을 아주 긴 시간 동안 반복하면 된다. 그러나 당신 이웃의 가난한 사람은 계속 가난한 상태로 남을 것이다. 왜냐하면 그들은 버는 돈을 계속해서 몽땅 써버릴 것이고 어떠한 저축도 하지 못할 것이기 때문이다.

그들은 어떻게 부자가 되었을까

이런 이야기를 믿지 못하겠다면, 우리 회사의 고객들에 대해 생각해보자. 그들 중에 태어날 때부터 부자가 될 운명을 가지고 태어난 사람은 아무도 없다. 단지 12퍼센트의 고객들만이 젊었을 때 부모나 조부모에게서 돈을 받은 적이 있을 뿐이고, 그러한 돈도 보통은 저축채권이나 보험, 현금 등이었다. 단지 3퍼센트만이 어렸을 때 주식을 받았다. 67퍼센트가 채 안 되는 사람들이 유산을 받은 적이 있지만 그 유산 대부분은 별볼일없는 것이었다. 그중 33퍼센트는 자신이 모은 재산의 10퍼센트가 채 되지 않는 유산을 받았으며, 단지 4퍼센트의 사람들만이 재산의 과반수가 넘는 부를 유산으로 상속받았다.

또한 6퍼센트 미만의 사람들이 자신의 사업체를 가지고 있으므로, 그러한 일은 보통의 미국인들이 돈 버는 방법을 논하는 데에서 제외하고자 한다. 복권에 대해서도 잊어버렸으면 한다. 내 고객 중 단 2명만이 복권에 당첨되었으며 그 두 사람도 100만 달러를 번 것은 아니다. 한 사람은 자신의 재산의 10퍼센트도 안 되는 돈을 복권으로 벌었을 뿐이고, 다른 한 사람은 저축액의 11퍼센트에서 20퍼센트 정도 수준의 돈을 벌었을 뿐이다.

보험금 또한 잊어버려야 한다. 고객들 중에 6퍼센트인 50명이 보험금을 탄 적이 있고 그 가운데 단지 8명만이 재산의 반 이상을 보험금으로 벌어들였다.

그럼 재판이나 소송에서 이겼을 경우는 어떠한가? 고객들 중 단지 12명만이 이러한 방법으로 돈을 벌었으며, 아무도 많은 돈을 벌지는 못했다. 5명의 고객이 재산의 10퍼센트가 채 안 되는 돈을 벌었으며, 나머지 7명도 재산의 50퍼센트가 넘는 돈을 번 사람은 없다.

그리고 이러한 모든 '불리한 상황'에도 불구하고, 우리의 설문에 응해준 응답자들은 저축과 투자를 통해 평균적으로 50만 달러를 모았다. 그럼 그들은 어디서 그런 돈이 생겼을까? 그 답은 단순하다.

그 돈의 95퍼센트 이상은 그들의 노력을 통해서 벌어들인 것이다. 그들은 열심히 일했다. 교육을 받고 좋은 직장을 얻고 열심히 일했다. 이렇게 해서 그들은 여기저기서 조금씩조금씩 돈을 저축한 것이다.

그게 전부이다.

그들은 처음부터 10만 달러를 가지고 투자를 시작한 것이 아니다. 대신에 그들은 긁어모을 수 있는 모든 돈을 저축했고, 그러한 돈을 가지고 가능한 한 투자를 했다. 설문을 통해 보여주었듯이, 그들이 투자한 돈은 항상 적은 금액이었다. 보통 1,000달러를 넘지 않았으며, 대부분 그보다 훨씬 적었다. 하지만 그러한 적은 금액을 투자하는 것만으로도 그들이 부를 얻는 데는 충분했다.

성공한 미국인들에 대한 우리의 실문은 다음과 같은 사실을 알려준다.

- 그들은 젊었을 때 투자를 시작했다. 투자를 처음 시작한 나이는 평균 24살이고 그들 중 10퍼센트는 18살이 되기 전에 시작했다.
- 그들은 적은 돈을 투자했다. 그들이 처음 투자한 돈은 평균 658달러밖에 되지 않으며, 24퍼센트는 100달러도 채 되지 않는 돈으로 시작했다. 22퍼센트는 100달러에서 499달러의 돈을 가지고 투자를 시작했다.
- 그들은 자주 투자했다. 92퍼센트에 달하는 응답자가 평생 동

안 정기적으로 저축을 했으며, 가능한 한 저축액을 점점 늘려 나갔다. 그리고 반이 넘는 응답자가 비록 1,000달러도 되지 않는 돈을 가지고 있다 하더라도 투자를 했으며, 20퍼센트의 응답자는 500달러가 되지 않는 돈으로 정기적인 투자를 했다.

- 그들은 지능적으로 투자했다. 8.1퍼센트나 차지하는 대부분의 응답자들은 특정 금액이 모일 때까지 저축을 했다. 그들은 몇 백 달러가 될 때까지 돈을 모았으며, 몇 백 달러가 됐을 때 투자했다. 단지 4퍼센트의 응답자만이 기간을 정하지 않고 돈을 집에 보관한다고 답했을 뿐이며, 96퍼센트는 돈을 저축했으며 나중에 주식이나 채권으로 바꾸었다.

- 그들은 어떤 어려움에도 결코 저축을 중단하지 않았다. 대부분의 사람들이 그렇듯이 그들도 살아오는 동안 많은 불안과 고통을 겪었다. 그러나 그러한 고난과 역경에도 불구하고 저축과 투자는 계속되었다. 우리의 설문 조사에 따르면, 그들은 저축에 대한 계획을 전혀 바꾸지 않았다. 그러나 69퍼센트나 되는 다수의 응답자들이 일시적으로 저축을 할 수 없는 상황을 겪었으며, 단지 4퍼센트만이 별 어려움 없이 저축 습관을 유지할 수 있었다.

인생을 살아가는 동안 저축에 대한 노력을 접을 수밖에 없는 이유는 여러 가지가 있다. 그러한 이유들은 대부분 평범한 것들이다. 그러나 중요한 것은 이러한 상황에서도 내 고객들은 극히 일부만이 저축하는 습관을 버렸다는 것이다. 직업을 바꾸었거나, 다른 도시로 이사했다거나, 대학 등록금 때문에, 또는 결혼하기 위해서, 아이들을 키우기 위해서 저축을 하지 못했다고 자신을 책망해본 적이 있는가?

가난을 한탄하는 사람들은 자신들이 저축하지 못하는 이유를 수도 없이 댄다. 하지만 내 고객들은 이러한 고난을 이겨냈다. 보통 다음과 같은 이유 때문에 저축을 중단하게 되지만, 그들은 그러한 것이 저축을 멈추게 하는 이유가 되지 않았다고 말한다.

- 대부분의 사람들은 병역 의무로 군대에 간다. 그러나 단지 4퍼센트만이 군대가 저축을 방해하는 요인이라고 말했다.
- 그들은 대부분 어떠한 시점에 결혼했다. 그러나 단지 7퍼센트만이 결혼 때문에 저축할 수 없었다고 답했다.
- 또한 단지 8퍼센트만이 다른 이유로 저축하지 못했다고 대답했다.
- 9퍼센트만이 학업 때문에 저축을 포기했다.
- 10퍼센트가 자신 또는 가족의 건강상 문제 때문에 저축하지 못했다.
- 100퍼센트의 응답자가 어떠한 시점에서 직장을 다시 구했거나 직업을 바꾸었다고 대답했다. 그러나 단지 12퍼센트만이 그러한 이유로 저축을 할 수 없었다고 했다.
- 많은 사람들이 직장을 잃거나 수입의 감소로 고생한 적이 있으나 단지 15퍼센트만이 그러한 이유로 저축하는 걸 멈추었다고 말했다.
- 모든 이들이 적어도 한 번은 이사를 했다. 그러나 21퍼센트만이 주거 이동 때문에 저축을 계속하기 힘들었다고 말했다.

• 응답자의 대부분은 자녀들이 있지만, 3분의 1도 안 되는 사람들이 아이들 때문에 저축할 수 없었다고 말한다.

가장 놀라운 점은 살아가면서 일어나는 이런 모든 어려운 일들에도 불구하고, 31퍼센트의 사람들이 어떠한 것도 저축하는 데 방해가 되지 않았다고 대답했다는 것이다. 이러한 사람들이 미국에서 최고 갑부의 대열에 드는 건 전혀 이상한 일이 아닐 것이다.

당신 또한 어떠한 변명이든 늘어놓을 수 있다. 그러나 결국 당신이 부를 얻을 수 있느냐 없느냐란 사실만이 남을 뿐이다. 당신은 자신이 왜 저축을 하지 않는지 변명할 수도 있고, 그러한 변명을 제쳐둔 채 계속해서 저축을 할 수도 있다. 당신의 수입이 적은 것을 한탄할 수도 있고, 물가고를 탓할 수도 있으며, 어려운 생활 환경이나 불운을 원망할 수도 있다. 아니면 이러한 모든 문제를 무시하고 저축할 수도 있다. 이건 전적으로 당신에게 달렸다.

부의 축적은 시간에 대한 함수로 이루어진다

이 설문 조사에서 가장 놀라운 발견은 내 고객들이 적은 돈을 투자하여 부를 축적했다는 점일 것이다. 이러한 사실에 놀란다면, 당신은 어떻게 해서 돈이 불어나는지 이해하지 못하고 있는 것이다. 부를 만드는 데에는 많은 돈이 필요한 것이 아니다. 단지 약간의 돈과 많은 시간이 필요할 뿐이다. 당신은 많은 돈을 가지고 있지는 않지만 많은 시간을 가지고 있다. (당신이 벌써 50대이거나 60대여서 충분한 시간이 없다고 걱정하는가? 하지만 그런 걱정은 전혀 할 필요가 없다. 보험사의 통계를 보면, 현대의 50대 노인들은 앞으로 35년을 더 살 수 있을 것이며, 60대의 노인들도 20년 이상 살 수 있을 것이라고 내다본다. 그리고 당신이 80대에 이르렀을 때에는, 의학의 발전이 당신의 건강을 지켜주고 100살까지 사는 방법을 알아 낼 것이다. 그러니 "너무 늦었어."라는 말은 하지 마라. 그건 사실이 아니다. 그건 당신이 계속 가난한 데 대한 좋은 핑곗거리를 줄 뿐이다.)

적은 액수의 돈을 재산으로 만들려면 시간만 있으면 된다. 45달러를 매달 저축하는 20살의 청년이 있다. 매달 45달러란 매일 1달러 50센트를 말하는 것이다. 연이율 12퍼센트(이는 1926년이래 증권의 평균 수익률이다)로 저축한다면 이 돈은 45년 후 거의 100만 달러가 된다. 미국에서 매일 1달러 50센트를 저축하지 못하는 20살 청년은 거의 없다.

그러나 너무도 많은 이들이 이 사실을 이해하지 못한다. 그들은 시간이 돈에 미치는 영향을 이해하지 못한다. 물론 우리 모두 "시간이 돈이다."란 말을 들은 적이 있다. 그러나 극히 일부만이 그것이 무엇을 뜻하는지 이해할 뿐이다. 정말 많은 미국의 젊은이들이(난 45세 미만의 모든 미국인들은 이 범주에 넣고 싶다) 부의 축적은 돈에 대한 함수가 아니라 시간에 대한 함수로 이루어진다는 것을 이해하지 못한다.

20살의 젊은이가 한 달에 45달러를 벌어서 저축한다는 것에 반기를 드는 사람은 거의 없을 것이다. 당신이 20살이라면 아마도 일을 하고 있거나, 대학에 다니고 있거나, 아니면 일과 학업을 병행하고 있을 것이다. 그래서 그러한 것들이 당신이 재산을 모으지 못하는 이유가 되는가? 가난한 사람들은 자신들이 왜 가난한가를 이야기한다. 그들은 파산을 면하는 데 급급하기 때문에 가난에서 헤어날 수 없다고 말한다.

아직도 20대에 저축하지 않는 젊은이들이 많다. 그들은 학업을 끝내고 직장을 얻게 되면 그때 투자를 시작할 것이라고 말한다. 그들은 청구서의 돈을 내야 하고, 보다 나은 생활을 하기 위해 돈을 써야 하며, 또한 어떠한 상황을 해결하기 위해서도 돈을 써야 한다. 그러고 난 후에 그들은 투자할 준비가 될 것이다. 하지만 위의 모든 경우 어떠한 이유이든 어떠한 변명이든 당신은 결국 저축하는 것을 미루고 있을 뿐이다.

이런 말이 기분 나쁘게 들렸다면 용서해라. 나도 없는 돈을 이리저리 긁어모으기 위해 버둥거리는 괴로움을 안다. 우리 부부는 TV를 팔고 난 후 청구서 대금을 내기 위해 4년간이나 TV 없이 지내야만 했다. 그 당시 우리가 벌어들이는 돈으로는 날아드는 청구서를 결제하기도 벅찰 정도였다. 또한 신용카드조차 한도에 다다르고 있었다.

그러나 아무것도 문제가 되지 않았다. 결국 당신은 1,500달러가 필요한데 지금 1,500달러를 가지고 있지 않다면, 지금 당신이 1,165달러를 가지고 있든 1,200달러를 가지고 있든 그건 별로 중요하지 않다. 어떻게 하든 부족한 상태라는 건 마찬가지일 뿐이다. 그러나 그 45달러의 차이는 매일 1달러 50센트와 같다. 당신이 21살이 될 때까지 기다린다면, 당신은 절대 20살부터 저축한 사람을 따라잡을 수 없다. 결코 놀라운 일이 아니다. 당신이 20살에 저축을 시작했을 때와 21살에 시작했을 때의 차이는 65살이

됐을 무렵에는 무려 10만 9,170달러나 된다.

이 계산은 사실이다. 매일 1달러 50센트(1년에 547.50달러)를 20살에 저축하지 않은 것에 대한 1년의 비용은 10만 9,170달러나 되는 것이다. 이는 45년간 저축한 돈의 11퍼센트가 넘는 금액이다. 첫해를 그냥 넘긴다면 그만큼의 돈을 잃어버리는 셈이 된다.

또한 더 안 좋은 일이 있다. 가장 안 좋은 일은 나중에 열심히 일하고 또 많은 돈을 저축한다 해도 그 잃어버린 손실을 회복할 수는 없다는 것이다. 왜냐하면 부는 시간에 의해 만들어지는 것이며, 시간은 한번 잃어버리면 결코 다시 메울 수 없기 때문이다.

바로 이것이 책을 읽는 많은 사람들이 "20년 전에 시작했어야 했어." 하고 탄식하는 이유이다. 그러나 실망하지는 마라. 모든 사람들이 이런 말을 한두 번쯤은 했을 것이다. 물론 20살짜리 청년도 마찬가지다. 한번은 고등학교 2학년 학생들에게 이런 이야기했을 때, 한 학생이 친구에게 이렇게 말하는 걸 들었다. "12살 때 시작했어야 했어!"

내 요점은 과거에 대해 한탄해봤자 소용없다는 것이다. 대신 미래를 위해 당신의 힘을 쏟아야 한다. 왜냐하면 당신이 향하고 있는 곳은 미래이며 당신이 뭔가를 할 수 있는 시간이기 때문이다. 앞에서 말했듯이 60살이란 인생의 3분의 2도 안 되는 시간이다. 50살은 이제 겨우 인생의 중간쯤에 이른 것이다. 당신이 못 한 것에 대해 한탄하지 말고 무엇을 할 것인가에 집중하자!

바로 그것이 내 고객들이 한 일이다. 그들은 자신의 불우한 환경을 탓하지 않았고, 그 동안의 환경이나 어려운 사정들에 대해 불만을 품지 않았다. 그들은 자신의 문제를 다른 이들이(부모님도 아니고 정부는 물론 아닐 것이다) 풀어주기를 바라지 않았다. 그들은 단지 자신의 상황에서 최선을 다했을 뿐이다. 그리고 그들이 부를 얻기 위해 한 가지 한 일은 돈을 저축했다는 것이다. 그들은 적은 금액을 저축했고 오랜 기간 동안 저축했다.

그들은 물론 많은 돈을 가지지 못했다. 1940년대, 50년대, 60년 대 사람들은 많은 돈을 벌지 못했다. 그리고 당신처럼 대부분의 돈이 집세나 주택저당대출의 월납입금, 자동차 할부금, 식료품값, 옷값, 보험료 등의 청구서 대금으로 나갔다. 그래도 그들은 여기 저기서 약간의 돈을 긁어모으는 데 성공했고, 이 돈으로 특별한 일을 했다. 즉 투자를 한 것이다.

그러니 지금부터 저축을 시작해라. 얼마가 되어도 좋고, 당신이 나이가 많든 적든 상관없다. 만약 그럴 수 없다고 생각한다면, 다음과 같은 방법을 생각해보라.

1. 이번 달 청구서 대금을 내기 전에 10달러나 25달러를 저축한다. 그리고 청구서 대금을 낸다. 그러면 당신은 파산할 것이다. 그러나 이 방법으로 당신이 파산하기 전에 얼마간을 저축할 수 있다.
2. 동전을 쓰지 마라. 매달 잔돈을 저금하면 20달러나 그 이상을 모을 수 있을 것이다. 말 그대로 아무런 노력을 들이지 않더라도.
3. 슈퍼마켓의 쿠폰을 사용하라. 그러나 그것들을 올바르게 써야 한다. 다음 번에 '1달러 할인' 쿠폰을 쓸 때 그 1달러를 다른 곳에 쓰지 말고 꼭 저축하라. 그렇게 하면 당신은 매달 20

달러에서 50달러를 저축할 수 있을 것이다.

이처럼 저축하는 것이 얼마나 쉬운 일인지를 깨닫는 데 그리 오래 걸리지는 않을 것이다. 당신도 할 수 있다. 내 고객이 당신에게 방법을 알려주었듯이 말이다.

66 적은 돈을 재산으로 만들려면 시간만 있으면 된다 99

나는 38살 때부터 저축을 시작했습니다. 한 달에 400달러 정도씩 저축했는데, 어떨 때는 좀더 하기도 했죠. 제일 적게 투자한 것은 50달러 정도였어요. 나는 이 돈으로 주식 투자를 했습니다. 사실 어떤 계획이라는 것은 없었고, 그저 내 투자 금액을 좀 불려보려는 것뿐이었습니다. 나는 저축하기 위해 어느 정도 희생을 해야 한다고 느껴보진 않았어요. 사실상 장애에 부닥치고 있었지만요. 3명의 아이를 대학에 보내고 있거든요!

딕 아이브스, 퇴역 해군 장교
팻 아이브스, 비서

처음에는 한 달에 23달러씩 저축하기 시작했습니다. 이 돈을 뮤추얼펀드에 투자했죠. 그때 나는 24살이었습니다. 처음에는 좀 힘들었지만, 좀 시간이 지나자 저축하는 게 습관이 되어 그다지 어렵지 않았습니다. 그때 당시 우리는 월급의 25퍼센트를 저금했고, 또한 보너스도 상당 부분 저금했습니다. 만약 과거를 바꿀 수 있다면, 더 많은 금액을 저축하고 싶어요.

딕 아만, 컨설턴트
핏지 아만, 회사 사장

나는 29살 때부터 투자를 시작했는데, 그때는 월급에서 100달러 정도만 투자했죠. 하지만 그 정도 저축하는 데도 몇 가지 희생을 해야 했어요. 차나 가구같이 남들이 가지고 있는 것 중 많은 것을 가지지 못했죠. 그래도 지금은 훨씬 수월해졌죠. 내가 투자한 액수 중 제일 적은 금액은 25달러였어요. 그리고 월급이 올라가면서 저축액도 늘어났지요. 아마 저축을 그만두진 않을 거예요.

필리스 파커, 벨 아틀랜틱 직원
웨인 파커, 교사

우리는 35살 때부터 투자를 시작했습니다. 매번 월급에서 80에서 100달러 정도를 투자했죠. 저축하기 위해 많은 것을 희생하진 않았지만, 때때로 청구서들 때문에 저축을 못 하는 달도 있었어요. 하지만 지금은 저축하지 않습니다. 우리는 이제 막 은퇴했고 저축한 것을 가지고 즐기고 있죠!

우리는 엑손의 주식을 샀습니다. 100주가 될 때까지 계속 샀지요. 그 다음엔 그것이 200주로 분할되었고, 그후에도 2배 분할이 몇 차례 더 있었습니다. 한 14년쯤 지나자, 우리는 상당한 양의 돈을 가지게 되었지요.

맥스 토머스, 컨설턴트
데니스 토머스, 주부, 간호사

나는 격주로 10달러씩 투자하기 시작했습니다. 그때 나이가 25살이었죠. 하루하루 생활하는 데 치여 그 정도 투자하는 것도 내게는 힘들었습니다. 하지만 그것은 가치 있는 일이었습니다. 저축액은 10달러에서 140만 달러로 늘었습니다. 처음에 그것을 크게 불릴 수 있었습니다. 안정적인 펀드와 좀더 공격적인 펀드를 번갈아가면서 투자했기 때문이지요.

익명, 주부
남편, 프로젝트 매니저

나는 30살 때부터 매달 월급에서 165달러씩 저축했습니다. GE의 주식이나 뮤추얼펀드, 국채 등에 투자했지요. 특별한 계획은 없었습니다. 단지 돈을 좀 모을 수 있는 기회로 생각했고, 거기서 최대한의 이익을 얻어내리라 결심했습니다. 그러기 위해 약간의 희생을 해야 했지요. 우리는 많은 물건을 구입하지 못하고 포기해야 했지만, 그것은 가치 있는 일이었어요. GE의 주식은 이제 25만 달러의 값어치를 가지니까요.

익명, 컴퓨터 시스템 관리자
배우자, 작업 관리인

30살쯤부터 한 달에 700달러씩 저축했습니다. 처음에는 저축채권을 샀고, 좀 지나서는 뮤추얼펀드에 투자했죠. 계획적으로 투자하지는 않았습니다. 그냥 매달 저축했을 뿐이죠.

캐스린 케임, 국제 경제학자

나는 35살 때 한 달에 50달러씩 투자하기 시작했는데, 월급이 오르면서 매달 300에서 400달러로 투자 금액을 올렸죠. 특별한 투자 계획을 가지고 있지는 않았고, 그저 장기적인 저축을 해야만 한다고 생각했어요.

짐 맥대니얼, 주차 관리인
마이클 맥대니얼, 경영 보좌관

우리는 신혼 때부터 투자하기 시작했습니다. 그때 25살이었고, 매달 월급에서 15달러씩 투자했지요. 우리가 해줄 수 있는 최고의 조언은 이렇습니다. 가능한 한 빨리 저축을 시작하고, 그 일에 익숙해지도록 하세요.

딜런 조이스, 보험업자
마이클 조이스, 시스템 엔지니어

나는 주식을 사고 파는 데 별 재미를 보지 못했습니다. 항상 사고 파는 시기를 놓쳤기 때문이지요. 그래서 매우 일찍부터 투자한 뒤에는 잊어버리는 것이 좋다는 것을 배웠고, 전문가에게 관리를 맡겼습니다. 목돈(1965년에 1만 5,000달러쯤 되는 정도)을 뮤추얼펀드에 투자하고 내버려두었지요. 그 돈은 이제 75만 달러의 값어치를 합니다.

L.B., 은퇴

나는 22살 때부터 뮤추얼펀드에 투자하기 시작했습니다. 11년간 한 달에 50달러씩 투자했죠. 어떤 때는 1,000에서 2,000달러를 가지고 개인적으로 IRS사의 주식을 비롯해 여러 주식에 투자하기도 했습니다. 돈을 잃은 적은 한 번도 없었지요.

한번은 아이들을 위해 뮤추얼펀드에 300달러를 투자했습니다. 16년 뒤에 그 총액은 3,000달러가 되었답니다.

1987년에는 경기가 너무 안 좋아 주가가 계속 떨어지더라구요. 그래서 가지고 있던 주식을 일부 팔아 비과세 채권을 샀습니다. 지금은 투자 금액을 빼내지 않고 불경기를 잘 넘기는 게 더 좋았다고 생각합니다.

익명, IRS 직원
배우자, 주부

나는 22살 때 투자를 시작했는데, 그때는 월급에서 별도로 떼어놓은 돈을 저축했죠. 그 이후 2주마다 투자하기를 38년 동안 해왔습니다. 처음에는 겨우 5달러로 시작했지만, 승진하거나 월급이 인상될 때마다 인상분의 반을 저축하는 데 썼습니다.

나는 개별 주식이나, 부동산과 뮤추얼펀드에 투자했고, 배당금이나 이자를 재투자했습니다. 내가 할 수 있는 한 최대한 투자했고, 한번 투자한 돈은 '손대지 않는다'는 원칙을 세웠고, 그렇게 하려고 노력했습니다.

게리 불리스, 기술자
린다 불리스, 주부, 재택 회계 장부 기장원

3 장기 보유 전략만이 큰돈을 안겨준다

부자들이 투자 대상을 바꾸지 않는 이유

3
장기 보유 전략만이 큰돈을 안겨준다

 나의 고객들은 적은 돈을 투자해 놀랄 만한 성공을 거둔 살아 있는 증거이다. 그런데 당신이라면 그 돈을 어디에 투자할 것인가?

대부분의 사람들은 투자의 성공은 세 가지에 달려 있다고 말한다. 첫째, 많은 돈을 투자할 수 있는 능력(부자가 더 부자가 된다는 입장), 둘째, 크게 벌고 재빨리 자금을 회수할 수 있는 능력, 셋째, 가장 큰 수익을 올릴 수 있는 능동적인 관리 능력이 그것이다. 우리는 앞에서 첫째와 둘째에 대한 신화를 깬 바 있다. 이제 마지막 마법을 제거해보자.

넓게 말해서 돈을 관리하는 방법에는 두 가지밖에 없다. '사서 가지고 있기(buy-and-hold)'와 '마켓 타이밍(market timing)'이다. 앞의 것은 여러 가지 주식을 사서(분산 투자의 방식으로) 오랫동안 가지고 있는 것이다.

그러나 두 번째에 대한 접근은 이것과 반대되는 것이다. 마켓 타이밍을 노리는 사람들(이런 사람들을 이 책에서는 마켓 타이머(market timer)라고 하고 있다 – 역주)은 사서 보유하고 있는 사람들이 장기 수익을 노리고 그것을 즐긴다는 것을 인정하지만, 그들은 주식 시장은 언제든 일촉즉발의 위기 상황으로 바뀔 수 있다는 사실 때문에 힘들어할 것이라고 말한다. 만약 주가 하락을 피하고 주가 상승을 탈 수만 있다면 마켓 타이밍을 노리는 것이 더 좋지 않느냐고 말한다. 마켓 타이머들은 자신들의 투자 방법에는 두 가지 큰 장점이 있다고 말한다. 위험성이 적고(주가의 급락을 피함으로써) 또한 큰돈을 벌 수 있다는 것이다.

모든 사람들이 이처럼 타이밍을 노리는 사람들의 말에 일리가 있다고 동의한다. 그럼 여기서 2명의 투자자를 예로 들어보자. 2명 모두 1927년에 주식 시장에 1만 달러를 투자했으며, 첫번째 투자자는 주식을 71년간 가지고 있었다. 그리고 1998년 12월 31일에 주식은 2,100만 달러의 가치가 되었는데 그것은 단지 연이율 13.4퍼센트에 해당하는 수익이다.

두번째 투자자는 계속 투자하면서 조심스럽게 증시를 살펴보았다. 뛰어난 분석력으로 주식이 손해날 시점을 알아차리고 항상 그 직전에 주식을 팔았다. 그는 자신이 가진 주식의 가치를 유지하기 위해서 효율적으로 주식을 팔았으며, 주식을 판 돈으로 연 5퍼센트의 이자를 받았다. 또한 그는 주식이 다시 오를 때까지 기다렸다가 새로운 주식에 투자를 했다. 그는 이러한 일, 즉 주가가 떨어지기 전에 팔고 오르기 전에 다시 사는 일을 71년간 반복했다. 그 결과 1998년 12월 31일 그의 계좌는 무려 54조 달러나 되었다.

분명히 마켓 타이밍을 노리는 것은 사고 가지고 있는 것보다 훨씬 큰돈을 버는 방법이다. 그러나 한 가지 문제점이 있다. 두번째 예로 든 투자자는 존재하지 않는다는 사실이다. 그의 이야기는 순전히 허구이며, 단지 마켓 타이밍을 노리는 것의 장점을 설명하기 위해 당신에게 예로 든 것일 뿐이다. 마켓 타이밍의 지지자들은 이러한 방법으로 당신도 엄청난 부를 쌓을 수 있다는 이야기를 쉽게 지어낼 것이다.

부자들은 투자한 것을 오랫동안 그대로 둔다

두번째 투자자는 존재하지 않지만, 첫번째 투자자는 존재한다. 그럼 누가 첫번째 투자자인가? 우리 회사 고객들이 그런 부류이며, 그 외에도 많은 사람들이 있다. 조사 결과 우리 회사 고객들은 매우 특별한 방법으로 부를 성취했다. 즉 그들은 투자를 하고 그 것을 장기간 유지했을 뿐이다.

고객들에게 1994년부터 1998년까지 5년 동안의 경우와 1998년 한 해 동안의 투자 습관을 물어보았다. 1998년은 극단적으로 증시 변동이 심한 해였다. 증시 역사에 남을 정도였다. 다우 종목들은 1월 1일부터 7월 17일까지 17.2퍼센트의 수익을 올렸으나, 그후 9월 30일까지는 16퍼센트의 손실을 가져왔다. 이 기간에는 8월 31일처럼 하루아침에 502포인트가 폭락한 특별한 날(이는 1987년의 대폭락 후 최악의 하락 수치이다)들도 포함되어 있다. 그후 10

월 1일부터 연말까지 증시는 다시 20.3퍼센트의 수익성을 되찾았다. 만약 마켓 타이밍을 적용할 수 있었던 가장 좋은 해를 말하라면 그건 1998년이었을 것이다.

하지만 "1998년에 몇 번이나 뮤추얼펀드를 옮겼는가?" 하는 질문에, 고객의 52퍼센트가 그 한 해 동안 포트폴리오에 어떤 변화도 주지 않았다고 대답했다. 43퍼센트는 1번 또는 2번 바꿨지만, 이 또한 만기가 되어 옮긴 것이지 마켓 타이밍 때문에 한 것은 아니다. (이들이 내 고객이기 때문에 나는 이러한 사실을 알고 있었다. 우리는 그들의 업무를 대신 해주고 있기 때문이다. 예를 들면 우리는 주기적으로 고객들의 투자 내역을 조정해주는데, 이는 현재의 주식 시장과 상관없이 행해진다. 이제 은퇴를 준비하는 고객들의 경우는 매달 투자 수익을 받을 수 있도록 포트폴리오에 변화를 줄 필요가 있다. 결국 한 해에 한두 번 정도 포트폴리오에 변화를 주는 것은 신중한 결정에 의한 것이지 마켓 타이밍을 노린 것이 아니다.) 단지 4퍼센트의 고객들만이 1998년에 4번에서 6번 정도 포트폴리오를 바꾸었으며, 오직 1명만이 12번 이상의 변화를 주었다.

지난 5년간 우리 고객들이 취한 태도에 대해서 물어봐도 대답은 비슷하다. 장기적으로 볼 때는 당연히 뮤추얼펀드간에 커다란 이동이 있으리라 생각할 수 있다. 특히 그 시기에 월스트리트 역사상 최악의 해 중 하나인, 1994년이 포함되어 있기 때문이다.

오른쪽 표는 1994년 1월 1일부터 주식 시장의 움직임을 나타낸 것이다. 더 큰 수익을 원했다면 마켓 타이밍을 이용할 수 있는 기회가 많았다. 그러나 5년 동안 우리 회사 고객들의 85퍼센트가 포트폴리오에 변화를 준 것은 3번 이하였으며, 22퍼센트는 전혀 변

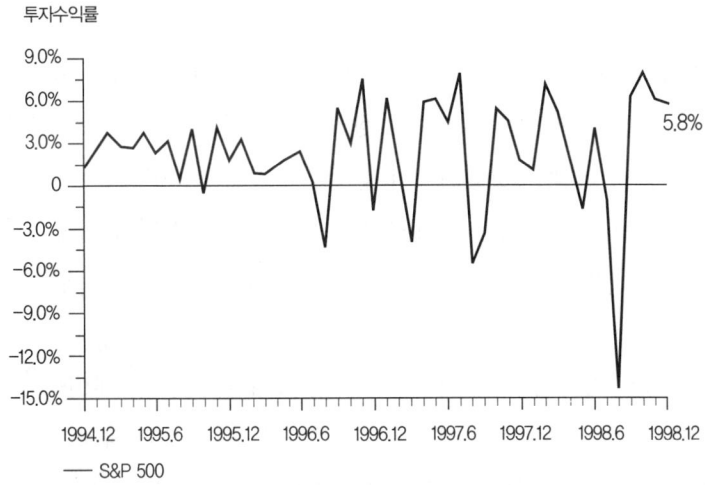

투자수익률

5.8%

—— S&P 500

화를 주지 않았다. 그리고 가엾은 단 한 사람만이 12번이나 바꾸었을 뿐이다.

분명히 성공한 미국인들은 투자를 통해 부를 축적하며, 투자한 것을 오랜 기간 그대로 둔다. 반대로 난 아직까지 마켓 타이밍을 이용해 성공했다는 실례를 보지 못했다.

마켓 타이머들이 실패할 수밖에 없는 이유

내가 여기서 강조하고 싶은 것은 오늘날 대부분의 투자자들은 전적으로 나와 같은 생각이라는 것이다. 그들은 내게 말한다. 자신들은 사서 보유하는 방법을 선호하고 마켓 타이밍이 어리석은 짓이라고 믿는다고, 그리고 그들은 이런 시시하고 하찮은 일에 관여하고 싶지 않다고 주저없이 말한다.

당신도 내 의견에 찬성하는가?

당신도 내 의견에 찬성하리라 확신한다. 내가 만약 당신에게 당신은 마켓 타이머인가 아니면 장기간 보유하는 사람인가 묻는다면 어떻게 대답할 것인가? 아마 당신은 마켓 타이밍이 위험하다는 걸 알고 있고, 재산을 장기간 보유하는 안정적인 전략으로 투자할 것이라고 대답할 것이다. 그런데 이런 말을 하는 사람의 대부분이 거짓말쟁이다.

용서해주었으면 좋겠다. 거짓말쟁이라고 부르는 건 예의바르지 못한 행동이니까. 그러나 그건 사실이다. 사람들은 내게 장기간 보유하는 방법에 동의한다고 말한다. 또한 마켓 타이머들은 사실상 그들의 돈을 잃고 말 거라는 걸 알고 있다. 그들이 이런 사실을 알게 된 것은 그들이 내 저서를 읽었고 성공적인 마켓 타이밍이란 사실상 불가능하다는 통계를 보았기 때문일 것이다. 아니면 마켓 타이밍을 시도해보았다가 완전히 실패한 적이 있기 때문일 것이다.

나는 지난번 책 『돈에 대한 새로운 법칙』에서 마켓 타이머들이 실패할 수밖에 없는 이유를 설명했다. 아직도 읽지 않은 분들을 위해 그때 예로 들었던 것들을 다시 한 번 살펴보자.

1. 1997년 12월 31일까지 5년 동안 증시는 24.6퍼센트의 수익을 올렸다. 이 모든 이익은 단지 40일 동안에 나타난 것이다. 그럼 당신은 언제가 그런 날인지 예측할 수 있는가?
2. 1926년부터 1997년까지 864개월 동안 증시는 평균 10.4퍼센트의 연수익을 올렸으며, 그 기간 중 61퍼센트에 해당하는 기

간 동안 수익이 났다. 그러나 전체에서 8퍼센트밖에 안 되는 최고 수익을 낸 72개월을 빼버리면, 당신의 수입은 아무것도 없을 것이다. 단지 8퍼센트의 시간을 제하는 것이 100퍼센트의 수익을 제하는 것과 같다.

3. 연방 은행의 경제 전망은 맞은 적이 없다. 연방 은행의 이자율 조정을 고려한다면, 그들은 자신들이 예견해야 하는 바로 그 사태에 대해 영향을 미칠 수 있는 능력이 있다. 그러나 지난 14년 동안 연방 은행은 GDP 예측조차도 100퍼센트의 오차를 나타내고 있다.

4. 투자자들이 진짜 돈으로 하는 전미 투자 챔피언 선발 대회(the U.S. Trading and Investing Championship)에서도 성공하는 사람들이 거의 없다. 한 대회에 참가하는 3,500명의 지원자 중 단지 22퍼센트만이 약간의 돈을 벌었을 뿐이다. 손가락으로 꼽을 수 있을 정도만이 S&P 500지수에 준하거나 그것을 상회할 수 있었다.

어떤 사람들은 이러한 마켓 타이밍과 관련된 문제를 모르고 있거나 무시한다. 그래서 그들은 직접 마켓 타이밍을 시도해보기도 한다. 결과는 모두 다 엉망일 뿐이다. 그들은 가지고 있어야 할 때 팔고, 팔아야 할 때 계속 가지고 있게 된다. 게다가 그들은 증권거래세를 내야 하고 사고 파는 데 드는 수수료를 내야 하기 때문에 수익은 더 형편없을 수밖에 없다. 결론적으로 말하면, 장기간 보유하는 전략을 이길 수 있는 건 아무것도 없다는 나의 말에 당신도 이제 아무 의문 없이 동의할 것이다. 그럼에도 왜 나는 당신을 거짓말쟁이라고 하는 것일까?

그건 당신의 행동이 당신의 말과 일치하지 않았기 때문이다.

"1, 2주쯤 기다렸다가 투자하는 게 좋지 않을까요?"

새로운 고객과 만날 때 종종 있는 일이지만, 그 고객은 자신의 재정 목표에 대해서 이야기하곤 한다. 보통 자식들의 대학 학자금 마련이 그들의 주된 목표이며, 퇴직 후 생활 보장이 또 하나의 목표이다. 결국 다른 사람들처럼 당신도 퇴직 후 보장이 재정적인 최종 목표일 것이다. 또한 학교를 다니는 자식들이 있는 부모라면, 학자금 마련이 높은 우선 순위를 차지할 것이다.

첫만남을 통해 고객들의 현재 재산과 앞으로 저축할 수 있는 능력을 고려한 후에 마지막으로 나는 이런 질문을 한다.

"이 돈을 아이들이 대학에 갈 때까지 또는 당신이 은퇴할 때까지 투자하는 것이 당신의 의도입니까?"

예외없이 그들은 "예."라고 대답한다.

그러면 난 그들을 위해 완벽한 재정 계획안을 제안한다. 그리고 다음번 만남에서(또는 세번째 만남에서) 그 계획안을 검토하고, 내가 제안하는 투자 방법에 대해 모든 것을 자세히 설명한다. 또한 나는 그들이 투자한 돈을 오랜 기간 유지할 것이며, 마켓 타이밍 방법을 쓰지 말아야 한다는 점을 강조한다. 고객은 이 모든 걸 이해한다. 그리고 고객들은 여러 질문을 한다. 이런 질문들을 통해 여태까지의 이야기를 고객들이 잘 이해했다는 것을 알 수 있다.

그러한 질문들은 깊이 생각하고 여러 가지 것들을 고려한 후에 나오는 것들이었기 때문이다. 난 질문에 대해 대답을 하고, 고객과 나는 서로 알고자 하는 것을 충분히 이해했다고 생각될 때까지 계속해서 만난다. 그러고 나서야 나는 그들에게 필요한 서류를 보내줄 테니 계좌를 개설하라고 말한다.

그런데 그때가 되어서야 그들은 말한다.

"릭, 우린 당신이 일하는 방식이 마음에 들어요. 모두 다 좋아 보여요. 그리고 우리는 당신과 거래하고 싶어요. 그런데……."

여기서 문제가 발생한다.

"……우리는 앞으로 있을지 모르는 정치, 경제, 사회적인 위기 등을 걱정하고 있답니다. 우리는 몇 주쯤 기다려보고 결정하는 것이 최선이 아닐까 생각하고 있어요. 그리고 상황이 어떻게 변하는지 보고 싶구요."

드디어 사실이 판명된다. 그들은 마켓 타이머인 것이다.

"아니요. 우린 마켓 타이머가 아니에요." 그들은 완강히 부인한다. "우리는 당신이 제안한 장기 투자를 할 거예요. 정말이에요. 다만 정치, 경제, 사회적인 위기가 있을 것이고, 또 그러니까…… 증권이나 채권, 주식, 금 시장들도 그에 따라 흔들리잖아요? 그래서 말인데요, 그러한 문제들이 어떻게 되는지 확인할 수 있도록 1, 2주쯤 기다리다가 하는 게 좋지 않겠어요?"

당신도 이해하겠지만 그들은 마켓 타이머가 아니다. 그들은 단지 자신들이 투자하기 전에 시장에서 어떠한 일들이 일어나는지 알고 싶을 뿐이다. 난 어떠한 상황인지 확실히 이해한다.

자신이 마켓 타이머인지 아닌지 알아보는 방법

마켓 타이밍이 아무런 효과가 없다는 학술적 연구 자료를 들이 민다 해도 사람들은 자신들이 하고 있는 일이 마켓 타이밍이라는 것을 인정하려 하지 않는다. 아무도 자신이 마켓 타이머라는 것을 인정하고 싶어하지 않는다. 만약 그런 질문을 받는다면 부정할 것이다. 그럼에도 계속해서 마켓 타이머처럼 투자할 것이다. 사람들은 주식 투자의 기본을 알고 있고, '지금!' 만이 이러저러한 것을 하는 데 적기라는 것을 알기 때문에 마켓 타이밍을 하지 않는다. 그들은 지금 이것을 해야 하는지 저것을 해야 하는지 결론을 내리기 위해 차트를 그려가면서 결정하는 전문 분석가들도 아니고, 지금 이것을 해야 하는지 저것을 해야 하는지 알기 위해 모델을 세우고 그 모델에 맞추어 컴퓨터 시뮬레이션을 하며 결정하는 정량적 분석 이론가들도 아니다. 단지 사람들은 자신의 감정에 따라 행동할 뿐이며, 자신의 기분에 따라 투자를 결정한다. 자신이 두려움을 느낀다면 증시를 떠나거나 관망하게 되며, 욕심이 생긴다면 증시에 뛰어들거나 계속 머물러 있을 것이다. (이것은 그다지 중요하지 않다. 기본적 분석가들이나 기술적 분석가, 정량적 이론가로 이루어진 마켓 타이머들도 타이밍을 잡는 데 실패하기 때문이다.)

투자 실패의 주된 원인은 실제 감정이다. 이러한 실패는 증후와 원인의 두 가지 방법으로 설명할 수 있다. 감정적 투자의 증후는 쉽게 볼 수 있다. 사람들은 현재 일어나고 있는 사건들을 두려워한다. 그들은 오늘 헤드라인에 난 뉴스 때문에 경제 구조 자체가 붕괴되지나 않을까 두려워하며 이러한 두려움 때문에 계속 투자하는 것을 주저한다. 아니면 최근에 나온 어떤 뉴스로 인해 증시에서 많은 이익이 생길 거라고 상상하며 더 이상 기다리지 못하기도 한다.

실제로 1999년에 걱정할 만한 많은 일들이 벌어졌다. 엘니뇨와 라니냐 현상 때문에 전세계 경제와 사회에 커다란 혼란이 빚어졌다. 일본, 러시아, 브라질은 아직도 그러한 혼란에서 벗어나지 못하고 있다. 이라크와 코소보는 미국의 군사적 행동을 기다리고 있으며, 클린턴 대통령의 스캔들은 사라지려 하지 않는다. 물론 Y2K도 간과할 수 없다. 이러한 모든 이유 때문에 많은 사람들이 증시에 투자하기를 꺼려했다.

동시에 인터넷 주식은 하늘 높은 줄 모르고 치솟아 1,000퍼센트 이상의 이익을 남기기도 했다. 인플레이션과 이자율은 최악을 유지했으며, 20년 만에 부동산 투기 붐이 일어났다. 제약 회사는 지난 몇 십 년 동안 심각한 병을 치료할 수 있는 획기적인 약을 개발하여 엄청난 돈을 벌어들였다. 실업률은 최저로 떨어졌다. 이러한 이유 때문에 많은 사람들은 돈을 증시에 쏟아부었다.

물론 전적으로 그렇지는 않다고 해도 두 그룹의 사람들 모두 자신의 감정에 따라 중요한 투자 판단을 내렸다. 그러나 자신의 감정 상태가 바뀌자마자, 두 그룹의 사람들 모두 투자를 다른 곳으로 옮기고 싶어했다. 이는 그들이 마켓 타이머라는 걸 보여주는 증거이다. 그러나 그들은 마켓 타이머냐는 질문에 분명 부인할 것이다. "난 장기적인 안목으로 투자해요. 그러나 지금은 때가 아니에요……."라고 말할 것이다. 그게 그들이 보통 하는 말이다.

이러한 것들이 감정적 투자의 증후이다. 그러한 것들은 찾아내기도 쉽고 멈추게 하는 것도 쉽다. 가끔 나도 고객들에게 그들이 이러한 방법을 쓰고 있다는 것을 알려줌으로써, 마켓 타이밍에 의존하지 말라고 충고하기도 한다. 또한 사람들은 자신이 무엇을 하고 있는지도 모르고 마켓 타이밍을 사용하기도 한다. 투자하기 전에 클린턴의 탄핵 심판이 어떤 식으로 판결날지 관망하려는 것도 마켓 타이밍이며, 중동의 무기 감축 협상 결과를 알고 싶어하는 것도 마켓 타이밍이라는 것을 모른다. 많은 사람들은 '마켓 타이머'가 한 시간이나 또는 하루 사이에 여러 번 사고 팔고 하는 사람들만을 가리키는 말이라고 생각한다. (이건 마켓 타이밍이 아니다. 이건 데이트레이딩이라고 한다. 즉 타이밍의 극단적인 형태이다. 타이밍을 노리는 사람들을 바보라고 한다면, 이러한 데이트레이더들은 정말 세상에 둘도 없는 천치이다.) 그들은 현재 벌어지는 사건들 때문에 투자를 연기하거나 주식을 파는 사람들, 그리고 당장 이익이 난다고 모든 것을 주식 시장에 투자하고자 하는 사람들이 모두 마켓 타이머라는 것을 모른다. 그런데 일단 그들이 갖고 있는 문제들을 짚어주면 자신의 잘못을 금방 알아차린다. 그리고 그런 안 좋은 투자 습관을 버리게 된다.

그러나 고치기 어려운 증후도 있다. 사람들은 자주 깊은 감정적 상태에 따라 돈을 다룬다. 심리학자들은 감정이 사람의 행동에 어떠한 영향을 미치는지를 오랫동안 연구해왔다. 그러나 최근에 들어서야 이러한 연구들이 돈에 적용되고 있다. 그래서 행동주의 재정학이라는 새로운 분야가 만들어지기도 했다. 이러한 학문은 자신의 개인 재산을 어떻게 다루는가를 훌륭히 보여준다.

이 분야는 프린스턴 대학의 다니엘 칸만(Daniel Kahnemann)과 스탠퍼드 대학의 아모스 트베르스키(Amos Tversky)에 의해 20년 전에 창시되었으며, 요즘 나오는 대부분의 연구도 이 두 사람에게서 기인한다. 시카고 대학의 리처드 탤러(Richard Thaler)는 1992년에 발간한 『승자의 저주(the Winner's Curse)』라는 책으로 행동주의 재정학 분야를 이끌어 가는 사람으로 지목받고 있다.

이번 장을 마치며 이런 새로운 연구 결과에 대해서도 알려주려 한다. 심리적 문제 때문에 야기되는 실수에 관해서는 이미 읽어 봤겠지만, 이번에는 아마 당신 자신에 대해서도 관찰하게 될 것이다. 한 가지만 명심하면 된다. 성공적인 투자자는 그런 실수를 하지 않는다는 것을.

66 장기 보유 전략만이 큰돈을 안겨준다 99

나는 투자한 것을 무기한으로 가지고 있으려고 합니다. 15년에서 20년쯤 말이죠. 나는 한번 투자한 것을 거의 움직이지 않습니다.

마지막으로 옮긴 것이 2년 반 전이었어요. 작은 규모의 생명보험에 가입했었는데, 죽어서 보험금을 받는 것보다는 포기하고 현금으로 받는 것이 훨씬 좋겠다는 생각이 들어서였지요. 보험을 해약한 뒤 그 돈을 다양한 연금에 투자했습니다. 그보다 전에 투자 계획을 바꾼 것은 9년 전입니다. 퇴직금을 재투자해서 다른 투자 상품과 합쳤습니다.

많은 사람들이 돈을 자주 움직일 경우에 생겨나는 문제에 대해서는 생각하지 않더군요. 그들은 시장이 좋지 않을 때는 투자금을 빼내야 한다고 생각하죠. 하지만 장기적으로 보면 그것은 위험한 일입니다.

익명, 인사 전문가

한번 투자를 하면 나는 그것을 최소한 5년은 가지고 있습니다. 나는 그것을 보유하기 위해 사는 것이지, 바꾸려고 사는 것이 아니니까요. 행동에 옮기기 전에 당신이 하고자 하는 일에 확신을 가질 수 있도록 재정 고문과 상의해야 합니다.

조셉 로저스, 공장장

에드나 로저스, 비서

우리는 거의 주식을 팔지 않습니다. 지난번에 팔았던 것은 순전히 세금 때문이었지요. 뮤추얼펀드로 돈을 모았다 해도, 실제로는 나눠서 재투자를 한 것이기 때문에 세금으로 인한 손실이 생겼습니다. 그래서 우리는 펀드를 팔아서 수익도 올리고 세금 공제도 받았습니다. 그러고 나서 돈을 다른 펀드에 투자했는데 그것은 앞으로도 팔 생각이 없습니다.

익명, 시스템 관리자

배우자, 전직 비서

좋은 체험을 하고 나면 투자를 오랫동안 가지고 있어야 한다는 생각을 하게 됩니다. 돈을 이리저리 움직이는 사람은 두려움과 욕심이 많은 사람일 거라고 확신해요. 나는 달러평균원가법의 이점을 알고 있으며, 자신의 재정 목표에 맞추어 건실하고 다양한 포트폴리오를 세우는 것이 얼마나 이로운지 알고 있습니다. 나는 이런 방식을 고수할 겁니다.

바바라 래미, 여행 가이드

15년 전에 투자한 것을 나는 아직 바꾸지 않고 있습니다. 그런 일이 드물긴 하지만 투자 대상을 옮길 때는 먼저 내 재정 고문과 상의를 합니다. 3년 전에 한 번 돈을 옮긴 적이 있습니다.

나는 언제나 '장기 보유'에 대한 믿음을 갖고 있습니다. 투자물을 자주 바꾸는 사람들에게 나는 "지금 당신이 하고 있는 일의 단점을 알고 있나요? 전문가의 조언에 따르는 건가요?"라고 묻고 싶습니다.

비비안 로스캄, 코치

우리는 한번 투자하면 바꾸지 않고 꽤 오랫동안 가지고 있습니다. 현재 투자한 것들도 무기한 가지고 있을 계획입니다. 투자 대상을 자주 바꿀수록 손실을 입게 됩니다. 돈을 옮기기 전에 먼저 당신의 목적이 무엇인지 확인해보세요. 돈을 자주 옮긴다고 해서 당신의 목적이 빨리 달성되는 것은 아닙니다.

지니 게일링, 용역회사 공동 소유자
존 게일링, 마케팅 회사 부사장

지금 우리가 가지고 있는 주식은 모두 20년이 넘은 것들입니다. 뮤추얼펀드는 10년에서 15년 정도 되었죠. 우리는 한번 투자한 것을 거의 움직이지 않습니다. 가장 최근에 옮긴 것은 18주 전인데 그건 좀더 다양한 포트폴리오를 만들기 위해서였어요. 우리는 투자에 신경 쓸 시간이 거의 없습니다. 그래서 오랜 기간 동안 손대지 않고 내버려두지요. 이제 재정 고문에게 맡겨서 좀더 다양한 포트폴리오를 만들고 있는 중이지요.

사람들은 투자한 것을 너무 빨리 팔려고 하는데 돈을 빼내기 전에 좀더 신중해야 합니다.

리처드 볼커, 연구원
렐라 볼커, 주부

나는 뮤추얼펀드를 최소한 3, 4년 정도 가지고 있으려고 합니다. 내가 유일하게 바꾼 것은 자산 배분 방식입니다. 그 배분 방식을 바꾸자 펀드에도 변화가 생겼지요. 좋은 상품에 돈을 투자한다면 어떤 일이 벌어지든 장기간 기다릴 수 있습니다.

나는 돈 버는 데는 소질이 있지만 그렇다고 투자하는 법에 대해서 잘 알고 있는 것은 아닙니다. 기회를 포착하고, 변화하는 상황에 민첩하게 대응하는 능력은 사업하는 데는 필요할지 몰라도 돈을 불리는 데는 그다지 필요한 것 같지 않더군요. 그래서 나는 전문가의 조언에 의존합니다.

필 라이트, 사주 겸 판촉 책임자

수잔나 라이트, 주부

나는 10년 이상 오랜 기간 동안 투자를 하려고 노력합니다. 펀드에 오랫동안 돈을 넣어둘수록 이익이라는 것을 아니까요. 투자 대상을 이리저리 계속해서 바꾸는 것은 시장을 앞지르려는 것인데, 나한테 과연 그런 능력이 있는지 모르겠습니다.

행크 베이커, 기술자

베티 베이커, 전직 간호사

특별히 투자 계획표를 짜지는 않지만, 지금 하고 있는 대부분의 투자는 5년 정도 된 것입니다. 나는 돈을 이리저리 옮기지 않습니다. 여기저기 돈을 옮기다보면 초조하게 온 신경을 곤두세우느라 미쳐버릴 테니, 그냥 한 곳에 오랫동안 두는 게 낫다는 거지요. 나는 장기적인 관점에서 돈을 굴리고 자산을 늘려나갈 겁니다.

바바라 휴, 중개회사 직원

나는 투자물을 꽤 오랫동안 바꾸지 않으려고 합니다. 적어도 10년쯤 말이죠. 가장 최근에 옮긴 것은 3년 전이었어요. 마켓 타이밍에 맞춰서 투자하는 것은 생각보다 쉽지 않았죠. 당신이 좋은 곳에 투자했고 포트폴리오가 균형 있게 잘 짜여져 있다면, 아무리 시장이 좋지 않더라도 그것을 꾸준히 지킬 필요가 있어요. 그리고 매일 변하는 주식 시세에는 관심을 두지 마세요. 나중에 돌이켜보면 오랫동안 그냥 묵혀두는 것이 최고의 투자였다는 것을 알게 될 것입니다.

존 커츨, 프로그램 관리자
마리 커츨, 주부 겸 비상근 미술 교사

4 퇴직연금은 몽땅 주식형 뮤추얼펀드에 투자하라

퇴직연금 제도를 최대한 활용하는 방법

4
퇴직연금은 몽땅
주식형 뮤추얼펀드에 투자하라

 10년 전만 해도 대부분의 사람들은 투자에 대한 상식이 없었다. NAV(net asset value, 순자산가치)는커녕 뮤추얼펀드(mutual fund)에 투자하는 것조차 알지 못했다. 그러나 오늘날 여러분은 투자와 좀더 친숙해졌을 것이다. 아마도 뮤추얼펀드를 가지고 있거나 또는 주식을 가지고 있거나 회사의 퇴직연금에 가입하고 있을 것이다.

당신은 아마도 투자에 성공한 사람들은 제대로 된 펀드나 제대로 된 주식을 사서 성공했다고 생각할 것이다. 친구나 친척들이 지난번 투자에서 돈을 벌었다고 자랑하는 소리를 듣는다면 더욱 그렇게 생각할 것이다. 그러나 당신이 이해하지 못한 것은 그들은 자신이 손해본 이야기는 하지 않는다는 것이다. 그래서 그들은 어떠한 손실도 보지 않은 것으로 비추어지는 것이다. 그러나 이제 잘 알 것이다.

당신을 바보로 생각했던 친구들이나 가족들은 이제 더 이상 당신을 바보 취급하지 못할 것이다. 매주 또는 매달 배달되어 오는 경제 잡지에서 당신은 이런 문구의 헤드라인을 볼 것이다. '지금 사야 할 좋은 펀드!' 또는 '여름을 뜨겁게 달굴 6가지 주식들!' 이런 식의 머릿기사는 당신에게 이러한 인상을 줄 것이다. 첫째, 재정적으로 성공하려면 적당한 주식이나 뮤추얼펀드를 골라야 한다. 둘째, 당신은 너무 둔해서 그 중에서 고르기 어려울 것이다. 그래서 하는 말인데 당신은 이 책을 사길 잘했고 우리의 충고를 받아들이는 게 나을 것이다.

그래서 당신은 여러 권의 잡지를 사고 그것들을 읽으며, 라디오를 듣고, TV를 보고 거기서 알려주는 방법들을 따라했을 것이다.

머니테크 뮤추얼펀드(mutual fund)

뮤추얼펀드란 유가증권에 투자할 목적으로 소수의 사람들이 모여 설립한 회사를 말한다. 이렇게 설립된 뮤추얼펀드는 투자자(주주)들의 돈을 모아 전문 자산운용기관이 주식과 채권이나 선물·옵션 등 파생상품에 투자하고 투자수익을 가입자(주주)에게 분배하는 전문적인 증권투자회사이다.

뮤추얼펀드는 주주들이 납입한 자본금 전액을 주식이나 채권과 같은 유가증권에 투자하는 단지 서류상의 회사에 불과하다. 다시 말해 자금을 어떤 유가증권(주식이나 채권·선물·옵션 등)에 어떻게 투자할 것인지 여부를 결정하는 사람만이 필요하며, 이를 위해 별도의 자산운용회사(미래에셋자산운용 등)가 있다. 또한 뮤추얼펀드는 유가증권을 회사의 금고 내에 보관하는 것이 아니라, 이를 별도로 보관하여 관리하는 자산보관회사(은행 등)가 필요한데, 이는 뮤추얼펀드나 자산운용회사가 투자자의 자금이나 유가증권을 임의로 사용하거나 횡령하는 것을 방지하기 위한 조치이다.

그러나 당신은 돈을 벌지 못했을 것이다. 사실 당신은 그들이 돈을 번 만큼 돈을 잃었을 것이고, 머지않아 이런 방법으로는 돈을 벌 수 없다는 것을 알게 되었을 것이다.

그러나 당신은 계속해서 연구하고 배우고 세미나에 참가하고, 또 책을 읽고 잡지를 보고 라디오를 듣고 TV를 보면서, 성공하는 투자는 적당한 종목을 골라내는 것이 아니라, 언제 장에 들어가고 언제 나오느냐가 중요하다는 것을 깨닫게 될 것이다. 그 대신 당신은 분산 투자라 불리는 방법으로 성공할 수도 있었을 것이다. 아무도 이러한 점에 대해 당신에게 이야기해주지 않았을 것이고 또한 어떤 투자에서도 찾아볼 수 없었을 것이다.

그제야 당신은 분산 투자(diversification)라는 것을 알게 될 것이다. 분산 투자는 말 그대로 '집단의 힘(The Power of the Force)'이다. 다른 사람들처럼 주식 종목 고르기와 같은 주식 투자의 어두운 부분부터 접하게 되면서 그 집단의 힘을 알게 되는 것이다.

그래서 당신은 돈을 벌겠다는 희망에 부풀어 인기 종목을 사고 유행 펀드를 사려고 노력한다. 그건 당신이 탐욕스럽다는 뜻이 아니다. 다만 부자가 된 모든 사람들이 종목 선택이나 펀드를 알아보는 감식안이 있어서 돈을 벌었다고 생각하기 때문이다. 그처럼 당신의 이웃이나 동료, 언론 매체는 투자 종목의 선택이 돈을 버는 데 중요하다는 것을 당신에게 주입시킨다. 당신은 모든 사람들이 그렇게 이야기하기 때문에 그저 맞는 말이려니 생각하게 된다. 마치 경마를 할 때, 말을 제대로 고르지 못하면 모든 것을 잃을 수도 있다고 말하는 것과 같다.

그래서 많은 사람들이 월스트리트를 두려워하는 것이다.

종목 선택이 재산 증식에 도움이 되지 않는 이유

이제 진실을 알아야 할 때가 온 것 같다. 투자 종목 선택은 당신이 생각하는 것만큼 부를 얻는 것과 그렇게 깊은 관련이 없다. 만약 경마를 하고 있다면, 어떤 말을 고르느냐가 결과에 큰 영향을 미칠 것이다. 하지만 당신은 경마를 하고 있지 않다. 오히려 당신은 편자 던지기 놀이를 하는 것에 가깝다. 그러니까 당신은 승자를 가려낼 필요가 없는 것이다. 왜냐하면 주식 투자는 승자가 전부 다 가지는 게임이 아니기 때문이다. 그보다는 편자 던지기 놀이에서처럼 가까이 가기만 해도 이기는 것이다.

다행히도 우리는 투자 종목을 선택하는 일로 성가실 일이 없다. 왜냐하면 우리는 7,200가지의 주식과 1만 가지의 펀드 중에서 어떤 것이 그 해에 가장 수익률이 높을 것인지 알아맞힐 가능성이 거의 없기 때문이다. 이처럼 투자 종목을 선택하는 것이 우리가 부를 얻는 데 큰 도움이 되지 않는다는 것을 보여주는 세 가지 이유가 있다.

1. 바로 그 펀드를 고르기 위해 1만 개의 펀드 중에서 하나를 골라야 한다. 이러느니 차라리 복권에 당첨되기를 바라는 게 낫다.
2. 바로 그 펀드는 바로 그 시간에 사야 한다. 왜냐하면 1위 펀드는 매년 바뀌기 때문이다. 이러한 점이 펀드 선택을 2배나 더 힘들게 한다.
3. 어쨌든 한 해에 가치가 2배로 뛰는 그런 펀드를 선택했다고

해도 산 넘어 산이다! 당신이 만약 5,000달러를 투자하여 1만 달러를 벌었다면 이후에도 그 유혹에서 벗어나기가 더욱 힘들어질 것이다. 결국 주식 종목 선택으로 돈을 벌 수 있는 유일한 방법으로 다음과 같은 방법을 제시해볼 수 있다.

a. 우선 당신이 평생 모은 돈을 하나의 주식에 투자한다. 그리고 그것이 이번 세기에서 가장 수익률이 높은 주식이 되기를 바란다. 당신이 투자한 돈이 10만 달러(당신이 투자했던 다른 모든 주식을 현금화하고 시계, 결혼 반지에 처가에서 빌린 돈까지 모두 합하여)라고 하자. 그리고 그 주식이 1,000퍼센트 올랐다고 하자. (정말 드문 일이긴 하지만 매년 한 번 정도는 이런 일이 일어난다고 한다.) 이러한 기적이 일어난다면, 당신의 돈은 이제 100만 달러가 된다. 진정하기 바란다. 이건 그냥 상상으로 해보는 얘기이다. 이제 당신은 그 주식 중 77만 5,000달러어치 정도를 팔고 세금을 내고 다시 재무부 단기증권(treasury bill: 미국 재무부가 발행하는 증권의 한 종류 –역주)에 투자한다. 거기서 또한 매년 6.5퍼센트의 이자를 받는다면 그 돈은 대략 매년 5만 달러 정도 될 것이다. 이 정도 돈이면 은퇴할 만하다.

그런데 당신은 그런 행운을 바라고 여태 모았던 모든 돈을 가지고 그런 도박을 할 수 있겠는가? 난 그렇지 못할 것이라 생각한다. 그래서 당신은 첫번째 전략으로는 돈을 벌지 못할 것이다. 그럼 이제 두번째 전략으로 넘어가보자.

b. 10만 달러를 하나의 주식에 투자하는 대신 그냥 1,500달러를 투자해보자. 한 해에 주가가 1,000퍼센트 오른다면, 당신은 1만 5,000달러를 벌게 될 것이고, 세금을 제하면 1만 1,625달러가 돌아올 것이다. 여기서 다시 1만 1,000달러로 다른 주식을 사고 다시 주가가 1,000퍼센트 오른다면, 다음 해에 당신은 세금을 제하고 9만 달러를 벌어들일 수 있을 것이다. 그리고 9만 달러를 아홉으로 나누어 1만 달러씩 9개의 주식을 사서 세번째 해에 각각 1,000퍼센트의 주가 상승이 있다면, 당신은 70만 달러가 좀 안 되는 돈을 벌게 될 것이다.

이러한 방법으로는 전략 (a)에서처럼 그렇게 많은 돈을 단기간에 벌 수 없다. 앞에서는 1년이 걸린 데 반해 이 경우에는 3년이 되어야 그만큼 벌 수 있다. 그런 다음 재무부 단기 채권을 사고 매년 4만 5,000달러의 수입을 벌어들이면 된다. 이렇게 되기 위해서는 아주 작은 요건만 충족되면 된다. 즉 매년 1,000퍼센트의 수익을 올릴 수 있는 11개의 주식만 고르면 된다. 이것만 충족시킨다면, 이는 확실한 방법이다.

안타깝게도 위에서 말한 전략은 현실적으로 실현 불가능하다. 이것을 보면 일확천금의 행운을 차지하는 사람이 극히 드물다는 것을 알 수 있다. 그리고 복권 당첨자처럼 그렇게 성공할 수 있는 것은 단지 운이라고 밖에 설명할 도리가 없다는 것도 알 수 있다.

이렇게 제대로 된 주식을 골라서 돈을 버는 일이 불가능한데도 많은 사람들이 경제지의 커버스토리나 방송에 현혹되어 계속해서 이러한 일들을 하고 있다. 경험이 있는 투자자라면 이러한 것들이 터무니없다는 것을 알 것이다. 그럴 바엔 차라리 경마를 하는 게 낫겠다.

그럼 제대로 된 말을 고를 수 없다면, 성공한 투자자들은 어떻게 하는가? 간단하다. 그들은 모든 말을 고른다. 바로 이것이 부자가 되는 법이다. 그리고 이것이 분산 투자에 관한 모든 것이다.

집단의 힘 : 분산 투자

투자 전략으로서 분산 투자는 단순히 한두 개의 주식을 사는 것이 아니라, 많은 주식을 사는 것을 의미한다. 너무도 평범해 보인다. 그러나 언뜻 보기에 분산 투자가 그렇게 큰 이익을 안겨줄 것 같지 않다.

그럼 이제 다섯 가지 종목에 투자를 한 사람에 대해 생각해보자. 그에겐 좋은 투자 종목을 골라내는 재주가 없으므로 하나라도 제대로 된 것을 고를 수 있다면 그나마 행운일 것이다. 그러나 그가 다섯 가지의 좋은 종목을 고를 확률이 적다는 것은 또한 다섯 가지의 나쁜 종목을 고를 확률도 적다는 것을 의미한다. 자, 그가 투자한 종목이 1년 후에 다음과 같은 실적을 보여주었다고 가정해보자.

첫번째 투자 종목의 결과   -10 퍼센트

두번째 투자 종목의 결과   + 3 퍼센트

세번째 투자 종목의 결과	+ 5 퍼센트
네번째 투자 종목의 결과	+ 8 퍼센트
다섯번째 투자 종목의 결과	+12 퍼센트

분명히 이 사람은 투자 종목 선택 능력이 탁월하지 못하다. 첫 번째는 실패작이고 둘은 별볼일 없으며, 네번째 것은 그나마 괜찮은 정도이고, 마지막 하나만이 주식 시장의 장기 수익률과 맞먹는 정도이다. 한눈에 보기에 커다란 수익을 올린 것은 없다. 그가 만약 각각의 종목에 2만 달러씩 투자하여 총 10만 달러로 시작했다면 1년 후 그 금액은 10만 3,600달러로 늘어나게 될 것이다.

아이러니하게도 그가 처음에 10만 달러로 은행 CD(certificate of deposit, 양도성예금증서)를 샀다면, 쉽게 5퍼센트의 수익을 올릴 수 있었을 테고 그의 돈은 10만 5,000달러로 늘어났을 것이다. 이는 분산 투자를 했을 때보다 1,400달러나 많은 돈이다. 분산 투자로는 평균적으로 3.6퍼센트의 수익밖에 올리지 못했고, 이는 은행 CD의 수익률 5퍼센트보다 못하기 때문이다.

결과를 보면 명백히 알 수 있듯이 예의 경우 CD의 수익률이 분산 투자보다 좋다. 그러므로 우리는 이러한 시도를 10년간 되풀이한다 하더라도 비슷한 결과를 기대할 수 있을 것이다. 그렇다면 수익률 5퍼센트가 3.6퍼센트보다 많다고 해서 CD의 수익률이 분산 투자의 수익률보다 항상 좋다고 할 수 있겠는가?

대답은 아니오이다.

각각의 수익률이 변함 없다는 가정 하에 두 가지 경우의 10년 후를 비교해보면, 분산 투자를 한 경우 총 금액은 17만 1,725달러이고, CD의 경우는 16만 2,889달러이다. 비록 짧은 기간 동안에는 그렇지 않을지라도, 오랜 기간이 지나면 분산 투자는 CD보다 많은 돈을 벌 수 있다. 그러나 연수익률이 변하지 않았는데 어떻게 그런 일이 일어날 수 있는지 궁금할 것이다.

답은 이렇다. 평균 연수익률이 변했다. 그러나 언뜻 봐서는 그 이유를 알 수 없다. 어떻게 되는지 이해하기 위해서는 2개의 극한적 투자 상황(가장 많이 벌어들인 경우와 가장 적게 벌어들인 경우)을 살펴봐야 한다.

그는 매년 하나의 투자에서 10퍼센트 손해를 보았다. 첫번째 해에는 그 손해 본 종목이 전체 포트폴리오에서 20퍼센트 정도를 차지했다. 그러나 12퍼센트 정도의 수익을 올린 종목도 전체 포트폴리오에서 같은 비중을 차지했다. 결국 잃은 종목과 수익을 올린 종목이 전체 포트폴리오에 미친 영향은 같다고 할 수 있다. 따라서 연평균 전체 수익률은 전체 포트폴리오를 기준으로 할 때 3.6퍼센트 증가했다.

그러나 시간의 흐름에 따라 이러한 비중은 변한다. 10년째 되는 해에 전체 포트폴리오의 시가는 16만 312달러이고, 이 중에 잃은 종목의 액수는 단지 7,748달러가 될 뿐이다. (왜냐하면 이 종목은 지난 9년 동안 서서히 가치가 떨어졌기 때문이다.) 반면 수익을 올린 종목은 5만 5,462달러로 크게 늘어났다. 다시 말해서 잃은 종목에 투자된 10퍼센트는 전체 포트폴리오에서 단지 4.8퍼센트만을 차지하고 오른 종목에 투자된 12퍼센트가 전체 포트폴리오의 48.3퍼센트를 차지하게 된 것이다. 분명히 벌어들이는 종목의 기여도는 갈수록 증가하고 잃는 종목의 기여도는 갈수록 감소하는 것이다. 그래서 10년째 되는 해의 연간 수익률을 보면 5.6퍼센트가 된다. 이는 CD의 수익률이 전과 같은 5퍼센트라면 그에 비해 12퍼센트나 높은 이율이다.

그래서 장기간의 투자일수록 분산 투자의 이윤이 CD에 투자한 것보다 앞서게 되는 것이다. 오랜 시간을 투자할수록 더 많은 이득을 올릴 수 있는 것이다.

(수학 지상주의자들이 반칙이라고 외치기 전에 예로 든 사례에서 몇 가지 문제점을 짚어보자. 먼저, 어떠한 투자도 10년 동안 계속 똑같은 비율을 유지하지 않는다. 한때는 손해보는 종목이지만 다음 해에는 버는 종목이 될 수도 있고 9년 후 7,000달러밖에 안되는 종목이 10년째에는 12퍼센트를 벌어들일 수도 있다. 그리고 계속해서 가장 수익률이 높은 종목도 10년째에는 손해보는 종목이 될 수도 있다.

이러한 일들이 일어난다면, 손해보던 종목의 수익 효과는 그리 크지 않을 것이지만 수익을 올리던 종목이 갑자기 손해를 보게 되면 그것이 미치는 영향이 매우 클 것이다. 좋다. 나도 그건 알고 있다. 그러한 점에 대한 대답으로 네 가지를 언급하고 싶다. 첫번째, 각각의 투자는 각각의 평균 수익률을 가질 것이고, 그것이 내가 말하고 싶은 10년 동안의 투자에서 나타나는 평균적인 일관성이다. 또한 이러한 이유 때문에 내가 든 예가 아주 좋은 보기라는 것이다. 두번째로 난 이러한 점을 내가 쓴 책 『돈에 대한 새로운 규칙(The New Rules of Money)』에 자세히 설명해 놓았다. 그리고 이 점에 대해서는 앞으로 더 자세히 알아볼 것이다. 셋째로 포트폴리오를 다시 편성하는 것은 돈을 효율적으로 관리하는 데 있어 규칙적으로 해야 할 일이다. 넷째로 이건 단지 예에 불과하다. 그러니 잊어버려라.)

집단의 힘을 이용하라

지금쯤이면 당신도 왜 사람들이 은행을 떠나 위험성이 있는 투자를 선호하는지 알 수 있을 것이다. 그리고 또한 왜 나 같은 재정 고문이 7년에서 10년 정도의 충분한 투자 경험이 없이 은행을 떠나 투자하려고 하는 사람들을 말리려 하는지도 알 것이다. 그리고 마지막으로 나 같은 재정 고문이 왜 다양한 종류의 투자를 장려하고 많은 종류의 투자를 하라고 하는지 이해할 수 있으리라 생각한다.

다시 말해서 성공하는 투자자는 현재 잘 나가는 주식을 사려고 애쓰기보다는 자산 할당을 어떻게 할 것인지에 모든 노력을 쏟는다. 그들은 자신에게 이러한 질문을 하는 것으로 재산 관리를 시작한다. 어떤 자산 구조를 갖기를 원하는가?

이러한 질문에 답하기 위해선 다음과 같은 것들을 포함해 여러 가지를 고려해야 한다.

현금 등가물(Cash equivalents)
채권(bonds)
주식(stocks)
부동산(real estate)
국제 유가증권(international securities)
귀금속(precious metals)
천연자원(national resources)
상품(commodities)

수집품(collectibles)

이러한 아홉 가지의 주요 자산 분야로 재산을 나누었다면 그 다음에는 이런 분야에서 어떤 종목을 구입할지 결정해야 한다.

현금등가물
예금계좌

수표계좌

MMF(money market funds: 수시 입출금식 초단기 채권형 펀드 - 역주)

예금증서

미 재무부 단기증권과 저축채권

채권
정부와 공사채권

지자체채권

회사채

정크본드(junk bond: 이자율은 높지만 원금 상환이 불확실해 신용 등급이 낮은 회사채 - 역주)

주식
대자본과 소자본

성장과 가치

특정 산업 분야(기술, 금융 서비스, 생산, 유통, 자동차, 소매, 항공

사, 제약 등)

부동산
주거용

상업용

투기용(임야)

국제 유가증권
증권과 채권

세계적으로 통용되는 것, 아메리카 대륙에서 통용되는 것, 그
리고 미국에서만 통용되는 것

귀금속
금

은

백금

천연자원
미네랄

석유와 가스

목재와 펄프

상품
옵션

선물

수집품
　우표
　동전
　보석
　예술품
　스포츠 기념품
　기타 수집품

　이중에서 어떤 것을 사고 싶은지 결정했다면, 당신은 이제 무엇인가를 소유할 준비가 된 것이다. 이제부터 모험의 시작이다. 결정하기 어렵다고 생각한다면, 25퍼센트를 저성장주(어디까지나 가정이다. 그리고 단지 예일 뿐이다. 실제가 아니다. 권유사항도 아니고 이렇게 해야 한다는 의도로 쓴 것도 아니고 그런 암시를 주려고 하는 것도 아니다. 단지 예, 예!일 뿐이다)에 투자하고 그리고 다시 한 번 생각해보라. 실제로 해보는 일만 남았기 때문이다. 이제 당신은 자신의 포트폴리오를 구성할 주식들을 골라야 한다.

　요즘의 많은 투자자들은 이렇게 종목을 고르는 수고를 하지 않고, 단순하게 뮤추얼펀드를 택한다. 시장에 나와 있는 1만 종의 펀드 중에서 자신의 투자 계획에 따라 펀드를 선택할 수 있다.

　뮤추얼펀드가 최고 수익률의 주식만큼 벌어줄 수 있을까? 물론 그렇지 않다. 이론상으로 불가능하다. 각각의 뮤추얼펀드에는 수십, 수백 종류의 주식이 있다는 것을 생각해봐도 알 수 있는 일이

 **머니테크** **뮤추얼펀드의 종류**

인덱스펀드(index funds)

S&P 500, KOSPI 200 등의 지수와 같이 시장의 종합적인 성과를 나타내는 지표와 투자 성과를 일치시키기 위해서 구성한 펀드. 대다수 포트폴리오의 경우 시장의 전체적인 수익률을 초과하는 수준 이상의 수익률을 지속적으로 구현하지 못한다는 연구 결과에 기초하여 시장 전체의 투자 성과에 일치시키는 포트폴리오를 구성하여 투자하는 소극적 전략이 차라리 낫다는 취지에서 만들어졌다.

균형펀드(balanced funds)

균형 펀드는 보통주는 물론 국채, 회사채, 우선주 등에 함께 투자하는 펀드로서 그 투자 비율이 고정되어 있는 펀드이다. 이는 특정 유가증권에 제한하지 않고 펀드 운용의 균형을 위한 것으로 각 유가증권 종류별 투자 비율은 펀드의 사업설명서에 나타난다.

채권형 펀드(bond funds)

다양한 종류의 채권에 투자하기 위한 펀드이며 최소의 위험을 전제로 안정적인 수익의 확보를 목표로 한다. 주식형 펀드에 비해 위험이 낮고 안정적이나 호황일 때는 주식에 비해 수익률이 낮다. 채권형 펀드는 채권의 종류별로 신용 등급이 높은 채권 중심 펀드, 혼합 펀드 등 다양한 종류가 있다. 특히 미국은 1976년 세법 개정으로 지방채 펀드 설립이 가능해졌다. 특히 지방채 펀드의 경우 연방소득세가 면제된다.

MMF(money market funds, 머니마켓펀드)

MMF는 단기금융상품에 투자함으로써 경상 수입의 확보 및 투자 원금의 안전성을 도모하는 펀드로서 CD, CP(기업어음) 등에 주로 투자한다. 특히 이들 상품은 수수료가 없으며 언제든지 아무런 위약금 없이 환매가 가능하다. 일반 은행예금에 비해 수익률이 높고 위험은 낮아 미국의 경우, 1974년에 15개 사였던 MMF 회사는 폭발적인 성장세를 거듭해 1985년에는 300개 사 이상이 되었다.

다. 이처럼 광범위한 분산 투자로 인해 뮤추얼펀드는 실질적으로 하나의 주식이 벌어들일 수 있는 것만큼 많이 벌어들이지 못한다. 그러나 또 한편으로 이러한 특징 때문에 모든 뮤추얼펀드는 최악의 주식 때문에 망하는 일도 없다. 그래서 당신은 최고의 수익률을 올리지는 못하겠지만, 최고로 손해 보는 일도 없다.

그런데 오랜 시간을 두고 본다면, 뮤추얼펀드는 당신이 스스로 주식을 고르고 채권에 투자하는 것보다 훨씬 높은 수익률을 낼 것이다. (이러한 발언에 찬성하지 못한다면, 당신 스스로 주식과 채권을 골라 사라. 그리고 이러한 의견에 찬성한다면 뮤추얼펀드를 고르면 된다. 또한 자신이 직접 투자를 해봐서 이 의견이 맞는지 아닌지 알아보려고 한다면 그건 단지 돈 낭비일 것이다. 우리 아버지가 내게 운전을 가르쳐주실 때 이야기하셨듯이, 교차로를 안전하게 건널 수 있다고 생각되면 그렇게 하고 그렇지 못할 것 같으면 건너려 하지 말아야 한다. 그래도 확신하지 못하겠다고 해서 확신이 들 때까지 시험해보지는 마라. 아버지의 충고 덕에 난 여러 번 사고를 피할 수 있었다.)

그것이 뮤추얼펀드가 되었든 채권이 되었든 일단 투자할 종목을 산 후에는 또 다른 할 일이 있다. 오랫동안 참고 기다리라는 일이다. 그렇지 않으면 당신은 CD를 사는 편이 낫다.

집단의 오용

지금은 분산 투자에 대해 이제 어느 정도 확신을 가질 수 있을 것이다. 증권 중개인이 요즘 자신들을 '재정 상담인(finacial consultants)'이라 부르는 것은 단지 주식을 사고 파는 일만 해주던 사람들과 자신들을 구분짓고 싶어하기 때문이다. 그러나 오늘날의 중개인들은 그렇지 못하다. 그들은 자산 분배 모델에 대해서만 이야기하려고 할 것이다. (증권 중개인이 자신을 재정 상담인이라 부르는 것은 나에게 별 문제 없다. 그들이 뭘 이야기하고 있다는 것만 안다면 말이다.)

불행히도 당신을 가난에서 구해줄 기나긴 여정에 대한 정보는 많지 않다. 왜냐하면 분산 투자와 자산 배분을 옹호하는 많은 사람들이 이러한 전략이 아주 특정한 상황에서만 유효하다는 것과, 당신의 상황이 그에 맞는다 해도 이런 전략은 당신에게 이로움보다는 오히려 해를 끼칠 수도 있다는 것을 설명하지 못하고 있기 때문이다.

내가 그것을 설명해보겠다.

분산 투자는 수학적으로 공식화되어 있다. 분산 투자에는 기본적인 가설이 있다. 하나는 당신이 지금 당장 투자할 수 있는 충분한 돈이 있고, 또 하나는 그러한 돈을 어느 기간 동안 계속해서 투자해야 한다는 것이다. 그런데 많은 사람들이 이러한 두 가지 조건에 맞지 않으며, 결국 이러한 투자는 파멸을 낳곤 한다.

주치의가 당신에게 10일간 4시간마다 먹어야 하는 약을 처방했다고 하자. 당신이 단지 1알만을 먹고 나서 괜찮은 것 같아 나머지를 먹지 않겠다고 했다면, 아니면 그 약들을 한꺼번에 먹기로 했다면! (내 가족들은 이 문제로 종종 싸우곤 한다. 아스피린 2알이 두통을 20분 만에 없애준다면 4알의 아스피린을 먹으면 과연 10분 만에 두통이 없어질까 하는 문제 말이다.) 아무리 좋은 처방이라 할지라도 제대로 지키지 않는다면 좋지 않은 결과를 낳을 것이다.

이런 일은 분산 투자에도 똑같이 적용된다. 전략을 잘못 적용하면 오히려 손해를 보게 된다. 그러한 일이 수백만의 투자자들에게서 일어나고 있다. 증명이 필요하다고? 그렇다면 이 책을 더 이상 볼 필요 없이 당신 회사의 퇴직연금 제도를 알아보는 게 나을 것이다.

요즈음 대부분의 기업에서는 퇴직연금 제도를 실시한다. 또한 종업원이 직접 그 돈을 어떻게 투자할 것인가를 선택할 수 있게 한다. 다양한 종업원들의 이해를 충족시키기 위해 보통 서너 가지(종종 10가지에서 20가지, 또는 드물게 그보다도 많은) 옵션을 제공한다. 옵션을 살펴보면 다음과 같다.

- CD처럼 고정 수익률을 보장하는 정기예금 계좌
- 정부나 공사의 채권에 투자하는 뮤추얼펀드
- 크고 잘 알려진 회사에 투자하는 우량 주식형 펀드
- 작지만 성장성이 높은 회사에 투자하는 성장성 주식형 펀드
- 주식회사일 경우 자회사의 주식

각각의 종업원들은 자신의 돈을 어떤 한 가지에 쏟아부을 수도 있고 나누어서 자신의 선정한 비율에 따라 투자할 수도 있다.

누가 집단을 통제하는가

  종업원들이 자신들의 투자 분배에 대한 결정권을 갖게 된 것은 퇴직연금에 새로운 제도가 도입되었기 때문이다. 그러나 이 새로

머니테크   미국의 퇴직연금 제도 401(k)

미국의 퇴직연금은 기업이 독자적으로 또는 노동자와 함께 부담한 재원을 가지고 퇴직 이후의 종업원들에게 연금으로 지급하는 제도를 말한다. 우리나라의 현행 퇴직금 제도는 연금 제도가 아닌 일시금 제도이다. 그렇지만 종업원의 퇴직 이후를 보장해준다는 점에서 퇴직연금 제도의 한 형태라고 볼 수 있다. 퇴직연금이 발달한 미국의 경우에는 '401(k)'라는 퇴직연금 제도를 시행하고 있다. 401(k)란 미국의 근로자 퇴직소득보장법의 401조 (k)항에 규정되어 있기 때문에 붙여진 이름이다.

퇴직연금은 급부 방식에 따라 퇴직 후 지급받을 퇴직 금액을 미리 정해놓고 역으로 현재부터 납입하여야 할 금액을 계산하여 적립하는 확정급부형(defined benefit plan)과, 매달 일정 금액을 종업원이나 사용자, 또는 양자가 갹출하여 적립한 후 최종 운용실적에 따라서 원리금을 퇴직금으로 수령하는 확정갹출형(defined contribution plan) 두 가지로 나뉜다.

확정급부형은 미래에 확정된 퇴직연금액을 받을 수 있다는 장점이 있다. 반면 기금 고갈 우려 및 기업 부담 증가, 근로자의 이직 때 연속성 유지가 곤란하다는 단점이 있다. 이에 비해 확정갹출형은 기업 부담 경감 및 개인 계좌별 기금 운용으로 종업원이 이직을 하더라도 연속성이 있다는 장점을 갖고 있다. 그러나 종업원이 투자 위험을 부담하기 때문에 퇴직시의 퇴직 금액이 불확실하다는 단점이 있다.

우리나라의 법정퇴직금 제도는 퇴직 때 일정 수준 이상의 퇴직 급여가 지급되는 '확정급부형'이고, 미국의 401(k)는 '확정갹출형'이다. 우리나라에서도 401(k)와 같은 확정갹출형 연금 제도의 도입을 고려하고 있으나 법정퇴직금 제도의 개정 또는 폐지 후에나 현실화가 가능하다.

운 제도는 종업원들의 권익 보호 차원에서 도입된 것이 아니다. 오히려 사주의 이익을 고려해서 도입되었다. 다시 말하면 이 제도는 종업원들의 자산을 잘 관리해서 더 많은 수익을 올릴 수 있도록 배려해주기 위해 제안된 것이 아니라, 사주가 단순히 법적 소송의 위협을 피하기 위해 고안된 것이다. 그렇다면 왜 사주들이 소송에 연루될 수 있는가? 종업원들이 사주의 투자 결과에 만족하지 못하는 경우가 생기기 때문이다.

퇴직연금은 전통적으로 종업원이 아니라 고용주에 의해 관리되었다. 종업원들은 자신의 돈에 대한 관리권이 없었을 뿐 아니라, 심지어는 어떻게 투자되고 있는지조차 알지 못했다.

쉽게 상상이 가겠지만, 어떤 고용주는 종업원들이 맡긴 돈을 제대로 관리하지 못해 좋지 않은 결과가 빚어졌다. 어떤 경우는 종업원의 돈을 늘리지 못하고 오히려 잃었으며, 이에 불만을 품은 종업원들은 고용주를 고소했다. 법원은 잘못된 투자로 인해 종업원에게 손실을 안겨준 잘못이 고용주에게 있다는 판결을 내리곤 했다. 결과적으로 사주는 종업원의 손실액을 보상해주어야 했다.

이제 당신이 고용주라고 생각해보자. 당신은 직원들의 퇴직연금을 관리해야 한다. 당신의 목표는 직원들의 입장에서 투자하는 것이다. 그러나 당신의 변호사는 이렇게 경고할 것이다. 만약 돈을 잃게 된다면 당신이 책임을 져야 한다고. 그럼 당신은 어떻게 할 것인가?

간단한 방법이 있다. 손실에 대한 책임을 져야 하는 상황이 빚어질 수 있다면, 책임을 져야 하는 상황을 없애면 되는 것이다. 가장 간단한 방법은 모든 돈을 은행의 CD에 투자하는 것이다. 물론 당신의 직원들은 다른 회사 직원들보다 많은 돈을 벌지는 못할 것이다. 하지만 당신은 손해 볼 위험을 크게 줄일 수(아주 없지는 않더라도) 있는 것이다. 손해 볼 위험이 없기 때문에 당신이 소송을 당할 가능성도 줄어들게 된다.

노스웨스트의 한 고용주가 정확히 이러한 방법을 사용했다. 1980년대에 그는 퇴직연금 전부를 CD에 투자했다. 1980년대의 상승 시세 덕분에 그의 직원들은 정확히 6퍼센트의 수익률을 올렸다.

그러나 당시 주식 시장에서는 연 15퍼센트의 수익률을 올릴 수 있었다. 종업원들은 그를 고소했다. 손실을 내서가 아니라, 많은 이익을 올리지 못했기 때문에 고소를 당한 것이다. 회사는 이익 손실이라는 이유로 피소되었다. 법정은 고용주가 보다 정성을 가지고 그 돈을 투자했더라면 6퍼센트보다 더 높은 수익률을 올렸을 것이라고 판단했다. 그리고 고용주는 무성의한 투자 때문에 발생한 이익 손실만큼을 종업원들에게 보상해야 한다는 판결을 내렸다.

그럼 고용주들은 어떻게 해야 할까? 투자에서 돈을 잃어도 당신 책임이고, 투자에서 많이 벌지 못해도 이 또한 당신 책임이다. 도대체 고용주는 무엇을 해야 하는가?

그 답은 매우 간단하다. 종업원들의 돈을 관리하지 않는 것이다. 대신 종업원들 각자가 자신의 돈을 어디에 투자하면 좋을지 선택하게 하는 것이다. 그들이 원하는 것을 고를 수 있도록 여러 가지 선택 사항을 제시하고 그에 대한 정보를 주면 된다. 그리고 그들의 일에서 빠지면 된다. 그렇게 하면 종업원에 대한 책임이 사실상 없어진다. 왜냐하면 사주는 이제 더 이상 투자 결정에 관여하지 않아도 되기 때문이다.

그러나 한 가지 문제가 있다. 투자를 전혀 해보지 못했거나 투자에 대해 아무것도 모르는 사람들이 이제 자신의 퇴직연금에 대해 책임을 져야 하는 것이다. 그들이 올바른 선택을 한다면 안락한 정년을 맞이할 수 있겠지만, 만약 그렇지 못하다면…….

퇴직연금에 들어갈 돈을 분산시키지 마라

이제 당신에 대해서 생각해보자. 당신은 회사에서 개최하는 퇴직연금 설명회에 참석한다. 당신의 동료들도 같이 참석했다. 연단에는 월스트리트에서 온 것 같은 사람이 연금에 대해 설명한다. 주위를 둘러보면 어떤 이들은 아예 듣지도 않고 있으며, 또 어떤 이들은 무슨 말인지 통 감을 잡지 못하고 있다. 일부만이 나눠준 자료를 꼼꼼히 살펴보고 있다. 설명회의 강연자는 결론을 맺고 질문 시간을 준다.

"우리가 스스로 선택해야 합니까?" 한 사람이 묻는다. 예 하고 강연자는 답한다.

"어떤 것이 제일 좋은 선택이죠?" 다른 사람이 묻는다. 사람마다 다르죠 하고 강연자가 대답한다.

"돈을 잃지 않는 방법은 무엇입니까?" 세번째 사람이 묻는다. 정기예금을 이용하는 것입니다. 그렇지만 돈을 잃을 수도 있다는 것에 너무 얽매여서는 안 됩니다 하고 강연자가 대답한다.

"쉽게 말하는군요. 당신에겐 부양할 자식들도 없습니까?"라며 네번째 사람이 화를 낸다.

설명회가 끝나고 선택을 해야 하는 순간이 왔을 때 예상은 적중한다. 40퍼센트 이상의 직원들은 월급에서 갹출되는 돈의 전부를 5퍼센트의 연수익률을 보장해주는 정기예금에 투자한다. (이것은 농담이 아니다. 이야기는 가상이지만, 통계는 사실이다. 40만 명을 조사한 통계에서 41퍼센트가 정기예금을 택했다. 미국의 직장인들은 정기예금을 가장 많이 선택한 것이다. 그리고 당신도 알겠지만, 그것은 가장 안 좋은 선택이기도 하다.)

다행히도 당신은 다른 직장인들보다 투자에 대해 많이 알고 있다. 당신은 투자도 해보았고, 여러 가지 책도 읽어본 상태이다. 그리고 당신은 분산 투자의 개념도 알고 있다. 결국 당신은 퇴직연금에 대해 보다 신중한 선택을 할 수 있다. 당신은 여러 가지 선택 사항 중에서 분신 투자 전략을 세운다. 또한 다른 이들에게 조언하기도 하고, 그들이 어떤 실수를 범할 수 있는지도 알려준다. 하지만 듣는 사람도 있고 귀를 기울이지 않는 사람도 있다. (아직까지도 이야기는 가상이다. 그러나 여전히 통계는 사실이다. 퇴직연금에 대한 조언을 누구에게 받았느냐고 물어보면, 가장 많은 이들, 24퍼센트의 사람들이 다른 동료에게 들었다고 한다. 그리고 13퍼센트는 어느 누구의 충고도 듣지 않았으며, 9퍼센트만이 재정 자문을 한다고 했다. 이것이 현재 벌어지고 있는 실상이다.)

그러나 당신은 여기까지 왔다. (만약 이 책을 읽지 않았다면 당신도 이와 마찬가지였을 것이다.) 다행히도 당신은 투자 관리에 대해 더 많은 것을 알게 되었고, 자신이 제대로 된 투자 배분 결정을 했다는 사실에 안도감을 느끼게 된다. 그러나 여기서 당신이 알아야 할 것들이 있다.

가장 성공한 미국의 투자자들은 자신의 퇴직연금에 들어갈 돈을 분산시키지 않는다. 설문 대상자의 50퍼센트가 아직도 정규직으로 일하고 있으며, 다음과 같은 부류에 속한다.

- 응답자의 96퍼센트가 퇴직연금에 가입하고 있었다. 그들은 수입의 10퍼센트를 갹출한다.
- 퇴직연금에 가입한 사람들 중 84퍼센트는 최고 액수를 갹출하고 있다.

그렇다면 그들은 퇴직연금에 붓는 돈을 어디에 투자하는가? 설문에 따르면 다음과 같다.

- 87퍼센트가 채권형 펀드(bond funds)에는 투자하지 않는다.
- 75퍼센트가 정기예금에 투자하지 않는다.
- 73퍼센트가 균형펀드(balanced funds)에 투자하지 않는다.
- 90퍼센트가 자회사 주식에 투자하지 않는다.

도대체 그들은 돈을 어디에 투자하는 것일까? 대부분의 돈은 미국과 그밖의 국제 증권 시장으로 가게 된다.

그럼 그들은 알고 있고 당신이 알지 못하는 것은 무엇인가?

이 점을 이해하기 위해서는 설명회에서 알게 된 투자 배분을 결정하는 문제로 돌아가보자. 당신도 알다시피 당신은 모든 돈을 정기예금에 투자할 수도 있다. 음, 우린 거기로 가지는 말자. (그 이유는 이미 이 책에서 충분히 설명한 바 있다.)

또한 당신은 최대한 분산한답시고 다섯 가지 종류를 골라서 각각 20퍼센트씩(아니면 좀더 다른 비율로) 분배 투자할 수도 있다. 그러나 그것이 잘못된 것이라는 것을 당신은 안다. (아직 그 이유를 설명하지 않았지만, 그에 대해 잠시 생각해보면 이해할 수 있을 것이다.)

이제 당신에게 한 가지 선택만이 남는다. 100퍼센트 전부 증권에 투자하는 것이다. 그러나 그것은 정말 결코 마음 편한 방법이 아니다. 행여나 증시가 폭락한다면 어떻게 할 것인가? 당신은 모든 돈을 잃게 될 것이다!! 그런데 과연 그런가?

그렇지 않다.

어디에 투자할 것인가에 신경 써라

분산 투자의 개념을 이해하기 위해서는 먼저 투자 선택의 의미를 이해해야 한다. 우리는 지금 그와 비슷한 상황에 있다. 퇴직연금의 분산 투자 전략이 왜 잘못된 것인지를 이해하기 위해서는 먼저 퇴직연금이 어떻게 운영되는지를 알아야 한다. 그렇게 하면 그 두 가지가 양립 가능한지 알 수 있을 것이다. 그리고 이제 곧 알게 되겠지만, 그 둘은 양립 가능한 것이 아니다.

우선 모든 투자자들이 물어보는 간단한 질문을 한번 던져보겠다. 언제가 투자의 적기인가?

이 질문에 무슨 속임수가 있는 것도 아니고, 그렇다고 무슨 학술적인 질문도 아니다. 당신이 많은 사람들에게 물어본다면 여러 가지 대답을 얻게 될 것이다. 어떤 이들은 증시가 바닥일 때가 가장 좋은 때라고 말하고, 어떤 이들은 오랜 기간 투자해서 묻어두는 것이 좋다고 말할 것이다.

가장 일반적인 대답은 "**지금!**"이다.

그러나 **지금!**은 충분한 대답이 아니다. 왜냐하면 그것은 당신에게 투자할 돈이 있다는 것을 가정한 것이고, 또한 현재 증시 수준의 높고 낮음을 무시한 것이므로 이 대답만으로는 어디에 투자할 것인가에 대한 적절한 답이 되지 못한다. 그러나 **지금!**이라는 말은 한 가지 중요한 점을 일깨워준다. 즉 **지금!** 투자하지 않고 꾸물거린다면, 바로 **지금!** 얻을 수도 있는 이익을 얻지 못하게 된다는 것이다. 이러한 이유에서 **지금!**이란 말은 틀리지 않지만, 단지 불완전할 뿐이다.

이러한 대답들이 틀린 것은 아니다. 그러나 충분치 못하다. 이 질문에 대한 내 대답은 이렇다. 투자의 적기는 당신에게 돈이 있을 때이다. 돈이 없다면 투자하기에 가장 안 좋은 상황인 것은 두말할 나위도 없다.

그럼 이 모든 것을 공식화해보자. 투자하기 가장 좋은 때는 다음과 같다.

- 투자할 돈을 가지고 있을 때
- 장기간 투자하려고 할 때
- 그리고 증시가 바닥일 때

너무 간단하게 들리는가? 하지만 그건 그렇게 간단한 것이며 누구나 다 아는 것이다. 그런데 왜 우리는 그런 답변을 생각해내지 못했을까? (그런 간단한 이유 때문에 가장 확실한 답을 놓칠 때가 있다.)

그럼 이제 투자할 때 이러한 규칙을 어떻게 적용할 것인지 알아보자. 은행에 10만 달러의 돈이 있다고 하자. 앞에서 주장한 대로 지금!부터 시작해보자. 그럼 자신에게 다음의 세 가지 질문을 던져보자.

1. 투자할 돈이 있습나까? "당연히!"라고 당신은 대답할 것이다.
2. 당신의 돈을 장기간 투자할 계획입니까? "물론!"(적어도 이 예를 위해 그렇다고 가정하자.)
3. 증시가 바닥인가? "음, 그게……."
   난 물었다. 증시가 바닥이냐고? "음, 글쎄."
   "그게 말이지……."

우리는 증시가 바닥인지 아닌지 모른다. 그럼 우리는 지금이 정말로 투자하기 좋은 때인지 알 수 없다. 이 때문에 사람들은 돈을 은행에 두고 증시에 투자하지 않는다. (이건 사실이다. 미국에만도

1조 5,000억 달러의 돈이 단지 연이율 2퍼센트의 이자를 주는 저축계좌에 묶여 있다는 것에는 뭔가 문제가 있다.)

이런 생각 때문에 당신은 주식과 영원히 가까워질 수 없다. 왜냐하면 오늘 주가가 이후에 비해 가장 낮은 가격이 될지 알 수 없기 때문이다. 그러나 이것은 당신이 생각하듯 큰 문제는 아니다. 사실, 그것은 우리의 투자 관리 문제에 대한 답변이기 때문이다.

그 이유는 다음과 같다. 우리는 증시가 바닥일 때 투자하고 싶어한다. 그러나 우리는 현재의 주가가 그러한 조건을 만족하는지 알 수 없다. 이 부분에서 많은 투자자들이 실패하게 된다. 그들은 절대항에 입각해서 상황을 본다. 즉 당신이 그 상황 안에 있느냐, 아니면 밖에 있느냐. 이것을 다른 말로 하면 당신의 돈이 은행에 있느냐, 아니면 주식 시장에 있느냐에 따라 상황을 판단한다는 것이다.

하지만 그것은 틀렸다. 사실 당신은 은행 계좌와 주식 사이에서 어떤 것을 선택할지 망설이고 있는 것이 아니다. 좀더 적절하게 질문한다면, 당신은 돈을 은행에 둘 것인지, 아니면 주식(아니면 채권, 부동산, 금, 국제채권, 천연자원 등)에 투자할 것인지를 물어야 한다.

다시 말해 우리가 확실한 것을 모른다고 해서 주식 시장에서 멀어지게 되는 것은 아니라는 것이다. 다만 우리의 전재산을 증권에 투자하지 않는다는 것을 뜻한다. 언제 투자할 것인가는 결코 좋은 질문이 아니다. (왜냐하면 우리는 그 답이 "지금!"이라는 걸 알기 때문에) 결국 어디에 투자할 것인가를 물어야 한다. 어리석은 투자자들은 언제 은행에서 돈을 빼낼 것인가를 결정하려고 한다.

반면에 뭔가 아는 투자자들은 은행에서 인출한 돈을 어디에 투자할 것인가에 신경을 쓴다.

이제 분산 투자란 말이 머리에 떠오르지 않는가?

드디어 우리는 분산 투자가 투자 세계에서 한몫 한다는 것을 충분히 납득하게 되었다. 그것은 당신에게 투자할 돈이 있고 장기간 투자하려고 할 때 가장 알맞은 것이다. 분산 투자를 통해 당신은 증시가 바닥인지 여부에 상관없이(왜냐하면 어떤 것들은 바닥일 것이고 어떤 것들은 아닐 것이기 때문이다) 지금이 투자의 적기라는 확신을 갖게 될 것이다. 결국 분산 투자 덕분에 당신의 평균 수익률에는 아무런 이상이 없을 것이다.

분산 투자는 퇴직연금의 투자 전략으로 적합하지 않다

이러한 사실을 바탕으로 당신의 퇴직연금에 대해 다시 한 번 생각해보자. 예를 가능한 한 단순하게 하기 만들기 위해 당신이 갓 회사에 입사했고 퇴직연금에 관한 서류에 서명하려고 한다고 생각해보자. 당신은 이미 허용하는 범위에서 최대한 많은 돈을 기금에 갹출하겠다고 해당란에 표시했다. (바로 지금 투자해야 한다는 원칙에 충실한 것이다.) 그건 이미 보았지만 내 고객 중 84퍼센트가 하고 있는 방식이다.

그럼 다음의 세 가지 질문을 살펴보도록 하자.

1. 퇴직연금에 투자할 돈이 있습니까?

아주 좋다. 우리는 멋진 출발을 했다. 그런데 뭘 망설이는가? 질문은 간단하기 그지없지만 대답은 그리 쉽지 않다. 그렇다. 당신은 생각할 것이다.

"난 돈을 투자할 계획이 있어. 그러나 지금 당장은 아니야. 그러니까 곧 투자를 할 것이긴 하지만 내 월급 봉투를 받을 때까지 기다려야 해. 거기서 투자할 돈이 나올 테니 말이야. 그래, 난 투자할 돈이 있어. 그러나 지금은 아니야."

난 당신의 대답을 '아니오'라고 표시할 것이다. 그러니까 당신은 지금 투자할 돈이 없다는 것이다. 당신이 이의를 제기하기 전에 다음 문제로 넘어가 보자.

2. 돈이 생기면 장기간 투자할 계획이 있습니까?
"그럼요, 물론이고말고요. 그런데……."

뭐가 그런데인가?

"난 바로 모든 돈을 투자하고 싶진 않아요. 대신 다음 번 월급에서 조금, 또 다음 번 월급에서 조금 더 많이 하는 식으로 돈을 따로 모으고 싶어요. 그렇게 하면 그 다음 주에는 투자할 돈이 좀 생기지 않겠어요? 물론 그 돈을 장기간 투자할 거예요. 그리고 앞으로 받을 월급에서 또 다른 일부를 떼어내서 투자할 계획인데, 당분간 그 돈은 인출하지 않을 거예요. 그렇게 되면, 어떤 돈의 경우는 초기에 투자한 것만큼 오랫동안 투자되지는 않겠죠."

괜찮다. 당신에게 '아마'와 '언젠가'라는 대답을 허용하겠다. 그럼 다음으로 넘어가 보자.

3. 증시는 바닥입니까? 그 말의 의미가 무엇입니까?

내가 의미하는 게 뭐냐고 묻는 의도가 뭘까요? 증시는 바닥입니까?

"오늘 증시는 바닥일 수도 있고 아닐 수도 있다. 나는 잘 모른다. 그러나 월급에서 일부를 떼어내어 투자하는 것이기 때문에 주식 시세는 그때마다 다르다. 그리고 오늘 받는 월급을 기준으로 답을 하려고 해도, 다음 번 월급을 받을 때는 그 답이 또 달라질 것이다. 그러므로 정확한 답을 준다는 것은 불가능한 일이다."

그럼 됐다. 우리가 뭘 했는지 알아보자. 앞의 세 가지 질문에 대해 스스로에게 물어봤을 때, 우리는 명백하고 간단한 답을 얻었다. 그리고 그러한 대답들은 우리에게 분산 투자가 적절한 전략이라는 걸 알려주었다. 그러나 지금 우리는 허둥대고 있다. 우리에게는 당장 돈이 없다. 하지만 곧 생길 것이다. 그리고 한꺼번에 생기지는 않을 것이다. 오랫동안 서서히 돈이 생길 텐데, 그 동안 주식 시세는 정말 많이 변할 것이다.

이럴 경우 앞의 대답들은 분산 투자를 의미하지 않는다. 분산 투자란 이미 살펴보았듯이 이미 가지고 있는 자산을 관리할 때 쓰는 방법이다. 그러나 우리에겐 자산이 없다. 다만 앞으로 어느 정도의 자산을 갖게 되리라는 것만 알 뿐이다. 또한 분산 투자는 우리의 돈을 장기간 투자할 것을 전제로 한다. 하지만 대부분의 돈이 장기간 투자되겠지만 일부는 그렇지 못할 것이다. 그러므로 분산 투자는 퇴직연금으로 자산을 모으기 위해서는 이상적인 투자 전략이 아니다.

그렇다면 어떻게 하라는 말일까?

그 답은 바로 우리 앞에 주어졌다. 분산 투자가 퇴직연금의 투자 방법으로 적합하지 않다면, 우리는 퇴직연금에 알맞은 강력한 투자 방법을 찾아야 한다.

4. 퇴직연금을 주식에 투자해야 하는 이유

그럼 상황을 한번 체크해보자. 투자 계획은 바뀌지 않는다. 월급이 지급되는 주기는 변함이 없다. 그리고 각 월급에서 갹출되는 돈의 액수 또한 바뀌지 않는다. 하지만 주식 시세는 계속해서 바뀐다. 그렇다면 이러한 점을 우리에게 이롭게 바꿀 수 있는지 알아보도록 하자.

모든 투자는 각각 다른 시세에서 진행된다. 어떤 투자는 그 시세의 폭이 크고 또 다른 어떤 투자는 변화 폭이 거의 없다. 가령 정기예금의 경우는 변화의 폭이 전혀 없다. (그 때문에 손해보지 않는 것이다.) 하지만 주식 시세는 매일매일 바뀐다.

그럼 어떤 방법이 가장 좋은지 알아보기 위해 두 가지 가설을 세워보고 그 결과를 알아보자. 첫번째는 우리가 가진 전부를 정기예금에 넣는 것이며, 두번째는 가격이 많이 변하는 증시에 넣는 것이다. 이 예제를 위해 당신이 매달 월급에서 100달러의 돈을 투자한다고 가정하자.

우선 정기예금 계좌에 투자했을 때 얻을 수 있는 결과물에 대해서 살펴보자. 첫달에 우린 100달러를 예금한다. 원금의 가치는 절대 변하지 않는다. 그러므로 100달러는 항상 100달러의 가치가 있다. 그러나 당신의 계좌는 매년 6퍼센트의 이자 수익을 올린다. (이 수익률은 퇴직연금 제도의 종류에 따라, 그리고 해당 연도에 따라 다르다. 그러나 계산을 위해서 6퍼센트가 적당하다고 생각된다. 좀 편하게 계산하기 위해 간편한 이자율을 사용하자.)

그래서 첫해의 마지막에는 이 100달러가 106달러가 될 것이다. 그리고 두번째 달에 당신은 또 100달러를 넣을 것이다. 이것 또한 6퍼센트의 이자 수익이 있다. 그러나 이 돈은 11개월 동안만 계좌에 있었기 때문에 1년 후에는 105.50달러가 된다. 그래서 매달 예금되는 돈은 조금씩 증가하고 먼저 넣은 것이 더 많이 증가하게 된다. 이러한 과정을 12개월 동안 반복한다면 당신의 계좌에 모인 돈은 1,239달러가 된다. 물론 이중에 1,200달러가 당신이 예금한 돈이다. 그렇다면 이자 수익은 39달러이다.

이제는 그것을 주식형 펀드와 비교해보자. 첫달에 주식형 펀드에 100달러를 투자하는 것으로 시작한다. 주당 가격은 10달러라고 하자. 그리고 두번째 달에 또 100달러를 투자한다. 두번째 달의 펀드 가격은 얼마일까? 지난달처럼 10달러라고 말할 수 없다. 주식 시세는 항상 변화하기 때문이다.

그러므로 우리는 주식 시세가 어떻게 변할지 몇 가지 가정을 세워야 할 필요가 있다. 우리의 예측이 결과에 커다란 영향을 미칠 것이다. 그러니 네 가지 경우로 나누어 예측해보자. 첫번째는 주가가 매달 떨어지는 경우이다. 두번째는 매달 오르는 경우이다. 세번째는 초반에는 떨어지다가 나중에는 반등하는 경우이다. 그래서 연말의 시세가 처음 시작했을 때의 시세와 같은 경우이다. (잃은 것도 없고 얻은 것도 없는 경우이다.) 그리고 네번째는 반대의 경우이다. 그러니까 처음에는 오르다가 나중에 가격이 떨어져 처음 시작할 때만큼 내려온 경우이다. (이것 역시 이익도 손해도 보지 않은 경우이다.)

이 네 가지 경우에 따라 매달 주가 시세표를 만들어보면 다음과 같다.

달	가격 하락	가격 상승 후 하락	가격 하락 후 상승	가격 상승
1	$10	$10	$10	$10
2	$9	$11	$9	$11
3	$8	$12	$8	$12
4	$7.50	$13	$7	$13
5	$7	$14	$6	$14
6	$6	$15	$5	$15
7	$5.50	$15	$5	$16
8	$5	$14	$6	$17
9	$4	$13	$7	$18
10	$3	$12	$8	$19
11	$2	$11	$9	$20
12	$1	$10	$10	$21

그럼 1년 동안 매달 100달러를 투자했을 때의 펀드 가치를 알아보자.

가격 하락 시장의 펀드	324달러
가격 상승 후 하락하는 시장의 펀드	979달러
가격 하락 후 상승하는 시장의 펀드	1,691달러
가격 상승 시장의 펀드	1,714달러

이 자료를 통해 어떤 결론을 얻을 수 있는지 알아보자. 가격 상승과 가격 하락 시장에서의 결과는 당신이 기대했던 것과 그리 다르지 않을 것이다. 주식 시세가 계속 떨어질 때는 돈을 잃게 되고, 대신 계속 오를 때는 돈을 벌게 되는 것이다. 별로 놀라울 것도 없지 않은가.

이것은 별로 도움이 되지 못한다. 증시는 이 두 가지 방식 중 그어떤 방식으로도 움직이지 않으니까. 증시는 계속 오르거나 계속 떨어지지 않는다. 대신 증시는 등락이 크다. 잃고 버는 것이 반복된다. 그럼 이 두 모델에 대해선 생각하지 말자. 둘은 너무나 비현실적이기 때문이다.

이제 나머지 두 모델에 대해 이야기해보자. 그것들은 의미하는 바가 뚜렷하다. 하락 후 상승하는 시장의 경우 1,691달러이고, 상승 후 하락하는 시장은 979달러이므로 전자가 후자보다 더 많이 벌어들였다.

이는 매우 중요한 발견이다. 그것은 증시에 투자하는 것을 반대하는 사람들이 내세우는 논리를 정면으로 반박하는 것이기 때문이다. 즉 "제 퇴직연금을 주식에 투자하고 싶지 않습니다. 주식은 계속 떨어질 수도 있으니까요." 좋다! 그러나 하락 후 상승 시장 모델이 보여주었듯이, 바로 그 때문에 우리가 여기에 투자해야 하는 것이다.

다시 말해서, 당신은 퇴직연금에 투자한 돈을 잃을까 걱정하지 말고 가격 하락 후 상승 시장에서 얻는 높은 수익에 재미를 느껴야 한다. 이 말이 매우 모순적으로 들릴 수 있다는 것을 안다.(이 점에 대해서는 이미 머리말에서 당신에게 경고했다. 명심하기 바란다.) 하지만 그것이 돈이 움직이는 생리이다.

그 점을 입증하기 위해 하락하는 시장의 펀드를 살펴보자. 1,200 달러를 투자했지만 1년 후 남은 것은 단지 324달러밖에 되지 않았다. 그런데 그렇게 잃은 사람이 진짜 있을까?

그런 사람은 없다. 왜 그런지를 이해하기 위해 그 과정을 다시 한 번 살펴보자.

달	투자한 돈	주당 가격
1	$100	$10
2	$100	$9
3	$100	$8
4	$100	$7.50
5	$100	$7
6	$100	$6
7	$100	$5.50
8	$100	$5
9	$100	$4
10	$100	$3
11	$100	$2
12	$100	$1

이러한 정보를 기초로 해서 당신에게 묻고 싶다. 어느 정도 가격이 상승하면 당신은 원금을 회복할 수 있는가?

만약 당신이 중간 점인 5.67달러까지라고 생각한다면, 그것은 틀렸다. 중간 지점이라는 것은 당신이 12달 모두를 생각해서 한 평균 가격이다. 그러나 당신의 원금을 회수하기 위해 그 정도까지 필요하지 않다. 원금을 회수하기 위해 3.70달러까지만 올라가도 되는 것이다. 그런데 당신 말대로 가격이 5.67달러까지 올라갔다면 당신 계좌에 있는 총 금액은 1,839.42달러가 될 것이고, 이는 639달러를 벌어들인 것이다.

더 놀라운 것은, 주식 시세가 본래의 10달러 선을 회복했다고 한다면 계좌에는 3,244달러가 생기게 된다.

대부분의 독자와 마찬가지로 당신은 이 점을 매우 놀랍게 여길 것이다. 왜냐하면 당신은 장기간 일정 간격으로 소액을 투자하지 않았기 때문이다. 그러기보다는 이따금씩 투자했을 뿐일 것이다. 그리고 한 번 하게 되면 상대적으로 아주 많은 돈을 투자했던 것이다.

퇴직연금에 가입하려는 사람들은 다소 색다른 방법으로 투자를 하기 때문에 수리적 결과 역시 좀 다르게 나타난다. 왜 그런지를 이해하기 위해 내가 논의에서 한 가지 빠트린 것을 얘기하고자 한다.

지금까지 우리는 투자한 돈과 주당 가격만을 고려했을 뿐 보유한 주식의 수에 대해서는 살펴보지 않았다. 이것이 바로 앞의 예에서 본전을 찾기 위해 단지 3.70달러만 벌면 된다고 말한 진짜 이유이다.

다음을 살펴보자.

달	투자한 돈	주당 가격	주식수
1	$100	$10	10.000
2	$100	$9	11.111
3	$100	$8	12.500
4	$100	$7.50	13.333
5	$100	$7	14.286
6	$100	$6	16.667
7	$100	$5.50	18,182
8	$100	$5	20,000
9	$100	$4	25.000
10	$100	$3	33.333
11	$100	$2	50.000
12	$100	$1	100.000
합 계	$1,200	$68	324.412

마지막 두 항목의 관계에 대해서 살펴보자. 주가가 떨어질수록 당신은 점점 더 많은 수의 주식을 살 수 있다. 주당 평균 가격이 5.67달러가 아닌 3.70달러가 되는 이유는 바로 여기에 있다. 3.70 달러는 다음과 같이 구할 수 있다.

$$\frac{\text{투자한 총 합계}}{\text{총 주식수}} = \frac{1,200달러}{324.412} = 3.70\ 달러$$

5.67달러는 다음의 방식으로 얻어진다.

$$\frac{\text{매달 주가의 합}}{\text{총 개월수}} = \frac{68달러}{12} = 5.67 \text{ 달러}$$

위의 두 식의 차이를 알 수 있겠는가? 첫번째는 당신이 가지고 있는 주식수와 돈을 가지고 계산한 것이고, 두번째는 당신이 지급한 평균 가격과 개월수를 가지고 계산한 것이다.

둘 다 옳은 답이다. 그러나 그 둘은 서로 다른 정보를 준다. 두번째 식에서 얻은 5.67달러는 당신이 가지고 있는 주식의 평균 가격이고, 첫번째 식에서 구해진 3.70달러는 평균 비용인 것이다.

다시 한 번 정리하면

평균 가격은 5.67달러이고
평균 비용은 3.70달러이다.

만약 이런 투자 방법으로 항상 평균 가격이 높은 주식을 평균 비용으로 살 수 있다면, 그대로 당신에게 이익을 안겨줄 것이다.

이런 방법을 달러평균원가법(Dollar Cost Averaging)이라고 한다. 달러평균원가법은 분산 투자와 같이 매우 효율적이다. 그러나 다음과 같은 특별한 상황에서만 적용된다.

1. 특정 액수의 돈을 투자해야 한다.
2. 이 돈은 정기적으로 투자해야 한다.
3. 투자한 돈은 반드시 당신이 최근 벌어들인 것이어야 한다.
4. 이러한 시스템을 오랫동안 유지해야 한다.

물어볼 것도 없이 퇴직연금은 이러한 방법으로 투자할 수 있는 이상적인 제도이다. 매번 같은 주기로 같은 금액이 나올 것이고 또한 그때마다 당신이 위의 계획을 시행할 것이기 때문이다. 또한 당신은 정기적으로 돈을 받을 것이기 때문에, 당신의 투자는 정기적으로 행하는 투자의 조건도 만족시킨다. 그리고 세번째, 당신이 오늘 투자하기를 기다리는 이유는 당신이 그 돈을 오늘 받기 때문이다. 지난 주에는 돈이 없었으니까 지난 주에는 투자하지 못하는 것이다. 그리고 마지막으로, 당신은 몇 년, 아니 수십 년 동안 장기간 일하게 될 것이다. 그러한 기간은 저마다 달러평균원가법이 주식 시장의 변화하는 파도를 타기에 충분한 시간이다.

달러평균원가법으로 투자하면 당신은 주식 시장이 오를 것인지 내릴 것인지 걱정할 필요가 없다. 다른 때보다 주식이 오르면 보통때보다 많은 주식을 살 수 없게 되는 것이고, 시세가 낮을 때는 자동적으로 많은 수의 주식을 살 수 있는 것이다. 그러므로 달러평균원가법은 당신에게 가장 낮은 평균 비용을 제공하는 것은 물론 많은 이익을 올릴 수 있게 해준다.

바로 이 때문에 그렇게 많은 재정 자문 회사의 고객들이 증권에 투자하는 것이다.

아직도 확신이 서지 않는다면, 다음을 생각해보라. 대부분의 퇴직연금에서 보면, 고용주가 종업원의 퇴직연금을 보조해주고 있다. 때로 당신이 반, 고용주가 반을 내는 경우도 있다. 당신의 고용주가 이렇게 해준다고 한다면, 당신은 투자도 하기 전에 벌써 돈을 2배로 늘린 셈이 된다. 다시 말해서 당신이 1달러를 내고 고용주가 1달러를 낸다면 당신은 2달러가 생긴 것이다. 그래서 당신의 주식 계좌가 50퍼센트 정도 떨어진다고 해도 돈은 그대로인 셈이다. 그러므로 100퍼센트 주식에 투자한다고 해서 당신의 돈이 모두 위험에 노출된 것은 아니다. 당신은 단지 고용주의 돈만을 위험에 노출시킨다고 생각하면 된다.

그리고 전액 손실을 본다 하더라도 그렇게 나쁜 것은 아니다. 만약 당신이 15년 동안 퇴직연금에 돈을 부어왔는데, 갑자기 주식형 펀드의 가치가 바닥이 됐다고 가정해보자. 이것이 위기인가? 전혀 그렇지 않다. 왜 그런지 생각해보자. 당신은 지금 50세이고 65세까지 일할 것이라면 당신에겐 360번 받을 월급이 있다. 여기에서 갹출되는 돈을 당신의 퇴직연금에 집어넣는다면, 당신은 이제 새로 책정된 낮은 가격부터 주식형 펀드를 시작할 수 있다. 주식 시장이 이후 15년 사이에 회복된다면 당신은 아마도 정말 많은 돈을 벌 수 있을 것이다. 결국 주식 시장의 붕괴는 당신에게 오히려 호기인 셈이다.

마무리하기 전에 달러평균원가법에 대해서 좀더 알아보자.

정기예금과 자회사 주식에 퇴직연금을 투자하지 마라

이런 모든 분석을 하면서 우리는 다른 두 가지 가정을 완전히 배제했다. 첫번째는 갹출한 돈을 정기예금에 넣을 경우를 배제했고, 두번째는 모든 돈을 뮤추얼펀드에 투자하지 않고 자회사 주식에 투자하는 것을 배제했다. 이 부분에 대해서 알아보자.

먼저 정기예금의 경우부터 살펴보자.

분명 정기예금은 올랐다가 하락하는 시장(979달러)에서보다는 많은 돈(1,239달러)을 번다. 그러나 이 예는 단지 12개월에만 한정된 것이다. 2년 후라면 어떻게 될까? 또한 20년 후면 어떻게 될까?

잘 알겠지만 2년 후가 되면 정기예금은 계속해서 6퍼센트의 이자를 받게 된다. 그러므로 당신은 2,400달러를 투자하고 24개월 후에는 2,550달러가 된다. 그리고 상승 후 하락 주식이 두번째 해에도 첫해와 똑같다고 한다면, 1,958달러의 가치가 된다. 즉 첫해의 2배가 되는 것이다.

그러나 당신은 정말 증시가 몇 년 또는 몇 십 년 동안 매년 시작했을 때와 같은 시세로 끝난다고 생각하는가? 그런 일은 일어날 가능성이 거의 없다. 예 자체에서 다른 경우를 제시하고 있다. 왜냐하면 우리가 1년 사이에 주가가 10달러로 떨어지기 전에 주가를 15달러까지 올렸기 때문이다. 주가가 15달러라면 그 펀드는 2년 후에 2,936달러가 된다. 정기예금보다 많은 액수이다.

이를 증명하는 역사적 사례가 있다. 1970년 이후 은행 CD의 연평균 수익률은 7.15퍼센트였다. 1998년 12월까지 2,900달러를 넣었다면 당신의 계좌는 8,964달러가 될 것이다. 하지만 매년 100달러를 주식에 넣었다면 당신의 계좌는 1998년 12월 31일에 2만 296달러가 될 것이다.

다음에 퇴직연금으로 당신 회사의 주식을 사는 것은 어떤가?

절대로 그러지 마라. 이는 당신 회사가 얼마나 성공하는가와 상관없는 일이다.

그 이유는 단순하다. 자회사의 주식을 사는 것은 매우 특수한 일이다. 알다시피 주가가 떨어지는 것과는 다른 문제이다. 당신이 투자한 뮤추얼펀드 내에 있는 주식들 중 하나 또는 몇 개가 하락하여 손실을 볼 수도 있다. 그러나 만약 한 가지 주식만 가지고 있는데 그 주식이 갑자기 하락한다면, 그 결과는 훨씬 치명적일 것이다.

게다가 당신 회사 주식에 그런 일이 일어난다면 그 정도는 더욱 심각할 것이다. 주식의 하락은 회사가 재정적인 문제에 봉착했다는 것을 뜻한다. 그러한 상황에서 회사는 비용을 줄일 기본적인 과정을 밟을 것이다. 가장 빠른 방법은 인원을 감축하는 것이다. 다시 말해 당신이 가진 주식의 가치가 하락함으로써 당신은 직업을 잃을 수도 있는 것이다. 그리고 만약 직업을 잃게 된다면, 세금과 기타 비용을 충당하기 위해서 주식을 팔아야 할 것이다. 당신이 투자한 회사의 주식을 팔아치워야 하는 것이다.

하지만 그 주식의 가치는 이미 많이 하락한 상태이다. 주식을 팔 수밖에 없는 이유가 바로 팔지 못하는 그 이유가 된다. 이러한 것은 당신이 꼭 피해야 하는 문제이다.

그러나 불행히도 이러한 충고를 자각하고 받아들이는 종업원은 극히 드물다. 투자 옵션으로 회사 주식을 종업원에게 제공할 수 있는 401(k) 제도 중에서 자산의 42퍼센트가 자사 주식에 투자되어 있다. 그 이유가 잘못된 충성심에서 온 것인지, 아니면 미래 가치에 대한 비현실적인 기대에서 온 것인지 잘 모르겠다. 아무튼 이는 매우 위험한 일이다.

코가콜라 종업원들의 401(k) 제도에 들어간 돈의 92퍼센트가 코카콜라 주식에 투자되었다는 사실을 생각해보자. 92퍼센트라니! 현금 대신 주식으로 부담금을 메우려는 것은 회사측으로서는 이익이 되는 일이겠지만, 이는 직원들을 농락하는 행위이다.

혹자는 이런 나의 주장에 동의하지 않을지도 모른다. 코카콜라처럼 엄청난 회사가 그럴 리 없다는 것이다. 그런 주장을 하는 사람들에게 무슨 말을 할 수 있겠는가? 아, 과연 그럴까? 이스턴 항공사의 조종사들도 그런 똑같은 감정을 느꼈다. 1990년대 초에 은퇴한 IBM의 직원들도 마찬가지였다. 30년 내지 40년 동안 열심히 일하고 난 뒤 달랑 IBM의 주식만 받고 은퇴한 그들은 1993년 8월에 187달러 하던 주가가 72개월 뒤 44달러까지 곤두박질치는 끔찍한 경험을 해야 했다.

물론 IBM의 주가는 다시 회복되었다. 아직 그 회사에서 일하고 있는 사람들과 은퇴 준비를 하는 사람들에게는 희소식이다. 하지만 주식 시장이 폭락할 때 회사를 떠났던 사람에게는 엄청난 불행이다. 평생을 모은 돈이 거의 사라지고 말았다.

당신은 이런 상황에 빠져서는 안 된다. 자사주를 사고 싶다면 그렇게 해라. 하지만 순자산의 15퍼센트 이하로 주식을 구입하라. 이것이 별로 탐탁치 않게 여겨진다면 다음의 경우를 생각해보라. 전문 자산 관리사들은 어떤 투자일지라도 한 종목에 자산의 5퍼센트만 투자한다. 이 수치에 비하면 15퍼센트도 사실 엄청난 것이다. 그런데 단일 주식에 자기 자산의 60, 70, 90퍼센트까지 투자한 사람들을 나는 종종 보게 된다.

참으로 어리석은 일이다. 그것은 전문 자산 관리자들에게도 골치 아픈 일이다. 1999년에 국제자산관리자협회에서 실시한 설문조사에 따르면 다음과 같은 의견들이 나왔다.

- 자산 관리사의 66퍼센트가 대부분의 사람들이 자회사 주식을 소유하는 것의 위험성을 깨닫지 못하고 있다고 말한다.
- 과반수 이상의 자산 관리사들은 직원들이 범할 수 있는 가장 큰 실수는 여러 다양한 주식을 매입하기보다는 자회사의 주식을 갖는 것이라고 말한다.
- 설문에 응한 자산 관리사들 중 20퍼센트 미만만이 내부 거래 주식과 같은 고용주의 중요한 주식 발행이나, 다양한 포트폴리오를 갖고 있어야 한다는 것을 직원들이 파악하고 있다고 생각했다.

믿어라. 내가 거기서 일하지 않는가 하는 말은 너무도 위험 부담이 큰 어리석은 핑계이다.

퇴직연금은 100퍼센트 주식형 뮤추얼펀드에 투자하라

이제 당신은 퇴직연금의 최상의 투자 방법은 주식형 뮤추얼펀드에 100퍼센트 투자하는 것이라는 사실을 알았을 것이다. 분산시키지도 말고 자사주도 사지 않는다.(산다 하더라도 많이 사서는 안 된다.) 우리의 설문 조사에서도 알 수 있듯이, 이것이 성공한 사람들의 비결이다.

다만 이러한 전략을 시행할 때 다음 세 가지를 명심해야 한다.

첫째, 가만히 믿고 기다린다. 만약 매일(또는 매달) 투자한 주식의 추이를 쫓아다닌다면, 시간이 갈수록 주가가 점점 더 떨어지는 것만을 보게 될 것이다. 그런 일이 발생하면 당신은 주식에서 돈을 빼내 은행이나 다른 투자 대상을 물색하고 싶은 마음이 생길 것이다. 이러한 유혹을 이겨내야 한다. 달러평균원가법은 변화가 심한 상황에 잘 어울린다는 것을 기억하자. 가격이 떨어질 때는 미래의 수익을 위해 씨앗을 뿌려둔 것이라고 생각해야 한다.

둘째, 달러평균원가법은 장기 투자를 해야 한다는 것을 명심하자. 만약 2년 내지 3년 안에 퇴직금을 빼서 쓸 계획이라면 이 방식은 적합하지 않다. 주식 시장은 그렇게 짧은 시간 안에 바닥세에서 회복되는 것이 아니기 때문이다. 그럴 때는 투자를 분산하는 것이 최선의 선택일 것이다.

셋째, 퇴직금 계좌에 잔고가 많은 사람들에게도 위의 원칙은 똑같이 적용된다. 이상 얘기한 내용들은 월급 봉투를 받을 때마다 노후를 준비하기 위해 따로 떼어두는 돈을 두고 하는 말이지, 이미 모아놓은 돈을 대상으로 하는 말이 아니다. 이미 계좌에 다섯 내지 여섯 자리 숫자의 금액이 있다고 할 때, 그 잔고 전액을 오늘날의 주식형 펀드로 돌리는 것은 달러평균원가법이 아니다. 그것은 거액 투자의 일종이다.

두번째와 세번째 사항을 보면, 설문에 응한 고객들이 왜 다음과 같은 대답을 했는지 이해할 수 있다.

- 응답자의 13퍼센트는 채권형 펀드에 투자하고 있다.
- 25퍼센트는 정기예금에 돈을 두고 있다.
- 27퍼센트는 균형펀드에 투자하고 있다.

응답자 전원이 자신의 회사의 퇴직연금 제도에 많은 돈을 맡기고 있었다. 그리고 그들 중 40퍼센트는 60세가 넘었다. 이 고객들은 자산을 다양하게 분산시킨 퇴직연금 제도를 활용하는 것이 적합하다. 하지만 주식은 그들에게도 여전히 중요한 포트폴리오다.

따라서 회사에서 운영하는 퇴직연금 제도를 적절히 활용하기 위해서는 당신이 가진 잔고를 분산시켜야 하며, 달러평균원가법이 장차 손해 분담금의 역할을 해줄 것이다. 우리 고객들이 보여준 것처럼 그것이 재산을 모으는 최상의 길이다.

❝ 퇴직연금은 몽땅 주식형 뮤추얼펀드에 투자하라 ❞

나는 회사의 퇴직연금에 오랫동안 돈을 부어왔습니다. 모든 돈이 다 주식을 매입하는 데 사용되었지요. 외국 주식, 중소기업, 대기업, 우리 회사 주식에 각각 25퍼센트씩 투자했습니다. 나는 매년 10만 달러씩 법니다. 그래서 회사의 퇴직연금에 가입하는 것이 그리 부담되는 일은 아닙니다. 나는 사람들이 퇴직연금에 가입하지 않는 것이 이상합니다. 나도 입사해서 첫 2년 동안은 이러저러한 이유로 그 퇴직연금에 참여하지 않았습니다. 하지만 지금 돌아보면 후회스럽습니다. 돈을 그냥 길에다 버린 것이지요.

나는 연금에서 돈을 대출받거나 빼서 쓴 적이 없으며, 그럴 마음도 없었습니다. 나는 그 돈을 건드리고 싶지 않았습니다. 많은 동료들이 목돈을 적립하는 데 실패했습니다. 그들은 고용주가 원하는 만큼의 액수만 적립합니다. 하지만 그만큼 이익이 되는 투자처는 흔치 않습니다. 큰 실수를 한 것입니다.

나는 좀더 일찍 투자 관리사를 만나 의논을 했어야 했습니다. 30대에 뭔가를 시작했더라면 더 좋았을 것입니다(내 경우는 40대에 시작했습니다). 내가 만약 30대에 시작했더라면, 오늘날 더 많은 돈을 모아서 내 주장이 사실임을 보여드렸을 것입니다. 여러분께서도 가능하면 일찍 시작할수록, 저축할 수 있는 여유 시간도 늘어나고 은퇴도 더 빨리 할 수 있을 것입니다.

프레드, 자영업자
셸리, 자영업자

나는 26살 때부터 회사의 퇴직연금에 돈을 부었습니다. 당시 내 연봉은 3만 2,000달러였으므로 퇴직연금에 돈을 붓는 것이 어렵지는 않았습니다. 돈은 월급 봉투에서 바로 빠져나갔지요. 나는 돈을 100퍼센트 모두 주식형 펀드에 투자했습니다. 수익이 더 좋을 것이라고 생각했기 때문이지요. 대부분의 다른 동료들은 어디에 투자할 것인지 서로 의논했습니다. 그들이 범한 가장 큰 실수는 최대 한도로 돈을 투자하지 않았다는 것입니다. 그들은 고작 수입의 몇 퍼센트만 투자했습니다.

익명, 소프트웨어 엔지니어

나는 연방 정부의 변호사로 일하고 있습니다. 전액 주식에 투자하고 있지요. 나는 단기가 아닌 장기 성장을 기대하고 투자합니다.

투자를 시작한 것은 연봉 4만 4,000달러를 받던 42살 때부터였습니다. 나는 애쓰면서 투자를 하지는 않았습니다. 늘 저축할 것은 따로 챙겨두었지요. 여러분도 먼저 자신을 위해 돈을 써야 한다는 마음을 가져야 합니다. 나는 21살 때 제 자신과 약속했습니다. 수입의 10퍼센트는 따로 떼어두고, 또 10퍼센트는 저축, 그리고 나머지는 청구서 결제에 쓰기로 했습니다. 그 원칙을 줄곧 고수해왔지요. 가족과 나에게는 늘 우리를 위한 돈이 있었습니다.

연금에 들어간 돈을 찾고 싶은 생각은 들지 않았습니다. 그 돈은 내 것이라고 생각되지 않았기 때문입니다. 그것은 마치 세금처럼 월급 봉투에서 자연스럽게 빠져나갔으니까요. 투자치곤 아주 간편한 방법 이지요.

나는 다른 사람들보다 재테크에 관심이 많았습니다. 물론 많은 사람들이 빠듯한 월급 생활을 하고 있습니다. 당신도 그렇게 살고 있을 지도 모르죠. 하지만 그래도 저축을 할 수 있습니다. 어떤 이들은 다른 곳에 투자할 돈이 전혀 없다고 말합니다. 그럴 여유가 없기 때문이 라나요. 그러면 저는 그들에게 오히려 그렇게 안 할 여유가 없을 거라고 대답해줍니다.

익명, 변호사
배우자, 학교 도서관 사서

나는 여유가 생기자마자 퇴직연금을 붓기 시작했습니다. 모든 돈을 주식형 뮤추얼펀드에 넣었지요. 당시 저는 55살이었습니다. 연봉은 7만 달러였지요. 저는 그게 짐으로 느껴지지 않았습니다. 계획은 실행하면 되었고, 그것을 실행하는 것은 쉬웠으니까요. 나는 투자할 때는 반드시 전문가의 조언을 들어야 한다고 생각합니다. 어디에 투자해야 할지 더 많은 정보를 얻어야 한다는 것이지요. 사람들은 약간의 위험성만 있어도 뛰어들기를 두려워하기 때문입니다.

익명, FDIC의 소프트웨어 기획실 프로젝트 매니저

회사의 퇴직연금에 돈을 붓는 것은 쉬운 일입니다. 자신이 부을 수 있는 액수를 정하고 그대로 붓기만 하면 됩니다. 그 돈은 월급 봉투에서 바로 빠져나갑니다. 애초부터 없는 돈이라고 생각하면 당장 아쉬운 생각도 들지 않지요. 그러니 부담으로 느껴지지도 않습니다.

나는 퇴직연금 제도에 대해 직원들에게 상담해주는 일을 했습니다. 어떤 직원들은 여유가 있으면서도 하지 않더군요. 그들은 결국 재정적으로 큰 어려움을 겪었지요.

익명, 미 국방부 인사 담당관

나는 이제까지 매달 퇴직연금에 돈을 부어왔습니다. 어려운 일은 아니었어요. 돈이 월급에서 바로 빠져나갔기 때문에 직접 눈으로 본 적도 없지요. 나는 오히려 회사에서 더 많은 돈을 부을 수 있도록 해줬으면 좋겠어요.

많은 직원들이 자신들이 가진 돈의 현재 가치만 이용할줄 압니다. 자신이 가진 돈을 저축해서 퇴직 후에 그것을 활용할 생각은 하지 않고, 지금 당장 영화를 보러 가거나 쇼핑을 즐기는 것이지요. 그들에겐 오늘만 있을 뿐, 내일은 없습니다.

린다 재키, 해군성 컴퓨터 시스템 감사관

22살 때부터 연방정부에서 일하기 시작했습니다. 초봉은 일년에 5,000달러도 되지 않았어요. 나는 바로 퇴직연금에 가입했지요. 그것이 부담되지는 않았습니다. 그 돈을 눈으로 볼 수도 없고 제 수중에 있는 것도 아니니 아깝다는 생각이 들지 않았지요.

돌이켜보면 다른 여지가 없었을 거라는 생각이 듭니다.

나는 다른 사람들에게도 그렇게 할 것을 권합니다. 가능한 한 많은

돈을 퇴직연금에 부으라고 말이죠. 그리고 그것을 주식형 펀드에 넣
으라고 말할 겁니다.

캐스린 호이트, 은퇴, 전직 미 연방정부 감찰관

내가 직장에서 시행하는 퇴직연금 제도에 돈을 붓기 시작한 것은 26
살 때부터입니다. 당시 수입은 1만 4,000달러였지요. 과장한 것이 아
닙니다. 전문 직종에서 일했으니까요.

내가 그 연금에 돈을 붓게 된 계기는「유에스에이 투데이(USA
Today)」에 실린 베이비붐 세대의 퇴직 비용에 관한 기사 때문이었습
니다. 기사에는 퇴직 비용으로 1,500만 달러가 든다고 나왔습니다. 내
입에서는 "오, 하느님!"이란 말이 절로 나왔지요. 정말 두려웠습니다.
만약 그때까지 부모님이 살아 계신다면 누가 그분들을 보살피겠습니
까? 게다가 우리에겐 몸이 불편한 아들과 아직 어린 딸아이가 있었습
니다. 다행히도 우리 부부는 저축의 중요성을 귀 아프게 들으며 자랐
습니다. 그렇기 때문에 저축하는 것을 짐으로 여기지 않았습니다. 회
사에서 보조해주는 데다 관리까지 해주는데, 그 제도에 참여하지 않
는 것은 바보입니다. 그것도 공짜로 말이지요.

나는 서서히 가진 모든 돈을 전부 주식에 투자했습니다. 주가가 떨
어질 때는 돈을 빼내고 싶은 유혹도 받았습니다. 하지만 나는 그 문제
에 대해 이성적으로 냉정하게 판단하려고 노력했지요. 대부분의 사람
들은 그렇게 독하게 마음 먹지 못하는 것 같아요. 그들은 자신들의 돈
이 안전한지 늘 확인하고 싶어하죠. 그래서 더더욱 불안함을 느끼는
것 같습니다.

헬렌, 회원 관리

나는 이제 일을 하지 않습니다. 다시 일을 할 것 같지도 않습니다. 저희 부부는 아이가 생기면 나는 직장을 그만두기로 결혼하기 전에 약속했습니다. 그래서 빚을 갚기 위해 열심히 일을 했습니다. 이제 우리는 남편의 수입에만 의지해서 살고 있습니다. 그렇다고 그 동안 저축한 돈을 깨지는 않습니다. 우리는 자동차와 학자금을 위해 대출받은 빚을 다 갚았습니다. 지금은 집을 사기 위해 준비중입니다. 아이를 갖기 전에 한 사람만의 수입으로 살 수 있을지 시험해보았습니다.

토드가 직장에서 운영하는 퇴직연금 제도에 가입했을 때 우리 나이는 22살이었습니다. 다소 무리가 따랐지요. 하지만 그렇게 오랫동안 힘들지는 않았습니다. 많은 부부들이 저지르는 실수 중 하나는 두 사람의 수입을 믿고 집을 사는 것입니다. 그러나 아이가 생겨서 한 사람이 집에서 살림을 해야 할 경우가 생기면, 대출금을 상환해야 하기 때문에 그럴 수 없게 됩니다. 신혼 부부는 한 사람의 수입에 의존해서 사는 법을 배워야 합니다.

헬렌, 아내이자 어머니
토드, 항공 기술자

주식은 장기적으로 볼 때 성장 가능성이 가장 큽니다. 저의 재산을 늘려준 최상의 방법도 주식이었지요. 내가 연금을 시작한 것은 28살에 수입이 3만 2,000달러일 때였습니다. 처음에는 월급에서 100달러만 빼서 넣었습니다. 나는 그때 어려서 은퇴니 저축이니 하는 것의 중요성을 깨닫지 못했지요. 그리고 퇴직연금 제도라는 것이 뭔지도 몰랐으니까요. 젊었을 때니까 눈앞의 것에만 급급했지요. 하지만 나는 곧 깨달았고, 최대한 많은 돈을 투자하기로 했습니다. 내가 평생 한 일 중에 가장 잘한 일이었습니다. 1979년부터 1993년까지 저의 401(k)는 70만 달러까지 모였습니다. 꽤 많은 돈이지요.

직장인들이 가장 범하기 쉬운 잘못은 자격 조건이 되는데도 퇴직연금 제도에 가입하지 않는 것입니다. 그리고 가입하더라도 많은 금액을 붓지 않는 것이지요. 우리 회사는 달러당 50센트를 적립합니다. 그러니 가능한 한 많은 돈을 붓지 않는 사람이 바보입니다.

내가 가장 먼저 권하고 싶은 것은 되도록 빨리 가입하고 가능한 한 많은 돈을 적립하라는 것입니다. 그리고 시장을 짧게 보지 말고, 장기 투자를 하라는 것입니다. 퇴직 후를 고려한다면 더더욱 짧게 보아서는 안 됩니다. 얼마 안 있어 퇴직한다 하더라도 멀리 내다봐야 합니다. 왜냐하면 퇴직하고서도 20여 년 이상은 더 살아야 하기 때문이지요. 짧게 보지 마세요.

제이, 로비스트
샤론, 미술 교사

회사에서 401(k)를 제안했을 때 전 25살 내지 26살쯤이었습니다. 이때부터 정년 퇴직을 위한 저축이 시작되었지요. 당시 수입은 약 2만 5,000달러쯤 되었습니다. 퇴직연금 제도에 돈을 붓는 일이 그렇게 어렵게 느껴지진 않았지요. 돈은 월급 봉투에서 바로 빠져나갔고, 돈이 나가는 것을 볼 수 없었으니 아쉬운 생각도 들지 않았습니다. 회사에서 시행하는 401(k)를 통해 돈을 모으는 일이 무엇보다 중요했던 것은 그것이 내가 준비하는 유일한 노후 대책이었기 때문입니다.

처음에는 너무 조심스럽게 접근했어요. 그러니까 주식형 펀드 대신 원금보장형 펀드(the guaranteed fund)에 모든 것을 집어넣었던 거죠. 8퍼센트라는 보장 범위가 당시로서는 꽤 괜찮게 생각되었거든요. 하지만 지금 생각해보니 그것은 주식 시장에 대한 무지에서 비롯된 것이었어요. 투자가 무엇이고 주식 시장이 어떻게 변화해왔는지를 알고 나니, 더 수익성이 높은 곳에 투자할 수도 있었는데 하고 후회가 되더군요. 그래서 나는 지금 401(k)에 집어넣는 돈을 다른 곳에 할당하고 있습니다.

짐 모제소, 정부 청부업자
캐서린 모제소, 공무원

남편과 나는 40대 중반이었던 10년 전부터 노후를 위한 저축을 해오고 있습니다. 우리는 모든 투자금을 주식에 넣었지요. 어차피 단기가 아닌 장기간 돈을 넣어둘 생각이었으니까요. 처음 시작할 때 내 수입은 3만 달러였고 남편의 수입은 8만 달러였지요.

하지만 젊은 직원들은 대부분 노후 준비를 하지 않더군요. 그들을 설득시키는 일은 어려웠어요. 주변의 다른 사람들도 노후 준비를 한다 해도 그다지 많은 돈을 넣지는 않았습니다. 저만이 최대한의 액수를 붓고 있었던 것 같아요. 그리고 주식형 펀드에 돈을 넣는 사람도 저밖에 없었던 것 같습니다. 동료 한 사람은 1987년 주식 시장에 위기가 닥치자 주식에 넣은 돈을 모두 빼더니 다시는 주식에 돈을 투자하지 않더군요.

다른 사람들이 범하는 실수를 한마디로 요약하라면, 나는 이렇게 말하겠습니다. "아예 할 생각도 하지 않는다." 너무도 지나치게 조심한다는 말이지요. 가능한 한 많은 돈을 주식에 투자하라고 권하고 싶습니다.

익명, 회계사

대학교 상담원이었던 나는 1965년 초창기 때부터 주정부에서 운영하는 퇴직연금 제도에 가입했습니다. 초봉은 연 7,500달러였지요. 1975년부터는 자의에 따라 가입하는 추가 퇴직연금 제도에 가입했습니다. 그리고 1997년에 은퇴했지요.

그 일자리는 보장된 자리가 아니었습니다. 나는 해마다 그 자리를 따내기 위해 노력해야만 했지요. 그런데 대학 총장이 은퇴하면서 1990년 저도 그만두게 되었습니다. 하지만 학교측에서 저를 맘에 들어 한 덕분에 다시 교무처 일자리를 얻을 수 있었지요. 한번 직업을 잃고 나니 아주 좋은 경험을 했다는 생각이 들었습니다. 덕분에 월급에만 의존할 수 없다는 것을 알았지요. 아내와 나는 최선의 방안을 모색하기 위해 전문가의 자문을 구하기로 했습니다. 전문가의 도움으로 우리는 다음과 같은 교훈을 얻었습니다. 즉 멀리 내다보고 접근하는 것만이 투자의 바른 길이며, 포트폴리오를 다양하게 구성해야 한다는 것이지요. 그때부터 우리는 별 생각 없이 하던 재정 관리에 신경을 쓰게 되었습니다.

저의 할아버지는 3번의 심장마비 발작이 있었음에도 일을 계속해야만 했습니다. 다른 도리가 없었기 때문이지요. 그분의 모습을 보면서 배운 것이 있습니다. 퇴직 후에 대한 계획을 세워야 한다는 것을 깨닫게 해주었지요. 그로부터 1년 후, 그러니까 1972년 집을 사는 바람에 우리는 무일푼이 됐습니다. 차도 직접 수리해야 했으며, 많은 것들을 그냥 대충 넘어가야만 했습니다. 그래도 퇴직 준비와 관련한 충고는 우리에게 큰 도움이 되었습니다.

대학을 졸업하기 전에 뉴질랜드에 체류할 기회가 있었는데 그곳 사람들은 우리가 여기에서 필요로 하는 것들 없이도 잘 살고 있는 모습을 보았습니다. 나는 거기서 저축의 소중함을 배웠지요. 미국인들은 소비를 미덕으로 알고 있습니다. 하지만 나는 그런 식으로 살아서는 안 되겠다는 생각이 들었습니다.

집안 어른들도 저축의 중요성을 누누이 가르쳐주었지만, 그것이 일종의 투자라는 것을 알게 된 것은 1970년대 중반 무렵이었습니다.

때로 우리는 주변 사람들의 영향을 받게 됩니다. 한번은 해군 예비역인 친구를 만난 적이 있는데 그는 새차는 값이 너무나 비싸서 사본 적이 없다는 말을 했습니다. 저축을 못 한다는 핑계를 일축시키는 말이었지요. 나는 중고차를 몰면서도 이웃들이 새차를 사고 비싼 물건을 사더라도 전혀 개의치 않았습니다. 그들과 경쟁할 필요가 없습니다. 모든 것은 마음먹기에 달렸지요.

무엇보다 중요한 것은 스스로 판단하는 것이며, 맹목적으로 부모님이 했던 것을 답습해서는 안 된다는 것입니다. 아버지는 주식 시장은 믿을 것이 못 된다는 입장이었습니다. 1929년 월스트리트에서 사환으로 일했던 아버지는 공황 때 투신 자살하는 사람들을 여럿 목격하기도 했습니다. 이런 경험은 사람을 변화시키기에 충분하지요. 아버지는 평생 주식 시장 근처에도 가지 않으셨습니다.

하지만 나는 아버지의 충고를 따르지 않았지요. 부모님은 저축하라고 가르치셨지만, 나는 투자하는 법을 배웠습니다. 1987년에는 투자한 주식이 30퍼센트 이상 떨어졌지만, 돈을 빼내어 다른 곳에 투자할 마음은 전혀 없었습니다. 그 시기가 지나자 주가는 다시 회복되었습니다. 하지만 그때 대부분의 사람들은 주식 시장에서 빠져나왔지요.

나는 매년 직장을 잃을까봐 걱정해야 했지만, 퇴직연금을 위해 넣은 돈을 뺄 생각은 없었습니다. 동료들은 저축할 돈이 없다는 말을 하곤 했습니다. 우리와 수입이 비슷하면서도 말이죠. 부모님도 저축을 했습니다. 저축을 하는 것이 그들에게 얼마나 빠듯한 일이었는지 옆에서 봐서 잘 알고 있습니다. 나는 경제적으로 독립하고 싶었습니다. 내 일이 곧 인생이 될 수 없다는 것을 깨달았지요. 나는 직장에서 늘 '요구하는 것 이상'의 일을 했는데, 일터가 저를 보호해줄 수 없다는 것을 알았던 거지요. 자신이 경제적으로 독립할 수 있는지의 여부는 바로 자신에게 달려 있습니다. 일단 경제적으로 독립할 수 있다면, 일자리를 잃을까봐 전전긍긍할 필요가 없습니다. 그렇게 되면 해야만 해서가 아니라, 원해서 하는 일이 되기 때문에 일의 능률도 더 오르게 되지요. 이러한 생각은 자식들에게 꼭 물려주고 싶습니다.

존, 은퇴

나는 결혼 이후 주식형 펀드에 투자해왔습니다. 물론 안전한 계좌에 돈을 넣어두는 방법도 있었지만 연이율 6퍼센트에 만족할 수 없어서 돈을 주식형 펀드에 넣었던 것입니다. 아직도 많은 이들이 주식 투자를 마치 라스베이거스에서 하는 주사위 도박쯤으로 여기고 있습니다. 참으로 안타까운 일이 아닐 수 없지요.

나는 56살이 되어서야 월급에서 일정액을 떼어낼 수 있었습니다. 당시 수입이 4만 달러였으나 아직 대학에 다니는 아이들이 있었지요. 사실 처음에는 부담스러웠습니다. 하지만 수입이 늘어나면서 점점 액수를 늘려가다가 지금은 최대한 저축하고 있습니다.

내가 만난 대부분의 사람들은 너무도 조심스럽습니다. 50살인 친구는 앞으로 15년은 더 일할 수 있는데도 모든 것을 정기예금 계좌에 넣어두고 있습니다. 너무 소심한 거지요.

익명, VOA 방송국

배우자, 간호사, 은퇴

장기간 묵혀둘 돈에 대해서는 과감해져야 합니다. 장기간 투자를 생각할 때는 주식에 돈을 넣는 것이 좋습니다. 하지만 3년 후에 그 돈이 필요하다면, 다시 생각해봐야 합니다. 향후 20년간 그 돈이 꼭 필요하지 않다면 확실히 주식에 투자하는 것이 이익입니다. 그러한 이유로 저는 퇴직연금을 모두 주식에 투자했습니다.

25살 때부터 퇴직연금에 가입했습니다. 그때 수입은 1만 3,000달러여서 어렵지 않게 할 수 있었습니다. 또한 회사에서 일정 금액을 보조해주기 때문에 구미가 당기기도 했지요. 지금은 월급의 15퍼센트를 붓고 있습니다. 사실 20퍼센트까지 붓고 싶은데 회사에서 허용하지 않아요.

나는 젊은이들에게 401(k)를 고려해보라고 진심으로 권합니다. 퇴직연금을 붓는 것을 칫솔질이나 머리빗기처럼 일상 생활에서 습관화하라고 말하지요. 하지만 아직 한 사람도 설득하지 못했습니다. 젊은 사람들에게 퇴직 후란 그리 관심의 대상이 되지 못하는가 봅니다. 그들의 우선 관심은 금요일 오후의 술 한잔이나 영화 보기겠지요.

사람은 쪼들리는 생활을 해서는 안 됩니다. 나는 분수에 맞는 생활을 하기 때문에 여유롭습니다. 지금 저보다 많은 돈을 쓰는 사람들은 말년에 쪼들리는 생활을 하겠지요. 하지만 나는 그런 식으로 살 수 없습니다. 투자하지 않은 여분의 돈이 있을 때는 이웃을 돕는 일에 사용합니다. 나는 여유로운 삶을 살고 싶고, 형편이 되지 않는 사람들을 도와주면서 살고 싶습니다.

익명, 조경사
배우자, 그래픽 아티스트

장기간 묵혀둘 돈에 대해서는 과감해질 필요가 있습니다. 만약 20년간 묵혀둘 거라면 주식에 투자하는 것이 좋습니다. 연봉이 1만 3,000달러였던 25살 이후 나는 계속 그렇게 하고 있습니다.

웬디 캠벨, 조경사
던컨 캠벨, 그래픽 아티스트

나는 퇴직연금 제도의 일환으로 주식에 투자한 돈을 다른 곳으로 옮겨본 적이 없습니다. 그 점에 대해선 단호하지요.

익명, 수석 엔지니어
배우자, 간호사, 은퇴

돈에 대한 생각 사람들이 투자에 실패하는 심리적 원인

돈에 대한 생각

사람들이 투자에 실패하는 심리적 원인

행동주의 재정학은 사람들이 돈과 관련해서 어떤 실수를 저지르는지 보여준다. 그리고 사람들이 그런 실수를 저지르지 않도록 잘못의 원인을 따져본다.

이번 장에서 우리는 사람들이 투자에 실패하는 심리적인 원인들 중에서 아홉 가지를 뽑아 살펴보도록 하겠다. 그전에 당신이 알아야 할 가장 중요한 사실은, 재정적으로 실패한 사람들은 대부분 첫번째 재정적인 결정을 내리기도 전에 이미 실패할 수밖에 없는 원인을 갖고 있다는 점이다. 경제적인 판단을 내릴 때 감정의 보따리를 푸는 행위는 스스로 실패를 자초하는 일이다. 그러면서도 왜 그런지 그 이유도 모른다. 이제 사람들이 왜 잘못된 결정을 하는지에 대해 알아보자.

사람들이 재정과 관련된 결정을 내릴 때 감정적으로 행동한다는 것에 이의를 제기할 사람은 없을 것이다. 그러므로 돈 문제와 관련하여 나타나는 가장 주된 두 가지 감정인 두려움과 욕심에 대해 살펴보도록 하자.

두려움 : 시장에 대한 확신의 부족

두려움은 시장에 대한 확신의 부족으로 정의할 수 있다. 많은 사람들이 주식 투자를 꺼리는 이유는 주식 시장이 붕괴할지도 모른다는 두려움 때문이다. 그러나 주식 시장이 아무런 이유도 없이 갑자기 붕괴하지는 않는다. 대신 국가적 사안이나 국제적 문제로 인해 위기에 봉착할 수는 있다. 그래서 주식 시장의 붕괴를 두려워하는 사람들은 현재 발생하고 있는(아니면 일어날지도 모르는) 정치, 경제, 사회 문제들을 걱정한다. 우리는 1999년에 투자자들을 걱정시킬 만한 사건들에 대해 얘기한 바 있다. 예를 들면 엘니뇨와 라니냐 현상, 일본과 러시아 그리고 브라질의 경제 위기, 이라크와 코소보의 정치적 불안, 백악관 스캔들 등이 있었다. 여기에서 야기되는 두려움을 극복하기 위해서는 이러한 문제들이 과연 주식 시장을 붕괴시킬 수 있는지 한번 따져보아야 할 것이다.

이렇게 하는 과정을 가설 검증이라고 한다. 그러나 두려움에 떨고 있는 사람들 중에서 이런 방법을 취하는 사람은 극히 드물다. 대부분은 자신이 왜 두려워하는지를 따져보려 하지 않는다. 예를 들어 뱀을 싫어하는 사람들은 뱀이 더럽고 끈적끈적하기 때문에 싫어한다고 말한다. 그런데 뱀을 두려워하는 사람들은 자신의 믿음이 사실인지 확인하기 위해 뱀을 만져보지는 않는다. 그리고 다른 사람들에게 물어보거나 책을 찾아보거나 하지도 않는다. 그러면서도 자신의 생각이 맞다고 확신하기 때문에 뱀을 만져볼 기회가 와도 뱀을 만지기를 거부한다. 그래서 뱀을 두려워하는 사람들은 뱀 가죽이 끈적거리고 지저분하다고 믿고 있는 것이다. 정작 사실이 아닌데도 말이다. 그 진실을 알아야만 뱀에 대한 두려움을 극복할 수 있다는 것은 때로 아이러니가 아닐 수 없다.

뱀의 경우처럼 사람들이 투자에 대해 느끼는 두려움도 사실은 검증되지 않은 것들이다. "물론 그것은 검증되지 않았다. 하지만 주식 시장이 미래에 붕괴하지 않는다는 것 역시 증명할 도리가 없지 않은가." 주식 시장에 공포를 느끼고 있는 사람들은 이렇게 말하면서 자신들의 두려움을 정당화할 것이다. 그런데 그들은 자신들이 두려워하는 (다른 이들은 오히려 그것을 좋아하는데) 사태가 이미 벌어졌었다는 것을 생각하지 못한다.

그럼 여기서 시장 붕괴에 대한 두려움이 과연 이성적인 것인가를 역사적 사실을 통해 살펴보도록 하자. (여기서 더 나아가기 전에, 이성적이라는 말에 대해 짚고 넘어가자. 실제로 어떤 두려움은 이성적이라 할 수 있다. 만약 호랑이가 당신을 향해 돌진해 온다면 당신이 두려워하는 것은 이성적인 행동이다. 그러나 강철로 된 울타리가 당신과 호랑이 사이에 놓여 있는데도 호랑이가 공격할까봐 두려워하는 것은 비이성적인 것이다. 재정적으로 성공하기 위해서는 비이성적으로 생각하는 것을 피하고 이성적으로 생각해야 한다.)

역사적으로 어느 시대이든 경제, 정치적으로 심각한 위기는 항상 있어 왔다. 그럼에도 1940년 이후 58년 동안 주식 시장은 77퍼센트나 상승했다. 그렇다면 오늘날의 문제가 과거보다 더 심각한가? 그럼 다음과 같은 일이 일어났을 때 당신은 어떤 느낌을 갖게 될까?

- 역사적으로 가장 유명한 대통령이 그의 집무실에서 죽었다.
- 노사 문제가 국가적으로 생각한 상태에 이르렀다.
- 강대국과의 긴장이 고조되고 전쟁설이 돌았다.
- 반미 감정이 높은 나라에서 핵실험을 했다.
- 미군이 수만 명을 전쟁에 내보냈다.
- 의회에서 수천 명의 개인적 삶에 관해 청문회를 열었다.

이런 시나리오는 적어도 오늘날 우리가 직면하고 있는 근심거리만큼이나 불안한 것이다. 많은 사람들이 이런 상황에서는 투자하는 것이 위험하다고 생각한다. 그러나 이럴 때일수록 큰 수익을 올릴 수 있다. 위에 언급한 사건들은 1945년부터 1954년까지 10년 동안 실제로 일어났던 일이다.

- 1945년 미국 국민들의 많은 사랑을 받았던 프랭클린 루스벨트(Franklin Roosevelt) 대통령이 그의 집무실에서 죽었다.
- 1946년 노동 조합의 지휘 아래 극심한 노사 문제가 발생했고, 심지어는 폭력적인 사태도 발생했다.
- 1947년 냉전이 시작되었다.
- 1949년 소련은 첫 핵실험에 성공했다.
- 1950년 미국은 수천 명을 한국 전쟁에 파견했다.
- 1952년 미국 정부는 철강 공장을 접수했다.

- 1953년 소련은 첫 수소 폭탄 실험에 성공했다.
- 1954년 미국 전체가 매카시즘(McCarthyism)에 휩싸였다.

그런데 그 10년 동안 증시는 연평균 18.4퍼센트나 성장했고, 수익을 올리지 못한 해는 단 2번(1946년에 8퍼센트 하락했으며, 1953년에 1퍼센트 미만 하락했다.) 이었다. 분명히 사람들은 계속되는 소련의 위협에도 불구하고 콘플레이크를 샀고, 핵 대피소를 만드는 동안에도 미국의 번영은 지속되고 있었다.

따라서 주식 시장에 두려움을 가지고 있는 사람들은 이러한 역사적 교훈을 머리에 새겨야 할 것이다. 그들은 주식 시세가 일시적으로 큰 폭으로 떨어졌다는 사실을 지적할 것이다. 그 말이 맞다. 과거에 주식 시장이 위와 같은 중요한 정치, 경제, 사회적 사건 때문에 5주간 평균 16퍼센트 하락한 적이 있다. 그러나 주식 시장을 두려워하는 사람들이 미처 몰랐던 것은 그렇게 하락하고 난 6개월 뒤에 시장은 15퍼센트 상승했으며, 위기를 겪고 난 1년 후에는 무려 22퍼센트까지 상승했다는 사실이다. 그렇다. 위기로 인해 증시가 하락할 수 있다. 그렇다고 증시가 회복될 수 없다는 의미는 아니다.

이런 경우를 보여주는 좋은 예가 1998년에 일어났다. 주식 시세가 1월 1일부터 7월 17일까지 17.2퍼센트가 오르다가, 7월 17일부터 9월 30일까지 급격히 떨어졌다. 그러나 10월 1일부터 그 해의 마지막 날까지 20.3퍼센트가 올랐으며, 연말에 28퍼센트의 수익을 올렸다.

결국 역사적으로 볼 때 우리는 많은 위기를 겪어왔다. 그러나 세상은 계속되고 있다. 만약 그렇지 않다면 어떻게 될 것인가? 다음 번 위기가 정말 커다란 위기여서 우리를 진짜 파멸시킨다면 어떻게 될 것인가?

그때에도 주식에 투자하는 편이 좋을 것이다. 만약 러시아가 미국에 핵폭탄을 떨어뜨린다면, 당신이 어디에 투자했든 그건 아무런 문제가 되지 않기 때문이다. 그런데 만약 핵폭탄이 터지지 않는다면, 아마도 당신은 주식을 사두었으면 좋았을 거라고 생각하게 된다. 다시 말해서 주식 시장을 두려워하는 당신이 옳다고 가정하고 세상의 끝이 가까워졌다면, 당신이 무엇을 하든지 그건 중요하지 않다. 그러나 주식 시장을 두려워하는 당신의 생각이 틀렸고 세상이 망하지 않고 존재한다면, 주식에 투자했더라면 좋았을 거라고 생각하게 될 것이다.

사람들이 주식에 투자하기를 두려워하는 또 다른 이유는 주가의 변덕이 매우 심하다는 것이다. 나름의 역사적 해석을 근거로 그런 주장을 정당화한다. 즉 1926년 이후 876개월 동안 주식으로 돈을 벌 수 있었던 시간은 총 기간의 60퍼센트 정도밖에 되지 않는다고 말한다. 이는 보통의 주식 투자자들이 안심하지 못할 만한 수치이다.

그러나 이러한 역사적 관점은 올바른 것이 아니다. 당신은 대륙횡단을 할 때 거리를 인치 단위로 말하는가 아니면 마일 단위로 말하는가? 주가가 변화하는 과정을 매일 또는 매달 지켜보는 사람들에겐 아마도 주식 시장이 시시각각으로 변하는 것으로 보일 것이다. 짧은 시간 동안에 많은 변화가 있기 때문이다. 그러나 길게 볼 때 주식 시장은 전혀 변덕이 심하지 않다. 1926년 이후 15

년 내지 20년 주기의 기복에도 불구하고 주식 시장은 성장을 했다. 그 기간을 통틀어 보면 증시는 수익을 올린 것이다. 그리고 수익의 90퍼센트는 보통 한 해의 6 내지 17퍼센트에 해당하는 기간 동안 벌어들인 것이다. 그렇다면 제대로 된 질문을 하려면 주식으로 돈을 벌 수 있을까를 물어야 하는 것이 아니라 "주식에서 얼마나 많은 돈을 벌 수 있을까?"를 물어야 한다.

역사를 한번 훑어보면 두려움을 극복하는 데 도움이 될 것이다. 하지만 역사를 바라보는 방식에 주의를 기울여야 한다. 너무 자세히 들여다보면 다칠 수도 있기 때문이다. 리처드 탤러와 그의 동료들이 1995년과 1996년에 시행한 조사는 시장을 자세히 들여다볼수록 그 시각이 더욱 왜곡된다는 것을 보여주었다.

실험에서 탤러는 학생들에게 주식과 채권으로 포트폴리오를 구성하라고 했다. 학생들은 1시간 동안 컴퓨터 앞에 앉아서 주식 시장이 25년 동안 변해온 과정을 보았다. 어떤 학생들에게는 시장이 200번 변화되어온 것을 보여주었다. 그것은 25년 동안 6주 간격으로 시장이 변화해온 과정이다. 그리고 또 다른 학생들에게는 오직 5번의 시장 변화만을 보여주었다. 5년 간격으로 시장이 변화해온 것을 보여준 것이다.

이러한 정보를 제시한 후에, 학생들에게 앞으로 40년 동안의 투자 전략을 세우게 했다. 결과를 보면, 시장이 자주 변화하는 과정을 본 학생들은 포트폴리오의 40퍼센트만을 주식에 배정했으며, 5번만 변화하는 과정을 본 학생들은 가진 돈의 66퍼센트를 주식에 투자했다.

시장을 자세히 볼수록 우리는 확신을 갖지 못하게 된다. 이 말도 믿을 수 없다면, 주식 시장을 두려워하는 사람들에게 직접 물어보면 될 것이다. 물론 그들은 20년 동안의 시장 변천 과정을 연구한 적이 없다. 하지만 그들은 매일 저녁 뉴스에서 주가지수 변동에 대한 소식을 접하고 있다. 이처럼 시장의 변동은 그들에게 두려움을 안겨주고 급기야는 그들을 주식 시장에서 내몰고 만다.

주식에 대한 두려움을 극복하는 또 다른 방법은 그러한 두려움을 숫자로 바꾸어 표현하는 것이다. 특히 현재 주식 시세가 너무 높다고 여겨진다면 이런 식으로 생각해볼 필요가 있다. 만약 주식 시장이 과열되어 있다면, 많은 사람들이 앞날을 우려하며 지금은 투자하기에 적합하지 않은 시점이라고 생각할 것이다.

자, 이제 여러분에게 두 가지 질문을 던져보겠다.

1. 현재의 다우지수를 1만 1,000이라고 가정하고 20년 후의 다우지수를 산출해보라.

　　　당신의 대답은 _____

2. 향후 20년 동안의 연평균 수익률은 얼마나 될까?

　　　당신의 대답은 _____

분명 많은 사람들이 이 질문에 대답하기 어려울 것이다. 특히 두번째 질문은 더욱 어렵다. 그럼 다음의 자료를 참고하여 다시 대답해보라.

- 1926년 이후 S&P 500지수에 의해 산출된 증시의 평균 수익률은 연간 12퍼센트이다.
- 1982년 이후 증시의 연평균 수익률은 연간 15퍼센트였다.
- 1993년 이후 증시의 연평균 수익률은 연간 25퍼센트였다.

이 자료를 기초로 하여 다시 두번째 질문에 답해보라.

앞으로 20년 동안 연평균 수익률은 얼마나 될까?

　　　당신의 대답은 ＿＿＿＿＿＿＿＿＿＿

　당신의 대답이 달라졌는가? 아마 대부분의 사람들이 그러했을 것이다. 그럼 어떤 추측이 보다 정확하다고 생각하는가? 첫번째인가, 아니면 두번째인가? 많은 사람들이 두번째 대답에 보다 확신을 가질 것이다. 왜냐하면 두번째는 통계적 자료의 도움을 받아서 산출된 것이기 때문이다. 결국 이러한 사실로 인해 알 수 있는 것은, 시장을 자세히 연구해봄으로써 우리가 하는 일에 대해 좀더 확신을 얻게 되었다는 것이다. 다시 말하면, 주식에 대해 좀더 여유 있는 태도를 취하게 되었다는 것이다.

　이제 자신의 예측에 확신을 가지게 되었으니 당신이 첫번째 질문에 제시했던 답을 번복할 기회를 주겠다.

　현재의 다우지수(지금 여기서는 1만 1,000이라 하자)를 기초로 해서 20년 후의 다우지수를 산출해보라.

당신의 대답은 _____

　내 세미나 참석자들에게 이 같은 질문을 해보면, 대부분은 다우지수의 향후 연평균 수익률에 대한 예상을 번복한다. 그러나 다우지수에 대한 예측은 바꾸지 않는다. (바꾼다 하더라도 아주 근소한 차이가 있을 뿐이다.) 이는 대부분의 사람들이 연평균 수익률을 계산하는 것은 어려워하지만, 다우지수를 예측하는 것만은 자신 있어 한다는 것을 의미한다. 결국 당신은 연평균 수익률을 예측하는 것은 어려운 수학 문제라고 치부하면서도 주식 시장을 안다고 말하는 것이다.

　세미나에서의 경험을 토대로 볼 때, 당신은 아마 다우지수의 평균 수익률이 대략 10에서 15퍼센트 사이일 것이라고 예측할 수 있으리라. 내 세미나에 참석한 사람들 중 80퍼센트가 실제로 그렇게 답했다. 물론 얼마 되지는 않지만, 수익률이 25퍼센트 이상 된다고 믿는 사람들도 있었다. 그리고 때로는 7에서 8퍼센트의 수익률을 올릴 것이라고 예상하는 사람들도 있었다. 그러나 수익률이 5퍼센트 미만일 거라고 말하는 사람은 거의 없었다. 수익률이 오히려 마이너스가 될 것이라고 말하는 사람은 지금까지 1명도 보지 못했다. (실제로 당신이 대답한 수익률이 양수(+)라면, 당신은 주가가 20년 후에 더 오를 거라고 보는 것이다. 그렇다면 왜 주식에 투자하기를 두려워하는가?)

　만약 다우지수의 연평균 수익률이 사람들이 말하는 것처럼 된다면, 20년 후의 다우지수는 얼마가 될지 알아보자.

- 다우지수가 연평균 7퍼센트의 수익을 올린다면 20년 후에는 4만 4,000이 될 것이다.
- 다우지수가 연평균 10퍼센트의 수익을 올린다면 20년 후에는 8만 8,000이 될 것이다.
- 다우지수가 연평균 12퍼센트의 수익을 올린다면 20년 후에는 11만 7,000이 될 것이다.
- 다우지수가 연평균 15퍼센트의 수익을 올린다면 20년 후에는 17만 6,000이 될 것이다.

다우지수가 그만큼의 수익률을 올린다는 것을 말하려는 게 아니다. 단지 나는 그런 수익률이 생길 때 수학적 계산이 어떻게 나오는지를 보여주고 싶을 뿐이다. 그러니까 연평균 3.5퍼센트의 수익률이라면 다우지수는 2만 2,000이 된다는 것이다.

여기서 또 한 가지 질문을 해보자. 다우지수의 수익률이 7퍼센트, 10퍼센트, 12퍼센트, 15퍼센트, 아니면 3.5퍼센트가 될 것이라고 예측한다고 할 때, 과연 당신은 이 수익률에서 산출될 수 있는 정확한 다우지수를 알고 있었는가?

아마도 그러지 못했을 것이다.

이것은 당신이 가설 검증을 거치지 않고 시장을 예측한다는 것을 의미한다. 당신은 "난 증시에서 10퍼센트의 수익률을 올릴 수 있다고 생각해."라고 말하지만, 그러한 말이 잘못된 결정을 내리도록 만든다는 것을 검증하려 들지 않는 것이다. 향후 20년 동안 연평균 10퍼센트의 수익률을 올릴 거라고 말하면 아무도 놀라지 않지만, 다우지수가 8만 8,000이 될 거라고 말하면 모든 사람들이 놀라워한다. 다우지수가 25퍼센트의 수익률을 올릴 것이라고 예측하는 사람들은 향후 다우지수가 2만이 될 것이라고도 예측하기도 하고, 5퍼센트의 수익률을 예측하는 사람들은 다우지수가 1만 2,000이 될 것이라고 보기도 한다.

그리고 이들 모두 현재의 다우지수 9,500이 '너무 높다'고 걱정한다.

만약 현재의 장세가 '너무 높다'고 생각한다면, 당신은 과거를 보는 것이지 미래를 보는 것이 아니다. 분명 다우지수 9,500은 다우지수가 5,000이었던 1996년이나 다우지수가 3,000이었던 1990년에 비해 높아 보일 것이다. 그러나 우리는 백미러를 보면서 운전하지는 않는다.

왜 앞을 바라보지 않고 지나온 곳을 바라보는가. 저 멀리 지평선을 바라보아야지 앞차의 범퍼를 바라보아서는 안 된다.

욕심 : 시장에 대한 과신

불행히도 어떤 사람들은 20년 후에 다우지수가 15만 5,000이 된다고 생각하면서 몹시 흥분한다. "더 이상 기다릴 수 없어! 빨리 주식을 사야지!"

욕심은 시장에 대한 과신에서 비롯된다. 건전한 재정 상태를 유지하려 할 때 이것은 시장에 대한 두려움 못지 않게 위험하다.

당신이 주당 20달러의 주식을 사기로 결정했다고 하자. 그럼 당신은 그 주식이 얼마가 되면 팔겠는가?

내 세미나에 참석한 사람들 중 90퍼센트는 30달러나 40달러에 팔겠다고 말했다. 놀랄 만한 대답이다. 20달러에 산 주식을 24달러에만 팔아도 20퍼센트의 이익을 보는 것이다. 그런데 24달러는 별로 많아 보이지 않는 모양이다. 사람들은 은행 CD로 4퍼센트의 수익을 올렸을 때는 그다지 실망하지 않는다. 그러나 주식에 대해서만큼은 50퍼센트(30달러)나 100퍼센트(40달러)의 수익을 기대한다. 정말이지 당신은 욕심꾸러기 꼬마 돼지이다. 월스트리트에는 다음과 같은 격언이 있다. "황소나 곰은 돈을 벌지만, 돼지는 도축당할 뿐이다."

한 가지 더 얘기해보자. 혹시 파는 가격을 20달러 밑으로 잡았는가? 내 세미나에서 그렇게 대답한 사람은 1명도 없었다. 그렇다면 주가가 떨어지는 일은 절대로 없다는 얘기이다.

물론 당신은 "떨어질 주식을 왜 사겠어요?"라고 말할 것이다. 내 세미나가 들을 만한 가치가 있는 것이라면, 주식이 떨어지는 일은 결코 생기지 말아야 한다. 모든 사람들이 얼마를 벌 수 있는지에만 초점을 맞춘다. 그들은 돈을 잃을 수도 있다는 것을 절대 고려하지 않는다. 자신들이 매입한 주식의 가치가 떨어질수도 있다는 사실은 생각하지 않는다.

그러다가 주가가 폭락하기라도 하면 충격을 받을 것이다. 충격은 예측하지 못했던 것이 일어날 때 발생한다. 충격을 받았을 때, 그 다음 반응은 두려움이다.

그렇게 당신은 우리가 시작한 처음으로 돌아가게 되는 것이다.

낙관주의 : 자신에 대한 과신

이제 다음 주제로 넘어가보자. 욕심이 시장에 대한 과신을 뜻하듯이, 낙관주의는 자신에 대한 과신을 뜻한다.

리처드 탤러는 낙관주의가 어떤 것인가를 보여주기 위해 자신이 가르치는 MBA 학생들에게 이번 학기에 자신의 학급 석차가 어느 정도일지 무기명으로 써서 제출하라고 했다. 1998년에 질문을 받은 125명의 학생 전부가 자신이 평균 이상일 것이라고 예측했다. 분명히 반은 틀렸다. 다니엘 칸만이 알아낸 바에 의하면, 대부분의 대학생들이 자신은 자신의 룸메이트보다 암으로 죽을 가능성이 적다고 믿고 있다고 한다. 그리고 대부분의 학생들이 자신의 유머 감각이 뛰어나다고 믿고 있다는 것이다. 물론 많은 사람들이 잘못 생각하고 있다.

돈과 관련된 일에 있어 과신은 사람들을 위험에 빠뜨릴 수 있다. 과신 때문에 돈 문제에서 커다란 위험을 자초할 수 있다는 뜻이다. 당신은 물론 미래의 이율이나 통화 변동, 주가를 기초로 투자할 것이다. 하지만 불행히도 당신은 자신을 과신하고 있다. 그리고 당신은 낙관주의 때문에 곤란을 겪게 된다. 학술 보고서에 따르면, 낙관주의자는 다음과 같은 경향이 있다고 한다.

- 자신의 재능을 과장한다.
- 실제보다 투자에 더 능숙하다고 생각한다.
- 자신의 지식을 과대평가한다.
- 자신의 상황 조절 능력을 과장한다.

- (그리고 이 모든 것으로 인해 그들은) 자신들이 처해 있는 위험을 과소평가한다.

이러한 특징들은 다니엘 칸만의 제자인 테런스 오딘(Terrence Odean)의 연구에서 나타났다. 그는 주요 할인증권 중개회사의 1만 개나 되는 계좌에서 거래되는 수십만 건의 거래들을 조사했다. (할인증권 중개회사에서는 투자자들이 증권 중개인의 도움 없이 주식을 사고 판다.) 그는 여기서 투자자들이 주식을 팔고 그 즉시 다른 주식을 샀는데, 그들이 산 주식보다 판 주식이 3.4퍼센트 이상 오른다는 것을 알았다. 거래 비용을 더하면 투자자는 이 과정에서 5퍼센트의 손실을 본 것이다. 분명히 투자자들은 앞으로 오를 주식을 고를 수 있다며 자신의 능력을 과신한 것이다. 차라리 아무것도 하지 않은 것만 못했다.

우리 회사를 찾아오는 사람들 중에서도 이런 태도를 갖고 있는 사람들을 많이 보아 왔다. 그들은 다음과 같은 이야기를 한다.

- 나는 주식에 투자할 돈이 있습니다. 그리고 그 주식은 이제 금방 오를 거라는 걸 알아요.
- 나는 큰 회사에서 일해요. 내가 일하는 곳이니까 우리 회사의 사정을 잘 알지요. 그래서 401(k)에 넣어둔 돈을 전부 우리 회사 주식에 투자했습니다.
- 내가 투자한 것 중 하나는 다른 것들보다 나아요(또는 못해요). 그래서 나는 다른 곳에 투자한 돈도 여기로 옮기고 싶어요(또는 이 돈을 다른 데로 옮기고 싶어요).

- 나는 뉴스에서 《 이 칸에는 사실을 써넣을 것 》를 들었어요. 그래서 《 이 칸에는 예측한 내용을 써넣을 것 》한 일들이 일어날 거예요. 그래서 나는 《 이 칸에는 거래한 내용을 써넣을 것 》할 거예요."

월스트리트에 전해오는 속담이 있다. "천재를 호황과 연관시키지 마라. 과신하지 마라. 그로 인해 파멸할 수 있다."

비관주의 : 자신에 대한 확신의 부족

비관주의는 자신에 대한 확신의 부족이다. 많은 사람들이 "당신은 낙관주의자입니까?"라는 질문에는 부인하지만, 자신이 비관주의자라는 데는 동의한다. 그들은 주식에 투자하고자 하지 않는다. 제대로 된 주식을 고를 수 있는 능력이 없다고 생각하기 때문이다.

다음 질문을 생각해보라.

"당신은 가장 좋은 뮤추얼펀드를 고를 수 있습니까?"

당신은 아마 쓴웃음을 지으며, "아니다."라고 답할 것이다. 당신은 투자 종목을 고르는 데 익숙지 않다는 것을 알고 있다(종종 과거의 경험을 통해서). 그래서 시도해보려고도 하지 않는다.

이것은 비관주의를 아주 잘 보여주는 예이다. 이처럼 자신의 능력에 대한 확신이 부족하면 투자로부터 멀어지게 된다. 이러한 심리적 현상은 불가피한 것이다. 당신이 생각하는 것만큼 자신이 투자에 서툴다면, 증권에서 손을 떼는 것이 옳은 일이다. 그렇다면 상황을 좀더 자세히 들여다보자.

간단한 질문부터 해보자.

"당신은 매년 최고의 뮤추얼펀드를 고를 수 있습니까?"

물론 그렇지 않다고 대답하리라 확신한다. 시장에 나와 있는 1만 개의 뮤추얼펀드 가운데 최고의 수익률을 올릴 펀드를 고를 확률은 0.0001퍼센트이다. 이것은 거의 불가능하다는 것을 당신도 알고 있다. 그래서 시도조차 해보려 하지 않는 것이다.

개인 투자자를 위한 잡지에서는 종종 사람들의 이러한 감정 상태에 호소한다. 그들은 '올 여름 최고의 수익을 올릴 6가지 주식'을 제시하면서, 자신들은 어떤 것이 최고의 주식인지 아는 척한다. 그리고 그들이 할 수 있는 걸 당신은 할 수 없다는 식으로 당신의 부족함을 절감하게 만든다. 그들은 지면과 방송을 통해 '수익을 낼 수 있는 주식'을 예측하면서, 그들처럼 제대로 된 선택을 하지 않는다면 당신에게는 재정적 파멸만이 기다린다고 생각하게 만든다. 이러한 것들 때문에 당신은 시장에 발을 들여놓기를 주저하는 것이다.

이런 상황에서 가장 흥미로운 부분은, 비관주의자들이 자신은 최고의 펀드를 고르지 못한다는 것을 알면서도 최악의 펀드를 고르는 것 역시 쉽지 않다는 것을 자각하지 못한다는 것이다. 만약 그들이 최악의 펀드를 골랐다 해도 그것은 잘 된 일이다. 왜냐하면 최악의 펀드라 해도 지난 10년 동안 CD보다 높은 수익을 올렸기 때문이다. 개인 투자자를 위한 잡지에서는 아마도 당신이 이러한 사실을 모르기를 바랄 것이다. 당신이 그걸 알아버리면 '최고의 선택'을 하기 위해 그들에게 의지할 필요가 없어지기 때문이다.

그리고 여기서 가장 중요한 점은, 당신이 최악의 펀드를 고를 가능성 역시 거의 없다는 것이다. 오히려 평균 수준의 펀드를 선택할 확률이 높다. 평균 수준의 펀드라 해도 당신이 재정적 성공을 이루는 데는 충분하다.

그러므로 당신은 비관주의를 버려야 한다. 최고의 펀드를 고르지 못한다고 걱정할 필요가 없다. 주식은 1등에게만 상금이 돌아가는 경마와는 다르다. 최고를 선택할 필요는 없다. 오히려 당신은 편자 던지기 놀이를 하고 있는 것이다. 가까울수록 이길 확률이 높아진다. 워렌 버펫은 이런 말을 한 적이 있다. "정확히 틀린 것보다 대략적으로 맞는 게 낫다."

후회 : 자신이 하지 못한 것을 바라는 것

후회는 자신이 하지 못한 어떤 것을 바라는 것이다. 후회는 자신을 바보처럼 느끼게 만든다. 어느 누구도 그런 감정을 느끼고 싶어하지 않기 때문에, 사람들은 후회하지 않기 위해 어떤 일이든 하게 된다. 후회는 강력한 감정이다. 그리고 행동주의 재정학의 중요한 연구 대상이기도 하다.

리처드 탤러는 사람들이 후회를 피하기 위해 어떤 일들을 하는지 그 예를 보여준다. 당신과 동생이 똑같은 재정 상태에 처해 있다고 하자. 그리고 둘 다 투자에 대한 태도가 같다고 하자. 그런데 갑자기 당신의 삼촌이 돌아가셨다. 삼촌의 유언장을 보니 당신에게는 1만 달러 상당의 재무부 단기 채권을 물려주었고, 동생에게는 위험성이 높은 첨단 산업 주식을 물려주었다고 하자. 둘다 이런 투자 내용이 만족스럽지 않다. 재무부 채권은 너무 보수적이고 주식은 너무 위험하다. 그럼 두 사람은 어떻게 할 것인가?

탤러의 연구에 따르면 ― 그 연구 결과는 내 재정 자문 회사에서 얻은 체험을 통해서도 충분히 확인된 내용이다 ― 당신은 아무 일도 하지 않을 가능성이 높다고 한다. 상속받은 걸 팔아버리는 일은 잘못된 것이라고 생각하기 때문이다. 사람들은 현명한 일을 하지 못하는 것보다 멍청한 일을 하게 될까봐 더 두려워한다. 당신은 이렇게 말할 것이다. "난 잃을지 모르는 주식을 사는 것보다 안전한 재무부 채권을 가지고 있겠어." 동생은 말할 것이다. "난 안전한 채권보다 오를 가능성이 높은 주식을 가지고 있겠어."

투자자들은 후회하지 않기 위해 바보 같은 짓을 한다. 그들은 가치가 폭락한 주식을 여전히 가지고 있을 것이다. 왜냐하면 사람들은 자신이 주식을 팔지 않았기 때문에 돈을 잃지 않았다고 생각하는 경향이 있기 때문이다. 주식을 파는 것은 자신의 실패를 인정하는 것이고, 그것은 후회를 남기기 때문이다.

자신의 감정 때문에 그러한 행동을 하는 것은 불행한 일이다.

수학은 그와 반대로 하는 것이 최선이라는 것을 보여준다. 가령 당신이 주식에 1,000달러를 투자했다고 하자. 그런데 갑자기 50퍼센트가 떨어져 500달러가 되었다고 해도 당신은 그것을 팔려고 하지 않을 것이다. 판다는 것은 당신이 실패했다는 걸 인정하는 것이기 때문이다. 낙관적인 요소가 있다 해도 올바른 판단을 하지 못하게 만든다. 그래서 당신은 주식이 원래의 가격대로 회복되기를 기다리면서 그것을 계속 가지고 있다. 이러한 전략에는 생각해봐야 할 여러 가지 문제점이 있다.

- 500달러가 1,000달러가 되려면 100퍼센트의 수익을 올려야 한다. 단지 50퍼센트만이 떨어졌다고 해도 말이다. 그러니 떨어지는 것보다 올라가는 것이 2배나 더 어렵다.
- 실제로 주식 투자로 100퍼센트의 수익을 올릴 수도 있다. 그러나 다른 투자로 그 목표에 도달하는 것보다 훨씬 더 긴 세월이 걸릴 것이다. 가지고 있던 것을 팔고 다른 것을 사지 않으면 가까운 미래에 있을 수 있는 좋은 기회를 놓치는 셈이 될 수 있다.
- "내가 팔기 전까지는 잃은 게 없다."라고 당신을 생각하겠지만 이러한 감정은 다른 사람에게는 공감을 불러일으키지 못한다. 가령 어떤 사람이 당신 차를 산다고 하자. 가격은 1만 달러에서 합의를 봤다. 그런데 그 사람이 현재 가격이 5,000달러인 주식으로 대신 그 값을 치르겠다고 한다면 당신은 거절할 것이다. 이때 그 사람은 말한다. "하지만 이건 내가 살때만 해도 시가가 1만 달러였는걸요." 이런 말은 그 사람에게

만 통하는 얘기이다.

또 다른 예가 있다. 모든 돈을 한꺼번에 투자하는 가장 좋은 방법은 잘 분산해서 투자하는 것이다. 그것은 당신도 알고 있다. 그러나 많은 사람들은 갑자기 투자할 돈이 생길 경우 적은 액수를 오랫동안 투자하기를 원한다. 달러평균원가법을 적용하기 위한 것이라고 하지만, 사실 이것은 제대로 된 달러평균원가법이 아니다. 그것은 단지 서툰 투자에 불과하다. 그래도 사람들은 그렇게 한다. 한꺼번에 모든 돈을 투자하고 난 후 시장이 조만간 폭락할까봐 두려워하기 때문이다. 그래서 달러평균원가법으로 후회할 일을 피하려는 것이다. 다니엘 칸만이 지적했듯이, 그러한 행동을 한다면 후회할 일은 없겠지만 당신은 부자가 될 수 없다.

뒷북치기 : 과거를 과장하려는 경향

뒷북치기는 과거를 과장하려는 경향으로, 후회와 밀접한 관련이 있다. 우리는 과거를 돌아보면서 그때 다르게 했더라면 하고 후회한다. 그리고 종종 자신이 한 실수에 대해 꾸짖기도 한다. 왜 그렇게 멍청한 짓을 했을까? 이러저러하게 하면 됐을 텐데 왜 그렇게 하지 않았을까?

하지만 당신이 그때 그렇게 한 이유는 그럴 만한 충분한 이유가 있었기 때문이다. 뒷북친다는 것은 이처럼 나중에 돌이켜보고 과거의 행동이 효과적이지 않았다는 것을 깨닫는 것이다. 하지만 당시에는 그것을 알 도리가 없다.

나는 최근 한 TV 진행자의 전화를 받았다. 그는 자신의 재정 고문을 해고해야 할지 말아야 할지를 물었다. 그는 지난 4년간의 수익이 14퍼센트였다고 설명했다. 나쁘지 않았다. 그러나 미국 주식 시장의 평균 수익률은 이보다 높았다. "음, 모든 돈을 미국 주식에만 투자했나요?"라고 물었다. 만약 그렇다면, 그의 재정 고문이 주식을 제대로 골라주지 못했다는 데 동의한다.

"아니요, 전 아주 높은 비율로 분산 투자를 했어요. 주식은 물론 채권과 부동산 그리고 국제 채권을 가지고 있습니다."라고 그는 대답했다.

그렇다면 아무런 문제가 없다고 나는 설명했다. 지난 4년간 미국 주식은 다른 자산 항목보다 수익률이 높았다. 그러므로 그가 분산된 포트폴리오를 가지고 있었다면 14퍼센트의 평균 수익률은 매우 타당한 것으로 보였다. 특히 그가 보유한 일부 자산 항목이 지난 4년간 손해를 보았다는 것을 감안하면, 그 정도의 수익도 대단한 것이다.

"그게 바로 내가 하고 싶은 이야기예요. 내 재정 고문이 모든 돈을 주식에 넣었다면 훨씬 더 많은 돈을 벌었을 거예요. 그런데 그는 한 다발의 쓸모없는 국제 채권을 쥐어주었다니까요. 그것 때문에 그를 해고해야 한다고 생각해요."라고 그가 말했다.

이 사람은 자신이 뒷북을 치면서 속상해하고 있다는 것을 모른다. 이것은 후회의 감정을 일으킨다. 돌이켜보면 미국 주식이 다른 나라의 주식보다 높은 수익을 올렸다는 것을 쉽게 알 수 있다. 그러나 그러한 것을 4년 전에는 알 수가 없었다. 다시 그때로 돌아가서, 미국 주식을 샀다고 하자. 만약 국제 채권이 미국 주식의 수익률을 앞질렀다면, 그는 이번엔 미국 주식의 낮은 수익률에 불만을 표시할 것이다. 그리고 당시에 재정 고문이 돈을 모두 미국 주식에 투자해야 한다고 조언했다면 그는 그것은 너무 위험하다며 반대했을 것이다. 그런데 지금에 와서 자신의 재정 고문이 미국 주식에 전부 투자하지 않았다는 이유로 불평하는 것이다.

여기서 가장 중요한 것은 그가 4년 전의 상황으로 돌아갈 수 없다는 것이다. 이런 경우는 결코 예외적인 상황이 아니다. 다니엘 칸만의 연구에 따르면, 대부분의 사람들은 자신이 과거에 예측했던 내용을 기억하지 못한다고 한다. 그렇게 할 수 있는 사람은 거의 없다는 것이다.

방송에 나와서 얘기하는 사람에게는 그것이 아주 치명적인 약점이다. 수십 명의 시장분석가, 경제학자, 그리고 펀드매니저들이 의기양양한 모습으로 방송에 나오면 사회자가 질문을 한다. "어떤 종목이 유망합니까? 추세가 어떻습니까? 요즘은 어떻죠? 당신은 어디에 투자하고 있습니까?"

이들이 자신이 고른 유망주에 대해 장황하게 떠들면, 당신은 그들의 능력과 확신에 찬 태도에 깊은 감명을 받을 것이다. 그런데 사회자가 그들에게 절대 물어보지 않는 두 가지 질문이 있다.

- 지난번 출연했을 때는 어떤 종목을 추천하셨죠?
- 그때 추천해주신 종목은 지금 어떻게 되었나요?

사람들은 자신이 지난번에 한 예측에 대해서는 기억하지 않는다. 그것을 증명하기 위한 예로, 정치 얘기를 해보자.

미네소타 주의 주지사인 제시 벤추라(Jesse Ventura)는 37퍼센트의 득표율로 당선되었다. 그런데 당선 4개월 후 조사에 따르면 80퍼센트의 사람들이 그에게 투표했다고 대답했다. 그럼 43퍼센트는 고의적으로 거짓말을 하고 있는 것인가? 아니면 낙관주의적 태도로 인해 자신이 당연히 당선자에게 투표했을 거라고 생각하고 그렇게 말하는 것인가? 당신의 생각은 어떤가?

이제 이런 현상을 증시에 적용해보자. 1998년 1월 1일부터 7월 17일까지 S&P 500지수는 16퍼센트의 수익을 올렸다. 그리고 7월 17일부터 10월 8일까지는 1987년 이래 최고로 폭락했다. 그리고 10월 9일부터 연말까지 증시는 28.1퍼센트의 수익을 올려 떨어진 만큼 빨리 회복했다.

오늘날 많은 사람들이 주식 시장은 갑자기 폭락하기도 하고 갑자기 회복하기도 한다는 사실을 알고 있다. 그런데도 뒷북치기는 '시장이 그런 방향으로 움직일 걸 미리 알았어야 했어'라고 생각하게 만든다. 그 생각은 한편으로 과신을 부추길 수도 있다. 왜냐하면 시장의 변동 방향을 미리 알았어야만 한다고 생각한다면, 이제 다음번에는 그것을 예측할 수 있다고 생각할 수도 있기 때문이다. 물론 우리는 그것을 예측할 수 없다.

당신이 굳이 과거를 돌이켜보고 싶다면, 역사 공부하는 마음으로 되돌아보아야 한다. 결코 왜 그것을 했고, 그것을 왜 하지 않았는지에 대해 따지려 들지 마라.

퀼팅(누빔) : 뜨거운 손의 오류

　사람의 마음이란 있지도 않은 곳에서 실마리를 찾으려고 한다. 투자의 세계에서는 그것을 '뜨거운 손의 오류(hot hand fallacy)' 라고 부른다. 예를 한번 보도록 하자.

　8명의 자산 관리사 집단을 3년 동안 지켜본다고 하자. 그 중 한 사람은 3년간 최고의 수익을 올릴 것이며, 또 다른 한 사람은 최악의 수익률을 보여줄 것이다. 그리고 나머지는 그 양극 사이에 위치할 것이다. 그럼 이 관리사들의 이름을 A에서 H까지 지어주도록 하자.

　1년 후 관리사 E, F, G, H가 관리사 A, B, C, D보다 더 많은 수익을 올렸다고 하자.

　그리고 두번째 해에는 관리사 G, H가 관리사 E, F보다 더 많은 수익을 올렸고, 세번째 해에는 지금까지 가장 잘해온 두 사람 중에 G가 H보다 더 큰 수익을 올렸다고 하자. 그래서 관리사 G가 3년간 평균 수익률을 넘긴 유일한 관리사라고 해보자. 그럼 분명히 G가 최고의 자산 관리사일 것이다.

　그런데 이 모든 것은 다 우연일 뿐이다. 결국 누군가 다른 사람들보다 3년간 최고의 기록을 세웠다 하더라도 그것은 그의 기술이나 재능과 아무런 연관성이 없다. 수학적으로 말하자면 누군가가 최고가 될 뿐이다.

　그러나 경제 잡지에서는 이런 문제를 전혀 개의치 않는다. 그들은 G라는 관리사를 끄집어 내어 표지에 실을 것이고. 또한 TV와 신문의 인터뷰 요청이 끊이지 않을 것이다. 그의 회사는 그가

한 업적에 대해 대대적인 광고를 할 것이고, 투자자들은 그에게 돈을 맡길 것이다. 그러다 그 '뜨거운 손(hot hand)'이 식었을 때, 사람들은 무엇이 잘못되었는지 의아해할 것이다.

물론 '잘못된 것'은 없다. 그는 우연히 그렇게 잘했던 것일 뿐이다. 곧이어 그가 잘하지 못하게 된 것도 우연이다. 내가 말장난하는 것 같아 보이면, 웨스트민스터 대학 수학과 부르스 베미스(Bruce Bemis) 교수가 정리해놓은 야구 통계를 보도록 하라. 그는 모든 선수들의 타율이 2할 5푼인 리그일지라도 적어도 한 사람은 20게임 연속 안타를 칠 수 있다는 것을 보여주고 있다. 그와 유사한 연구에 따르면, 경기에서 안타를 하나도 못 친 선수가 나올 경우 그것은 큰 화젯거리가 되곤 하지만, 수학에서 예측하는 것만큼이나 안타를 못 치는 선수들은 많이 나올 수 있다. 그렇게 되면 팬들은 그들에게 야유를 퍼부을 것이다.

야구말고도 또 다른 예가 있다. 1985년 트베르스키가 대학 동료인 길로비치(Gilovich), 밸런(Vallone)과 함께 공동 진행한 농구 시합에서의 연구에서, 팬들의 생각과 달리 선수들은 그렇게 잘하지도 못하지도 않았다는 것을 보여주었다. 수백 회의 경기에서 선수들의 플레이와 자유투를 포함한 모든 슛을 분석한 결과, 그들이 발견할 수 있었던 유일한 편차는 순전히 임의적인 확률에 의한 것이었다. 분명히 '뛰어난' 선수라는 말은 단지 일어나지 않을 것 같은 일을 성공시킨 선수에게 따라붙는 말이었다.

금융 시장 자료에서는 이러한 사례를 더 많이 볼 수 있다. 만약 뛰어난 업적이 '운'이라기보다 능력 때문이라면, 그 뛰어난 투자는 계속 이어질 것이다.

그러나 그러한 일은 일어나지 않는다.

- 펀드 투자회사 SEI 이퀴티 유니버스(SEI Equity Universe)의 5년여 동안의 연구에 따르면, 전체 상위 25퍼센트 안에 속해 있던 뮤추얼펀드의 52퍼센트는 나중에 하위 50퍼센트 안에 들었다. 그와 함께 하위 25퍼센트 안에 들었던 50퍼센트의 펀드는 나중에 상위 50퍼센트 안에 들었다.
- 펀드 평가회사인 모닝스타(Morningstar)의 별 5개짜리 펀드를 3년간 별도로 연구한 바에 따르면, 연구가 끝날 무렵 63퍼센트 정도가 평균 수익률 아래로 떨어졌다.
- 펀드 평가회사인 리퍼(Lipper)에서 부침이 많았던 5년 동안 최상위 펀드에 관해 조사해본 결과, 최상위 펀드의 42퍼센트가 다음 분기에 하위 두 단계까지 떨어지고 하위에 있었던 펀드 중 36퍼센트는 상위 두 단계까지 상승했다.
- 포브스 어너 롤(Forbes Honor Roll : 경제전문지 「포브스」에서 매달 선정하는 우수 펀드 - 역주)이란 것이 생긴 지 10년 후, 그 목록을 장식했던 펀드의 수익률은 산업 평균 수익률보다 24퍼센트 적었다.

이는 최상위에 오른 펀드라고 해서 그러한 성적을 계속 유지하는 것은 아니라는 사실을 보여준다. 퀼팅(quilting)의 피해자가 되어서는 안 된다. 당신이 좋아하는 퀼팅과 달리 투자는 일정한 패턴을 보여주지 않는다.

손해 혐오증 : 손해 보기를 싫어하는 증상

이러한 현상은 대부분의 사람들이 이익보다 손해 보기를 무척 싫어한다는 걸 보여준다. 손해를 입느니 차라리 이익을 올릴 수 있는 기회를 날려버리겠느냐고 물으면 대부분의 사람들은 그렇게 하겠다고 말할 것이다.

동전 던지기의 예를 들어보자. 당신이 진다면 100달러를 잃게 된다. 이것이 할 만한 내기가 되기 위해서는 이겼을 때 얼마의 돈을 따야 할까?

당신의 대답은 _____

전문가들에 따르면 평균적인 대답은 200에서 250달러라고 한다. 만약 200달러라고 이야기했다면, 이겨서 벌어들이는 것보다 져서 잃는 것을 2배나 나쁘게 생각한다는 뜻이다. 내 세미나 참석자들에게도 자주 이와 같은 질문을 하는데, 그때마다 상금이 1,000달러여야 한다고 말하는 사람이 있다. 그런 사람은 잃는 것을 너무도 싫어하기 때문에 게임을 하는 데 무려 10배의 상금을 주어야 한다고 주장하는 것이다. (당신이 100달러라고 대답했다면, 축하한다. 당신은 이성적으로 대답한 것이다.)

그럼 동전 던지기 게임을 다시 한 번 해보자. 이번에는 다른 규칙을 설정해보자. 당신이 이기면 100달러를 받을 것이고, 진다면 200달러를 잃게 될 것이다. 이러한 내기를 받아들이겠는가?

당신의 대답은 _____

물론 당신의 대답은 "아니오."일 것이다. 아무도 이러한 내기를 받아들이지 않을 것이다. 그러나 이것은 첫번째 게임에서 당신이 요구했던 것과 똑같은 시나리오이다. 당신은 100달러를 잃을 수 있다. 그러나 당신은 상대편은 200달러를 잃을 수 있기를 바란다. 결국 이렇게 규칙을 바꾸면 당신은 내기를 거부하게 된다. 이런 부분에 대해서 당신이 비합리적으로 반응한다는 것을 자각했으면 좋겠다.

당신은 그러한 내기를 할 상대를 찾을 수 없기 때문에 아마도 내기를 할 수 없을 것이다. '25퍼센트의 수익률에 아무런 위험 부담이 없는 투자'를 원한다고 심각하게 말하는 사람을 많이 봐왔다. 물론 나는 그러한 투자를 제시할 수 없다. 결국 그들의 돈은 수십 년간 은행에서 잠잘 것이고, 연이율은 3퍼센트에 지나지 않을 것이다.

얼마 전 한 여성이 어떻게 돈을 모아야 하느냐고 내게 물었다. 난 뮤추얼펀드를 제안했다. "그런데 거기에는 세금을 내야 하지 않나요?"라고 그녀가 물었다. 나는 물론 이익에 따라 세금이 매겨진다고 대답했다. 그러자 그녀는 뮤추얼펀드에 관심이 없다고 말했다. 결국 그녀는 저축도 하지 못하고 돈도 모으지 못했다.

아무도 그 조건을 충족시켜줄 수 없는 비합리적인 요구를 한다면 부를 쌓을 수 있는 소중한 기회를 놓치게 된다. 손실도 기꺼이 받아들일 수 있어야만 이익을 거둘 수 있다. 지나친 보신주의를 버리지 않으면 많은 부를 쌓을 수 없다. 그 사실을 믿지 못하겠다면 분산 투자에 대해 이야기한 부분을 다시 읽어보라.

임의적인 고착 : 임의적인 것에 매달리는 오류

임의적인 고착(accidental anchoring)이란 임의적인 것에 매달리는 오류이다. 내가 만약 당신에게 현재 시장이 너무 과열된 것은 아닌지 고려해보라고 말한다면, 그 말에는 어디에 투자해야 할지 결정하는 데 있어 현재 시장의 상태가 중요하다는 가정이 내포되어 있다. 그러나 현재 시장의 상태는 중요하지 않다. 중요한 것은 당신이 앞으로 벌어들이고자 하는 수익률이다.

이러한 문제를 다룬 세미나에서 나는 참석자들에게 그들이 지금 막 401(k)에 가입했다고 가정해달라고 말했다. 그들은 이미 401(k)에 돈을 투자하기로 마음먹었다. 이제 그 돈을 어떻게 투자할지 결정하는 일만 남았다. 나는 다음과 같은 네 가지 투자 방법을 제시했다.

1. 안전한 정기예금
2. 정부 공채펀드
3. 블루칩 주식펀드
4. 성장주펀드

참석자들에게 전체가 100퍼센트가 되도록 원하는 대로 투자금을 배분해보라고 했다. 나는 그들의 결정에 아무런 조언도 하지 않았다. 세미나가 끝날 무렵 이번에는 4개가 아닌 10개의 선택 사항을 제시하여 다시 투자금을 배분해보라고 했다.

1. 안전한 정기예금
2. 정부 공채펀드
3. 고수익 채권펀드
4. 블루칩 주식펀드
5. 성장주펀드
6. S&P 500지수 펀드
7. 성장주펀드
8. 소형주펀드
9. 이머징마켓펀드
10. 국제주식펀드

그들이 배분을 마치자, 나는 4번에서 10번까지 배분된 비율이 얼마나 되는지 물어보았다. 그것은 그들이 주식에 투자한 총 비율을 말한다. 그 다음 그들에게 첫번째 실험에서 3과 4에 배분한 비율을 물어보았다.

참석자들은 거의 예외없이 첫번째 실험에서 주식에 투자한 돈의 액수와 두번째 실험에서 주식에 투자한 돈의 액수가 다르다는 것을 보게 된다.

그런데 그 이유가 무엇일까? 겉으로 보기에는 바뀐 것이 없다. 참석자들이 바뀐 것도 아니다. 그들의 상황이나 목표가 달라진 것도 없다. 그런데 왜 그들의 투자 배분표가 달라진 걸까?

그 이유는 임의적인 고착 때문이다. 먼저 퇴직연금에서 얼마나 많은 돈을 주식에 투자할 것인가를 결정하지 않은 채 고용주가 제시하는 선택 사항에 따라 수동적으로 반응했을 뿐이다.

첫번째 실험에서 50퍼센트 정도가 주식을 선택했다. 그러나 두 번째 실험에서는 70퍼센트가 넘었다. 이처럼 사람들은 투자 배분을 다르게 결정하는 것이다. 그리고 종업원들은 투자에 대해 거의 아는 게 없다. 그들은 단지 투자의 선택 사항으로 주어진 항목에 같은 비율로 투자할 뿐이다. 물론 당신의 고용주가 좋은 선택 사항만 제공한다면 문제될 게 없다. 그러나 고용주가 운영하는 퇴직연금 제도가 특정 형태의 투자에만 쏠린다면, 종업원들의 투자금 역시 특정 형태에만 쏠리게 된다.

이 점은 많은 퇴직연금 제도를 연구한 결과 입증된 바 있다. 「포춘」에 따르면, 트랜스월드 항공사(TWA, Trans World airlines) 조종사들에게 5가지의 주식펀드와 하나의 다른 수익펀드의 옵션을 제공했을 때, 그들은 75퍼센트의 돈을 주식에 넣었다고 한다. 반면, 캘리포니아 주립대학에서는 종업원들에게 하나의 주식펀드와 4개의 고정 수익펀드를 제공했는데, 전체 연금 중 단지 34퍼센트만이 주식에 투자되었다고 한다. 공무원들을 위한 근로저축은 세 가지의 선택 사항 중 하나가 주식이었다고 한다. 그래서 54퍼센트의 돈이 주식으로 갔으니 놀랄 일도 아니다.

당신은 혹시 고용주의 선택을 믿는 것은 너무도 당연한 일이기에 잘못될 까닭이 없다고 생각하는가? 아니면 임의적인 고착에 대한 설명이 아직 불충분하다고 생각하는가? 리처드 탤러 박사가 고안한 예를 살펴보자. 그는 학생들에게 자신의 사회보장번호 마지막 3자리에 단순히 400을 더해 전적으로 임의적인 날짜를 만들어 적게 했다. 그리고 그는 훈족(Hun)의 왕 아틸라(Attila)가 프랑스를 침략한 해가 언제인가라는 질문을 던졌다.

모든 학생들이 자신이 임의로 만든 번호와 연관시켜 대답했다. 그 번호와 연관시키지 않은 학생들은 평균적으로 175년 정도밖에 틀리지 않았으나, 번호와 많이 연관지었던 학생은 무려 500년이 넘는 오차를 기록했다. 분명히 그들의 시작점이 추론에 영향을 미쳤다. 물론 그들의 시작점은 임의적이고 아무런 연관이 없지만 말이다.

그럼 또 하나의 예를 알아보자. 당신이 7개의 통신회사 중 한 회사의 주식을 산다고 할 때, 어느 회사의 것을 고르겠는가?

여기서 말하는 7개의 회사란 벨(AT&T)의 독자적인 자회사를 말하는 것이다. 연구에서 드러난 것이지만, 7개 중 하나를 고르라고 했을 때, 거의 모든 사람들이 자신이 사는 지역의 통신회사를 골랐다. 어찌 보면 이는 인지상정이다. 그러나 7명 중 6명은 틀렸을 것이다. 그들은 자신이 사는 곳을 가지고 임의적인 고착을 한 것이다.

다음에 당신이 무언가를 결정해야 할 상황이 오면, 그 기준이 타당한지 확인해보고 왜 자신이 처해 있는 상황에 비추어 판단을 하는지 스스로에게 질문을 던져보도록 하라. 조금만 주의만 기울인다면, 그 닻으로 인해 침몰당하기 전에 닻을 거두어들일 수 있을 것이다.

농업 대 임업 : 시나리오를 한눈에 보지 못하는 문제

농업 대 임업(farming versus foresting)의 문제는 전체 시나리오를 한눈에 보지 못하는 문제를 말하는 것이다. 잘 알다시피 농부는 한 번에 농작물을 하나씩 심는다. 그와는 대조적으로 삼림 관리원은 전체의 지형을 한눈에 바라본다. 재정적으로 성공하고 싶다면 당신도 삼림 관리원처럼 행동해야지 농부처럼 행동해서는 안 된다.

이 점을 보여주기 위해, 리처드 칸만과 그의 대학 동료인 마크 리프(Mark Riepe)는 「포트폴리오 매니지먼트 저널(Jounal of Portfolio Management)」에 게재되기도 했던 한 가지 실험을 했다. 그것은 다음과 같다.

아래에 서로 다른 2개의 질문이 있다. 잘 생각해보고 각 질문에 대한 답을 쓰기 바란다.

둘 중 하나를 고르시오 :

A. 확실한 2,400달러의 수입

B. 25퍼센트의 1만 달러의 수입이나 나머지 75퍼센트의 아무 것도 벌지 못하는 것

　　당신의 대답은 ＿＿＿＿＿＿＿＿＿

둘 중 하나를 고르시오 :

C. 확실한 7,500달러의 손실

D. 75퍼센트의 1만 달러의 손실이나 25퍼센트의 아무런 손실 없음

　　당신의 대답은 ＿＿＿＿＿＿＿＿＿＿

A와 D를 골랐는가? 모든 사람들이 그렇게 한다. 그럼 마지막 질문에도 답해보자.

둘 중 하나를 고르시오:

E. 25퍼센트의 확률로 2,400달러를 버는 것과 75퍼센트의 확률로 7,600달러를 잃는 것

F. 25퍼센트의 확률로 2,500달러를 버는 것과 75퍼센트의 확률로 7,500달러를 잃는 것

　　당신의 대답은 ＿＿＿＿＿＿＿＿＿＿

F를 골랐는가? 다른 모든 사람들도 그렇게 답한다. 그러나 여기에 재미있는 것이 숨어 있다. 당신은 E가 A와 D를 합쳐 놓은 것임에도 불구하고 E를 고르지 않았다는 것이다.

당신이 위의 첫 두 질문을 동시에 자세히 들여다보았다면, 그러한 점을 알 수 있었을 것이다. 내가 힌트를 주었는데도 문제를 제대로 풀지 못한 것이다. 그럼 힌트가 전혀 없는 상태에서 당신이 내린 재정적 판단은 어떤 수준일까? 개인 재정 문제에서 사람들이 이와 유사한 실수를 범하는 예는 수십 가지나 된다. 그것을 이

른바 '구획화(compartmentalizing)'라고 하는데 구획화에 대해서는 1장에서도 설명한 바 있다. 일련의 재정적 결정을 한 번에 하나씩 내릴 때는 각각의 결정이 옳은 것처럼 보일 수도 있다. 그러나 당신은 하나의 올바른 결정을 내리기는커녕 2개의 잘못된 결정을 내리는 경우가 있다. 그러면서도 여전히 자신이 왜 경제적 성공을 거두지 못했는지 그 이유를 모를 것이다.

당신은 구획화를 했는가? 물론 그렇게 했을 것이다. 500달러의 예산으로 휴가를 떠났다고 해보자. 집에 돌아와 보니 100달러가 남았다. 당신은 그 남은 100달러를 저금을 하거나 원래 투자하고 있는 펀드에 넣을 것인가, 아니면 공돈으로 생각하고 써버릴 것인가?

합리적인 투자자들은 자신의 모든 돈은 노력의 대가라고 생각한다. 또한 그들은 똑같은 비중으로 신중하게 자신의 돈을 사용한다. 그러나 구획화를 하는 사람들은 이렇게 생긴 100달러를 '원래 쓰려고 했던 돈'으로 취급한다. 원래 쓰려고 했던 돈이 남은 것이므로 그 돈을 쓰는 데 아무런 거리낌이 없다. 결과적으로 이런 부류의 사람들은 합리적인 투자자들보다 100달러를 덜 모으게 되는 것이다.

만약 당신이 이 100달러를 써버리지 않는다 해도 이러한 심리적 오류를 자신과 상관없는 것으로 무시해서는 안 된다. 실생활에서는 이런 구획화의 경향이 아주 복잡한 형태로 일어나기 때문이다. 그 예를 보면 다음과 같다.

- 아이들의 대학 등록금을 위해 저축하는 한편 신용카드 부채

도 함께 가지고 있다.

- 최대한 세금 공제를 받고 싶지만, 주택저당대출은 30년 상환이 아닌 15년 상환을 선택한다.
- 분산 투자에 찬성하지만 대부분의 돈을 자회사 주식에 투자한다.
- 정년 퇴직을 준비하기에는 저축액이 부족하다고 생각하면서, 주택의 저당을 빨리 풀기 위해 대출금을 추가 상환한다.

위의 경우를 보면 두 가지 상반된 행동들이 충돌하고 있다. 결국 이는 재산을 모을 수 있는 기회를 감소시키거나 때로 방해한다. 그럼에도 나는 늘 이런 실수를 범하는 사람들을 만나게 된다. 좀더 일반적인 예를 보도록 하자.

- 투자를 하기 위해 뮤추얼펀드나 거래 계좌를 열고자 한다. 그런데 당신은 그 계좌를 어떻게 등록해야 할지 생각한 바가 없다. (자신의 이름만 쓰면 되는가? 배우자의 이름도 같이 써야 되는가? 세대 구성원 이름을 전부를 써야 하는가? 아이의 이름으로 보호 계좌를 개설할까? 아니면 신탁계좌를?)
- 당신은 낮은 이율의 대출로 바꾸기를 원한다. 그런데 여러 가지 대출 상품들이 제시하고 있는 이율만을 확인하고, 어떤 대출 상품을 선택했을 때 생길 수 있는 현금 유통의 어려움, 투자 기회의 상실, 세금 공제 기회의 상실 등과 같은 문제는 전혀 고려하지 않는다
- 직장에서 당신은 종업원으로서 생명보험에 가입되어 있다. 그

러나 미성년의 자식들은 법적으로 자산 소유가 금지되어 있
다는 사실에 대해서 알아보지도 않고 배우자를 수혜자로 하
고 아이들을 두번째 수혜자로 정한다.

 사람들이 이러한 실수를 하는 것은 이해할 만하다. 당신이 하는
모든 경제적 결정은 금융, 과세, 법률의 영역과 밀접하게 연관되
어 있다. 그러나 당신은 그러한 것을 모른다. 그리고 각각의 상황
에서 당신의 업무를 처리하는 사람들도 그러한 것을 모른다. 보
험회사 직원은 약관에 대해 설명할 것이다. 그러나 그가 세금이
나 부동산에 관한 것까지 고려하면서 설명해주지는 않는다. 증권
중개인들은 투자에 대해서는 알고 있다. 그러나 그들이 당신의
주식을 팔 때 세금에 관한 조언을 해줄 수 있을까? 아니면 증권
계좌를 둘러싼 법적 문제를 조언해 줄 수 있을까? 당신이 기댈 곳
은 현재 일하고 있는 직장의 인사부 임원밖에 없을 것이다. 하지
만 그는 당신의 개인적 처지를 모르며, 조언을 해주는 것이 금지
되어 있다. 당신의 세금 보고서를 준비해주는 회계사는 세금을
덜 내기 위해 당신에게 개인연금에 가입하라고 할 것이다. 그러
나 그가 그러한 투자 조언을 할 자격이 있는가? 부동산 중개인은
당신에게 집을 팔고 싶어한다. 대출 담당자는 당신에게 대출을
받으라고 권한다. 자동차 세일즈맨은 당신이 새 차를 구입하기를
바란다. 그러나 그러한 각각의 결정에 영향을 미치는 것은 당신
의 개인 재정 상태이다.
 농업 대 임업에 대한 교훈을 기억해야 한다. 오늘날 같은 복잡
한 세상에서 어떤 경제적 결정을 내려야 할 때 가장 좋은 방법은

유능한 재정, 세금, 법률 고문에게 물어보는 것이다.

지금까지 사람들이 투자에 실패하는 심리적 원인 아홉 가지를 살펴보았다. 이와 같이 투자자들이 두려움과 욕심에 따라 행동하고, 지나친 낙관주의 또는 비관주의적 태도를 보이고, 후회와 뒷북치기의 희생양이 되고, 어디에도 존재하지 않는 패턴을 찾으며, 게다가 손해 보지 않으려고 극단적인 행동을 하고, 아무 근거 없이 임의대로 판단하며, 결국 숲을 보지 못하고 나무만을 본다면 어떤 일이 벌어질까? 다니엘 칸만은 그것을 다음과 같이 표현했다.

"위와 같은 경향이 있는 투자자들은 자신이 알지 못하는 위험에 직면하고, 예기치 않은 경험을 하게 될 것이다. 그리고 검증되지 않은 거래에 빠져들 가능성이 있으며, 마침내 좋지 않은 결과가 빚어지면 자신이나 다른 사람들을 탓하게 된다."

정말 그렇다.
당신은 당신 자신이 챙겨야 한다. 이런 심리적인 실수를 범해서는 안 된다.

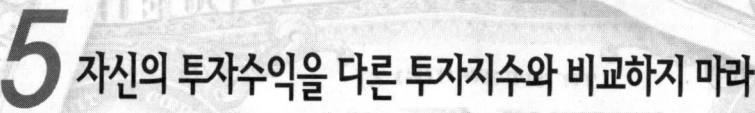

5 자신의 투자수익을 다른 투자지수와 비교하지 마라

자신의 포트폴리오를 평가하는 방법

5
자신의 투자수익을
다른 투자지수와 비교하지 마라

 나는 사람들이 자신의 재정적 성공과 전혀 관계없
는 문제들에 관심을 보이는 것을 보고 놀랄 때가 많
다. 예를 들어 스탠더드 앤드 푸어스 500지수
(Standard and Poor's 500 index, 이하 S&P 500지수)의 효율성에
대해 생각해보자. 대부분의 뮤추얼펀드는 S&P 500지수보다 수
익률이 낮다. 당신은 이러한 이야기를 여러 번 들었을 것이다. 그
러나 당신은 그것이 우리의 삶에 아무런 의미도 없다는 사실은 모
르고 있다. 그럼에도 불구하고 그러한 말은 언론의 관심을 끌어
당기고, 투자에 대해 아무것도 모르는 사람들도 "뮤추얼펀드는
S&P 500지수를 따라갈 수 없어."라는 말을 서슴지 않고 한다.

물론 그 말은 틀린 것이다. 그러나 더 중요한 것은 그러한 말이
재정적 목표를 달성하려는 사람들에게 전혀 쓸모가 없다는 사실
이다.

당신이 그와 관련된 투자를 한 것이 아니라면, S&P 500지수가 어떻게 움직이는지 아니면 다른 지수가 어떻게 움직이는지 상관할 필요가 없다. 당신이 투자한 펀드가 S&P 500지수를 그대로 모방한 것이 아니라면 그와 똑같은 방식으로 진행될 리가 없기 때문이다.

사실 나는 왜 S&P 500지수가 그토록 주목받고 있는지조차 이해가 가지 않는다. 그것은 아마도 주식 시장의 표준 지수인 다우존스 산업평균지수(Dow Jones industrial average, 이하 다우지수)가 미국 내 30개 대기업 주식만 포함하기 때문일 것이다. 그 지수가 미국의 기업을 대표한다고 보기는 어렵다. 그래서 S&P 500지수(이것은 30개가 아닌 500개를 다루기 때문에)를 보다 나은 지수로 보는 것이다. 그러나 그 지수는 미국 내에 등록된 주식 중 7,200개를 망라하는 윌셔 5000(망라하는 주식 수와 달리)보다 나을까? 그렇다면 나스닥이나 FTSE(영국의 FTSE 인터내셔널에서 발표하는 세계 주가지수 – 역주) 같은 지수는 어떠한가? 그것들도 괜찮다. 그러나 그것들만 있는 것은 아니다. 그런 지수는 사방에 널려 있다. 다우존스 앤드 컴퍼니(Dow Jones and Company) 자체만 해도 1,600가지의 지수를 제공하고 있으며, 다른 회사들도 수천 개의 지수를 제공한다.

이 모든 지수는 증권 분석가나 펀드매니저, 경제학자, 정부 기관에 팔기 위한 회사 자료에 불과하다. 그런데 스탠더드 앤드 푸어스(Standard and Poor's)가 아주 놀라운 마케팅을 했다. 뮤추얼펀드에 그 회사의 500지수의 사용 권한을 허가함으로써 그 회사의 지수 구성에 기초한 뮤추얼펀드가 만들어지게 된 것이다. (최근까지도 다우존스 앤드 컴퍼니는 자신들의 산업평균지수를 다른 곳에 허가하지 않았다. 이 때문에 다우지수에 기초한 뮤추얼펀드는 존재하지 않았다.) 그래서 S&P 500지수에 더 많은 관심을 두게 된 것이다. 만약 투자자가 인덱스펀드(index funds)를 가지고 있다면 그것은 S&P 500지수에 들 가능성이 더 크기 때문이다.

그러나 내가 말했듯이 이 지수에 포함된 주식을 가지고 있지 않다면 그 지수가 어떻게 되든 당신과는 전혀 상관이 없다. 대신 중요한 것은 당신의 투자 행위가 개인투자지수(individual investor

---

머니테크 **다우존스 산업평균지수와 S&P 500지수**

다우존스 산업평균지수
미국 증권시장의 동향 및 시세를 알려주는 뉴욕 증시의 대표적인 주가지수. 1884년 「월스트리트 저널」 편집장인 찰스 다우(Charles Dow)가 처음 창안한 것으로 뉴욕 증권 시장에 상장되어 있는 주식 가운데 가장 신용 있고 안정된 30개 종목을 표본으로 시장가격을 평균하여 산출하며 'Dow' 라고도 부른다.

S&P 500지수
세계적인 신용분석 및 신용정보 기관인 스탠더드 앤드 푸어스가 기업 규모 · 유동성 · 산업대표성을 감안하여 선정한 보통주 500종목을 대상으로 작성해 발표하는 주가지수로 미국에서 가장 많이 활용되는 대표적인 지수이다. 공업주(400종목) · 운수주(20종목) · 공공주(40종목) · 금융주(40종목)의 그룹별 지수가 있으며, 이를 종합한 것이 S&P 500지수이다.
시가총액 방식으로 지수를 산출하며, 개별종목의 주가상승률이나 각종 주가지표, 주식형 펀드의 운용실적 등을 전체 시장과 비교할 때 전체 시장의 상승률을 나타내는 기준으로 활용된다.

index)를 따라간다는 것이다.

중요한 건 개인투자지수다

개인투자지수란 자신의 재정 목표를 달성하기 위해서 해마다 올려야 하는 투자 수익률을 말한다. 당신에게 이러한 지수가 있을 것이다. 다른 사람들도 마찬가지다. 그러나 모든 사람들이 자신의 지수를 가지고 있거나 그 지수가 어떤 것인가를 알고 있지는 않다. 만약 재정 고문을 고용하고 있다면, 그들은 당신이 재정 목표를 달성하려면 당신이 투자한 것이 연평균 어느 정도의 수익을 올려야 하는지 알려줄 것이다. 가령 우리 회사의 경우 고객들은 보통 연평균 8에서 12퍼센트 사이의 수익을 올려야 한다. 물론 어떤 해에는 20퍼센트를 벌기도 하고 또 어떤 해에는 3퍼센트에 그치기도 하고, 어떤 경우에는 손해를 볼 수도 있다. 그러나 평균적으로 8에서 12퍼센트 사이의 수익률이 목표이다.

예를 들어 42살 동갑내기 부부가 재정 계획을 세우기 위해 우리 회사를 찾아왔다고 하자. 그들은 60살쯤 은퇴해서 매년 8만 달러의 연금을 받고 싶다고 말한다. 우리는 그들의 상황을 분석하고 재산, 연금, 사회보장 제도, 예상되는 인플레이션 비율과 평균 수명, 그리고 남은 18년 동안 그들이 얼마나 꾸준히 저축할 수 있는지를 고려해서 개인투자지수를 결정한다. 그들의 상황을 토대로 분석해보니, 연평균 11퍼센트의 투자 수익을 올려야 목표를 성취할 수 있다는 계산이 나온다. 그래서 우리는 포트폴리오라고 부르는 한 묶음의 투자를 추천한다. 이제 그것들을 종합해서 고객에게 오랫동안 연평균 11퍼센트의 수익을 올릴 수 있는 기회를 마련해주기만 하면 된다.

그런데 만약 어느 해에 S&P 500지수가 25퍼센트의 수익률을 올린 데 반해 우리 고객은 14퍼센트의 수익률만 올렸다고 한다면, 고객은 화를 내야 하는가 아니면 걱정해야 하는가?

행복하다고 하면 어떨까? 고객들의 우리 회사에 대한 태도가 그렇다. 그들은 자신의 투자한 것이 S&P 500지수를 따라 구성되지 않았기 때문에 S&P 500지수를 따라가지 않는다는 것을 잘 알고 있다. 그러므로 그들은 자신의 투자 결과를 S&P 500지수나 다른 어떤 지수와도 비교하려 하지 않는다. 대신 그들은 자신이 해야 하는 것을 정확히 알고 그 일을 한다. 그들은 자신의 투자 결과를 개인투자지수와 비교한다. 그들은 한 해 정도 투자지수에 맞추지 못한 것은 그다지 문제가 되지 않는다는 걸 이해하고 있다. 물론 여러 해 동안 맞추지 못하면 문제가 될지 모르겠지만. (그렇지만, 그렇게 될 수는 없다. 11퍼센트의 수익률을 요구하는 개인투자지수는 매년 4퍼센트의 인플레이션율을 가정한 것이다. 만약 인플레이션이 2퍼센트에 그친다면 9퍼센트의 수익률만 올려도 경제적 의미에서 같은 효과가 있다. 왜냐하면 인플레이션율을 빼더라도 고객들은 7퍼센트의 실질 수익률을 올린 것이기 때문이다.)

이로써 우리 고객들이 S&P 500지수를 개의치 않는다는 것을 알 수 있을 것이다. 그들은 기업 평론가들이 임의적으로 모아놓은 통계에 신경 쓰지 않고, 오직 자신의 목표에만 신경 쓴다. 자신의 목표가 제대로 세워지고 그 목표에 도달할 수 있다면 그들은 행복해한다. 그건 그럴 수밖에 없다.

우리의 설문에 응답한 사람들 중 단지 15퍼센트만이 자신의 투자를 다우지수와 비교하고 있었고, 그보다 적은 11퍼센트는 S&P 500지수와 비교하고 있었다. 대부분의 사람들에게 있어 지수란 별로 중요하지 않다. 그 지수들은 그들의 상황과 목표와 별로 상관이 없기 때문이다.

그럼 도대체 무엇이 중요하단 말인가? 고객들이 자신의 전체 포트폴리오를 평가하는 가장 일반적인 방법은 그 해의 수익률을 확인하는 것이다. 이는 내가 앞에서 언급했던 대로이다. 그들은 외부의 어떠한 임의적인 기준이 작용하는지는 상관하지 않는다. 대신에 고객들 중 85퍼센트는 자신의 상황에만 관심을 두고 있다. 그들은 목표를 달성하기 위해 자신의 투자가 얼마나 이익을 내야 하는지 알고 있다. 그래서 그들이 관심을 갖고 바라보는 것은 그 수치이다.

그럼에도 어떤 이들은 자신의 투자 수익률을 S&P 500지수(또는 다른 기준)와 비교하고 싶어한다. 이들 중 분산된 포트폴리오를 갖고 있는 사람도 있고 그렇지 않은 사람도 있다. 어느 쪽이든 그들은 실패한다. 왜냐하면 분산된 포트폴리오를 가지고 있지 않은 사람은 다우지수나 S&P 500지수와 비교되는 주식 펀드만을 갖고 있기 때문이다. 이렇게 비교를 하다보면 그 지수를 넘어선 종목도 있을 것이고 그렇지 못한 것도 있을 것이다. 일부 종목이 다우지수나 S&P 500지수를 넘어서지 못한 것을 보면, 그들은 괴로워할 것이다. 이러한 감정적 반응 때문에 그들은 다우지수나 S&P 500지수에 미치지 못하는 것들을 팔아버리고 다른 유망주에 투자하는 부질없는 노력을 하게 된다. 결국 이러한 마켓 타이밍 행위에도 불구하고 다음 해 똑같은 상황이 빚어지면 그들은 또다시 의기소침해질 것이다.

한편 분산된 포트폴리오를 갖고 있는 사람은 주식에 투자할 뿐만 아니라 자신의 투자를 그러한 지수들과 비교한다. 그들은 보수적인 자신의 투자 방법이 주식 시장보다 수익을 올리지 못하자 실망하게 된다. 그래서 자신이 가지고 있는 자산 중 주식이 아닌 것들을 팔아서 모두 주식으로 돌린다. 그렇게 하면서 자신이 손해보았던 것보다 더 많은 수익이 나기를 바란다. 이렇게 되면 앞에서 얘기한 분산된 포트폴리오를 갖고 있지 않은 사람들과 같은 상태가 되므로 그들 역시 감정적으로 행동하게 된다. 만약 증시가 폭락이라도 하게 되면, 그들은 감정적으로나 재정적으로 움츠러들게 될 것이다.

성공적인 투자자들은 이런 양쪽의 오류를 피해간다. 그들은 자신이 무엇을 가지고 있고 왜 그것을 가지고 있는지 정확하게 알고 있기 때문에, 자신의 목표에 비추어 장기적인 관점에서 전체 포트폴리오의 결과물을 평가한다. 그들은 언론에서 떠드는 '증시의 평균 수익률'은 무시한다. 재정적으로 성공하기를 바란다면, 당신도 그렇게 해야 할 것이다.

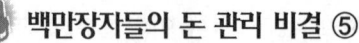

" 자신의 투자수익을 다른 투자지수와 비교하지 마라 "

나는 뮤추얼펀드를 갖고 있기 때문에 다우지수나 S&P 500지수 같은 데엔 관심을 기울이지 않습니다. 나는 돈을 다룰 때 매우 긴장하는 편입니다. 돈은 항상 침대 밑에 넣어두어야 한다는 식의 교육을 받은 세대이지요. 그렇기 때문에 은퇴할 무렵 돈이 없으면 어떡하나 하고 걱정합니다. 나는 모험을 하고 싶지 않습니다.

그리고 다우지수나 S&P 500지수 같은 걸 매일 보면서 비교한다면 나는 아마 미쳐버릴 것입니다. 대신 나는 재정 고문에게서 매년 받는 연말 정산 대차대조표를 보고 내가 투자한 것이 어느 정도 성장했는지 확인합니다. 그것은 내 포트폴리오가 한 일들을 일목요연하게 보여주는 그림과도 같지요. 나는 단기간이 아니라 장기간의 투자에 마음을 두고 있기 때문에 연말 정산 대차대조표상의 실적이 별로 좋지 않더라도 투자를 함부로 바꾸지는 않습니다.

앤디 테일러, 현재 8학년 지도 교사
필리스 테일러, 전직 간호사

나는 다우지수와 S&P 500지수가 어떻게 되어가는지 관심을 가지고 보긴 합니다. 그러나 어떤 상황이 되어도 당황하지 않습니다. 그 지수는 너무 불안정하니까요.

나는 목돈을 장기 투자했고 당분간은 그 돈을 쓸 계획이 없습니다. 그렇기 때문에 다우지수나 S&P 500지수의 상황과 내 투자가 성공하는 문제는 다른 것이라고 생각합니다.

나는 단기적 관점에서 투자의 성공 여부를 판단하지 않습니다. 매달 보고를 받지만 그냥 쭈욱 훑어보고 다음 보고서를 기다리지요. 뭔가 의심 나는 것이 있으면 재정 고문에게 물어보면 되겠지만, 아직까지 그런 적은 없었습니다.

나는 투자한 것의 뒤꽁무니를 쫓아다니는 투자자들에게 "머리를 식히라."고 말해주고 싶습니다. 나는 장기 투자를 하기 때문에 매일, 매주 또는 매달의 시장 추이에 신경을 쓸 필요가 없지요.

아이렌 헨리, 비서

나는 한 번도 다우지수나 S&P 500지수에 관심을 가져본 적이 없습니다. 그런 것을 배우느라 골치 아파본 적도 없고, 상관도 하지 않습니다. 그런 것은 내가 걱정할 바가 아니지요.

50살 때 나는 합의 이혼을 했습니다. 나는 새 삶을 시작해야 했고 혼자서 꾸려가야 했습니다. 변호사는 1만 달러짜리 차를 사고도 2만 5,000달러가 남도록 위자료를 받아주었습니다. (우리가 3개의 소매점과 목장을 소유하고 있었다는 걸 생각한다면 많은 액수는 아닙니다.)

나는 구시대 사람이고, 그때는 남자가 돈을 관리하고 여자는 그저 입 다물고 있어야 했습니다. 그래서 2만 5,000달러를 받고도 무엇을 해야 할지 몰랐지요. 나흘간 콜로라도, 덴버 등지에 있는 여러 투자 회사를 방문하고 나서 질려버렸습니다. 결국 나를 도와줄 재정 고문을 찾아냈습니다. 그는 내게 물었죠. "당신은 무엇을 하며 살고 싶습니까?" 나는 대학으로 돌아가 다시 공부를 하고 싶다고 했죠. 그는 내게 그렇게 하라고 했어요. 내가 공부를 하는 동안, 내 돈은 2배 이상이 되었습니다.

나는 그 무렵 내 방식대로 돈을 쓰고 나 자신을 위해 돈을 쓰는 법을 배우게 되었습니다. 그동안은 남편이 돈 관리를 해왔기 때문에 그걸 배울 기회가 없었죠. 나는 원하는 것이 거의 없습니다. 나는 자연을 좋아하고, 절약하며 살고, 과소비도 안 하고, 뭔가를 사더라도 신용카드가 아닌 현금으로 삽니다. 나는 공부를 계속해서 박사 학위를 받았고 빚은 하나도 없습니다.

이혼하기 전에 남편은 생활비로 매주 한 사람당 15달러씩 줬습니다. 그것은 나와 자식들이 먹을 야채를 직접 재배하고, 옷과 가구도 직접 만들어야 할 정도로 빠듯한 금액이었지요. 내가 일을 해서 받은 급여도 남편 명의의 은행 계좌로 들어가버렸습니다. 심지어는 내가 소매점을 운영할 때도 돈 관리는 남편이 했습니다.

하지만 나는 현재 남편 곁을 떠났고, 재정 고문을 믿습니다. 위자료 2만 5,000달러는 손도 대지 않고 그냥 두었습니다. 대신 그의 재정적인 충고를 받아들여 그 돈을 불려나가고 있는 중입니다.

나는 다우지수나 S&P 500지수를 전혀 보지 않습니다. 다른 사람들에게도 지수 따위는 잊으라고 말하고 싶습니다. 대신 믿을 만한 재정 고문을 고용하고 그의 조언을 받으세요. 성공하기 위해 많은 돈이 필요한 것은 아니죠. 장기적으로 투자하고 거기에 맡기세요.

익명, 프로그래밍 과학자 겸 저술가

나는 다우지수나 S&P 500지수에 관한 뉴스를 보지 않습니다. 우리에게 직접적인 영향을 미치지 않는다고 생각하기 때문입니다. 우리는 적당히 분산된 뮤추얼펀드를 가지고 있습니다. 주식 시장의 상태를 기반으로 이 투자 계획을 세우지 않았습니다. 나는 불안해 하는 사람들에게 주식 시장을 매일 지켜볼 필요가 없다고 말하고 싶군요. 그보다 당신 자신의 전략과 분산 투자에 좀더 관심을 가져야 합니다.

로즈마리 아사드, 생화학자, 주부
다니엘 에이브 아사드, 치과의사

나는 다우지수나 S&P 500지수에 관한 뉴스를 보지만 그에 따라 반응하지는 않습니다. 투자의 성공 여부는 주가지수와 무관하다는 것을 알기 때문이지요. 나는 내가 한 투자를 지금 바로 평가하지 않습니다. 만약 그렇게 한다면 때때로 주식을 팔거나 사고 싶은 충동을 느끼게 될 테니까요.

로버트 애덤스, 전직 육군 장교, 현재 인사 관리자
루실 오버턴 애덤스, 주부, 비서

나는 다우지수와 S&P 500지수에 관심을 가지기는 하지만, 그것들을 단지 지수로 바라볼 뿐입니다. 투자를 잘 하기 위해 그것을 알아야 하거나 이해해야 할 필요는 없지요.

오웬 앨런, 경영자, 은퇴
니나 메이 앨런, 학교 도서관 사서, 은퇴

나는 다우지수를 두려워했습니다. 전에는 의식적으로 피했지요. 나는 다우지수와 S&P 500지수를 이해하는 것이 중요하다고 생각하지만, 우리가 투자한 것을 평가하려면 다우지수나 S&P 500지수를 따라갈 것이 아니라 투자 내역의 매달 또는 매 분기 보고서를 보면 됩니다. 다우지수는 우리의 주요 관심사가 아닙니다.

익명, 전직 IBM 직원

우리는 다우지수나 S&P 500지수에 대해서는 조금밖에 모릅니다. 다우지수와 S&P 500지수가 정확히 무엇을 나타내는지는 잘 모르지만, 지수가 떨어질 때는 연일 언론에서 시끄럽게 떠들어대더군요. 나는 사람들에게 다우지수를 너무 두려워하지 말고 재정 고문과 상담하고 직접 신문이나 잡지를 읽어보라고 말하고 싶습니다.

아니, 나는 다우지수나 S&P 500지수에 대해 장황하게 얘기할 필요는 없다고 생각합니다. 모든 사람들이 전문 용어와 다우지수나 S&P 500지수의 변동에 대해서 다 알 필요는 없습니다. 만약 당신이 금융 정보를 알 수 있는 곳이 있다면, 그곳을 이용하면 됩니다. 성공적으로 투자할 수 있는 능력은 우리 자신의 의사 결정에 달려 있습니다. 그러한 지식을 얻는 능력은 다우지수나 S&P 500지수에 달려 있는 것이 아니라, 최고의 조언을 모색하는 데 달려 있지요.

만약 과거로 돌아갈 수 있다면 우리는 좀더 일찍 재정 고문과 상담할 것입니다. 우리는 장기 투자를 위주로 하기 때문에 투자를 계속 지켜보지 않습니다. 남편은 조심스러운 투자자인데 최근 몇 년 동안 그의 401(k)는 예상만큼의 수익을 내지 못했습니다. 하지만 우린 투자 대상을 바꿀 생각은 없습니다.

돈을 벌기 시작한 날부터 퇴직 후를 대비한 투자를 시작하십시오.

그리고 그것을 장기적으로 보고, 능력 있는 재정 고문을 고용하세요. 나는 아들이 10대일 때부터 그런 얘기를 했습니다. 그래서 그는 남들보다 일찍 퇴직연금에 투자하기 시작했지요.

수잔 페이크, 회계 장부 기장원
베리 페이크, 자영업자

6 돈 관리에 드는 시간은 한 달에 3시간이면 충분하다

짧은 시간에 효과적으로 돈을 관리하는 방법

6
돈 관리에 드는 시간은 한 달에
3시간이면 충분하다

 만약 우리 고객들의 경험이나 습관이 재정적 성공을 이루는 데 어떤 지표가 된다면, 돈을 관리하는 데 쏟는 시간과 재정적 성공 사이에는 어떤 관계가 있는 것처럼 보인다. 그 관계란 돈 관리에 많은 시간을 쓰면 쓸수록 성공하기 어렵다는 것이다.

이것은 돈의 속성에 관한 또 다른 선입견을 깨뜨리는 좋은 예일 것이다. 많은 사람들이 부를 축적한 사람들은 그만큼의 시간과 노력을 투자한다고 생각한다. 그리고 자신의 재정적 실패는 재정 관리에 많은 시간과 노력을 투자하지 못했기 때문이라고 생각한다. 그들은 이렇게 말한다. "나도 하루종일 증시가 변하는 것을 지켜보고 싶지만, 회사에서는 일에 매달려야 하고, 집에 오면 아이들을 돌봐야 해." 핑계 없는 무덤은 없다. 당신은 지금보다 더 많은 돈을 벌 수도 있었는데 그렇지 못한 것에 대한 변명을 늘어

놓을 수 있다. 그러나 어찌되었든 결과는 같다. 당신은 지금 가난한 것처럼 이후에도 그렇게 가난하게 살 것이다.

돈 관리에 많은 시간을 쓰면 쓸수록 성공하기 어렵다

많은 사람들이 자신이 부자가 되지 못한 이유로 시간이 없다는 핑계를 대곤 한다. 이에 대해 한번 반박해보자. 그들은 "나는 돈 관리에 몰두할 시간이 없어요!"라고 말한다. 내 고객들이 어떤 지표가 된다면, 시간이 부를 성취하기 위한 필수 조건은 아닌 것 같다. (내 이야기를 오해할 사람이 있을지 몰라 밝혀두지만, '돈을 관리하는 시간'은 '돈을 불리기 위한 시간'을 의미하지는 않는다.) 실제로 우리가 진행한 조사에 따르면, 고객들이 돈과 관련된 일에 쓰는 시간은 평균적으로 한 달에 2.4시간 정도밖에 되지 않았다. 물론 여기에는 청구서를 처리하는 시간도 포함되었다.

이에 놀라는 사람들이 많을 것이다. 나는 많은 사람들이 수표책을 갖고 이리저리 굴리느라 몇 시간을 허비한다는 것을 안다. 그러나 여러 해 동안 많은 사람들에게 재정 자문을 해준 경험으로 볼 때, 부자가 되지 못하는 사람들은 다음과 같은 특징이 있다는 걸 알게 되었다.

1. 돈이 없을수록 잔고 확인을 자주 한다.
2. 돈이 없을수록 청구서를 처리하는 데 많은 시간을 쓴다.
3. 돈이 없을수록 세세한 것까지 신경을 쓴다

4. 돈이 없을수록 돈이 많은 것처럼 행동한다.

이 특징에 대해 좀더 자세히 살펴보도록 하자.

내 설문 조사에 따르면, 재정적으로 성공한 사람들 중 82퍼센트가 2개의 당좌 계좌와 1개의 예금 계좌를 가지고 있다. 그러나 돈을 적게 버는 사람일수록, 즉 돈이 없는 사람일수록 3개, 4개, 심지어는 5개의 계좌를 가지고 있다. 그들은 계속해서 돈을 이 계좌에서 다른 계좌로 옮기곤 한다. 아내는 하나의 계좌를 가지고 그 계좌로 월급을 받는다. 남편도 그런 계좌가 있다. 집안 살림을 꾸리기 위해 각자의 월급에서 일부를 따로 떼어 모아 두는 공동 계좌가 있다. 예금을 하기 위한 네번째 계좌가 있다. (그러나 이 계좌에는 돈이 거의 들어가지 않으며, 간혹 들어가더라도 청구서 대금을 내기 위해 다른 계좌로 이체된다.) 그리고 다섯번째 계좌가 있다. 이것은 이 은행이 저 은행보다 더 편리하거나 또는 더 높은 이자를 주거나 수수료가 적다는 이유로 개설한 계좌이다.

많은 사람들이 이처럼 쓸데없는 계좌를 관리하는 데 많은 시간을 낭비한다. 자신이 충분한 잔고를 가지고 있는지 확인하느라 말이다. 그러나 내 고객들이 보여준 바와 같이 은행 계좌를 줄이기만 해도 당신의 삶이 훨씬 더 편해진다.

"하지만 난 그렇게 할 수 없어. 돈이 어디서 들어오는지 어떻게 확인하느냔 말이야."라고 당신은 말할 것이다.

당신은 이미 돈이 어디서 들어오는지 알고 있다. 그런 것을 구분하기 위해 은행 계좌를 여러 개 개설할 필요는 없다.

"내 돈이 어디에 쓰이는지 어떻게 확인하느냔 말야? 계좌를 따로 만들지 않으면 난 돈이 지출되는 것을 확인할 수 없을 거야!"

이렇게 말할 수도 있지만, 이건 말도 안 되는 소리이다. 소소한 비용을 줄이려는 사람들에게는 돈이 어디로 빠지는지 아는 일이 중요할지 모르지만, 그렇다고 은행 계좌를 여러 개 가질 필요는 없다. 사실 많은 계좌를 가질수록, 그러한 돈의 행방을 쫓기 위해 더 열심히 더 많은 시간을 할애해야 한다. 오늘날 은행들은 온라인 서비스를 제공하고 있으므로 돈의 흐름은 그 서비스를 통해서도 쉽게 알 수 있다. 은행 계좌는 하나면 충분하다.

청구서 대금 결제로 돈 관리가 끝나는 것이 아니다

많은 사람들이 자신의 은행 계좌에 쓸데없이 많은 신경을 쓰느라 돈 관리를 제대로 하지 못한다는 것은 아이러니가 아닐 수 없다. 이에 대한 좋은 예는 마이크와 샐리에게서 찾을 수 있다. 나는 한 지방 방송국의 부탁을 받아 여러 부부들에게 재정 상담을 해준 적이 있다. 그 방송의 프로듀서는 편지 응모를 통해 다섯 커플을 선택했다. 내가 할 일은 그 다섯 커플을 만나 그들의 재정 계획을 세워주는 것이었다. 그들은 내게 공짜로 재정 상담을 받는 조건으로 그 과정이 방송에 나가는 것을 승낙했다.

마이크와 샐리는 이 다섯 커플 중 한 커플로 좀 유난스러웠다. 35살인 남편 마이크는 기술자로 매년 4만 5,000달러를 벌었다. 34살인 아내 샐리는 집에서 가사를 돌보며 6살 난 아들 숀을 기르고 있었다. 그들은 1만 8,000달러를 4개의 계좌에 나누어 입금시켜

놓았으며, 그들의 청구서 내역은 전형적이었다. 나갈 돈은 주택 저당대출의 월납입금, 자동차 2대의 할부금, 그리고 식품이나 의류를 구입하는 데 드는 돈이었다. 그들은 신용카드 회사에 4,000달러의 빚을 지고 있었으며, 마이크의 회사에서는 401(k)를 시행하고 있었지만 가입하지 않았다. 그리고 두 사람 다 개인연금에도 가입하지 않았다. 그들은 생명보험에도 산재보험에도 들지 않았고 그럴 마음도 없었다. 투자한 것은 없었다. 주식도 없고, 채권도 없고, 뮤추얼펀드도 없었다. 그리고 손의 대학 등록금이나 자신들의 퇴직 후를 위해 모아놓은 돈도 없었다.

샐리는 모든 지출 내역을 가계부에 굉장히 꼼꼼하게 적었다. 마이크의 월급은 바로 은행계좌로 들어갔다. 거기서 그녀는 다른 계좌에 수표를 발행했다. 그 중 2개의 계좌는 은행이 달랐다. 하나는 주택저당대출의 월납입금과 2대의 자동차 할부금을 내는 계좌였고, 다른 하나는 일상적인 청구서를 처리하기 위한 계좌였다. 그리고 네번째 계좌는 남는 돈이 생기면 넣기로 한 '어려울 때를 대비한' 계좌이다. (나는 그것을 찌꺼기 펀드라고 부른다.) 그리고 다른 계좌에 돈이 부족하면 그녀는 이 네번째 계좌의 수표를 발행했다.

해본 사람들은 다 알겠지만, 여러 계좌를 보유하고 관리하는 건 매우 힘든 일이다. 샐리야말로 산 증인이다. 그녀는 청구서를 받는 즉시 24시간 내에 처리한다. 그리고 각 항목을 각각 다른 노트에 가지런히 정리한다. 가계부는 녹색, 청색, 황색, 보라색, 검정색 등 다양한 색깔로 구분되어 있었다. 샐리는 그 각각의 색에 대해 설명했지만, 난 그 색깔이 무엇을 의미하는지 도대체 알 수가 없었다. 그렇게 표시하는 데 들인 공이라면 손을 벌써 대학에 보내고도 남을 것이다.

샐리는 청구서를 잃어버리지 않도록 다른 파일에 가지런히 모아놓았으며, 또한 그렇게 묶어놓기 전에 자신의 가계부에 다시 자세히 적었다. 그리고 청구서의 날짜와 처리한 날짜, 수표 번호를 써놓았다. 그런데 문제는 그녀의 가계부에 기록된 이러한 자료들이 아무 소용이 없다는 것이다. 그렇게 정리된 파일은 책장에 순서대로 정렬되어 있을 뿐이다.

처음 만난 날 샐리는 내가 요구한 대로 그녀의 모든 파일과 가계부, 그리고 수표책을 가지고 왔다. 사실 난 첫 만남에서 재산과 관련된 모든 자료들(은행계좌, 증권 거래 내역서, 투자계좌, 종업원에 관한 특혜 자료, 세금 공제 자료, 유언장, 신용장, 보험 약관, 그리고 부동산에 관한 모든 자료)을 가지고 오라고 요구한다. 하지만 그들이 가지고 온 것은 샐리가 정리한 은행계좌에 관한 것들뿐이었다.

그녀는 그것을 무척 자랑스러워했다. 정말 그럴 만하다. 어림잡아 그녀는 가계 재정을 관리하는 데 매주 10시간 내지 15시간을 들이고 있다고 한다. 그녀의 허락 없이는 단돈 1센트라도 들어오고 나갈 수 없었다. 손은 용돈을 받을까? 받지 않았다. 그러나 마이크는 용돈을 타 쓰고 있었다. 그는 현금이 더 필요할 때는 샐리에게 얘기를 해야만 했다. 샐리는 부모님과 대부분의 친구들이 돈을 제대로 관리하지 못한다고 말했다. 그러나 샐리와 마이크는 그들의 돈이 어디서 들어오고 어디로 나가는지 정확히 알고 있다.

그러나 불행히도, 샐리와 마이크는 가계 재정을 관리하는 것은 오로지 청구서 대금을 결제하는 것이라고 생각하고 있다. 그래서 샐리는 그렇게 많은 시간을 청구서 처리에 쓰면서도, (그녀가 여기에 들이는 시간은 시간제 아르바이트를 하는 시간과 맞먹는다.) 가계 재정의 다른 측면들은 무시하고 있었다.

나는 그보다 다음과 같은 것을 권장했다.

1. 그들은 유언장을 써야 하며, 그들이 죽었을 경우를 대비해 아들의 양육을 맡을 사람을 정해야 한다.
2. 집안 살림을 마이크의 수입에 전적으로 의존하고 있기 때문에, 그가 죽었을 때를 대비해 아내와 아들을 위한 생명보험에 가입해야 한다.
3. 또한 그녀도 생명보험에 가입하여 그녀가 죽었을 때를 대비해 아들이 도움을 받을 수 있도록 해야 한다.
4. 남편이 다치거나 아플 때를 대비해서 상해보험에 가입해야 한다.
5. 401(k)에 가입하여 가능한 한 많은 돈을 넣어야 한다.
6. 아내와 남편 모두 개인연금에 가입해, 매년 2,000달러 정도를 납입해야 한다.
7. 신용카드 빚을 청산해야 하고, 뮤추얼펀드에 약간의 돈을 넣어야 한다.
8. 아들의 대학 등록금이나 자신들의 은퇴 후를 위해 정기적금을 시작해야 한다.
9. 4개의 계좌 중 하나만 남겨두고 쓸데없는 샐리의 부담을 없애야 한다.

이 아홉 가지 제안에 대한 그들의 결론은 이랬다.

1. 그들은 유언장을 만들지 않기로 했다. 왜냐하면 "그런 걸 만들 만큼 돈의 여유가 없다."는 것이다.
2. 회사에서 1년치 봉급에 해당하는 보상금을 받을 수 있기 때문에 남편은 생명보험에 가입하지 않기로 했다. 남편이 죽고 난 후 두번째 되는 해에 대해서는 생각하지 않기로 했다. 그리고 그들은 남편이 일을 그만두거나 해고됐을 때 어떻게 할 것인지는 얘기하지 않았다. (퇴사 또는 해고 사유가 발생할 때는 그런 보상금을 받을 수 없기 때문이다.)
3. 샐리가 생명보험을 들 아무런 이유가 없으므로 가입하지 않기로 했다.
4. 마이크의 상해보험에도 가입하지 않기로 했다. 왜냐하면 보험료가 너무 비싸기 때문이다.
5. 그들은 401(k)에 가입하지 않기로 했다. 가입하면 월급이 줄어들기 때문에 생활이 쪼들릴 것이다.
6. 아무 이유도 대지 않았지만 개인연금에 가입하지 않기로 했다.
7. 신용카드 빚은 당장 갚을 돈이 없어서 갚지 않기로 했으며, 혹시 손해 볼지도 모르기 때문에 뮤추얼펀드에 가입하지 않기로 했다.
8. 적금을 붓지 않기로 했다. 샐리가 청구서 대금을 정산하는 과정에서 얼마간의 저축을 하고 있기 때문이다. 샐리가 그렇게 13년 동안 저축한 금액은 1만 4,000달러이다. 이 액수로는

그들이 은퇴했을 때 매달 95달러밖에 지급되지 않는다고 했지만 그들은 생각을 바꾸지 않았다.

9. 그들의 결심은 확고했다.

오랫동안 직원들과 나는 그 부부가 내 제안을 받아들이지 않은 이유를 알아내기 위해 고심했다. 그들은 내게 재정 상담을 받기를 자청했지만, 결국 내 제안을 받아들이지 않았다. 우리는 그들이 망설인 이유가 다음과 같은 것이 아니었는지 생각해보았다.

1. 내가 권유한 사항들이 정말 터무니없었다. (사실 전혀 그렇지 않았다.)

2. 상담이 무료였기 때문이다. 만약 그들이 다른 고객들처럼 상담료를 내야 했다면, 내가 제시하는 대로 하려고 했을지도 모른다. (나는 이것 때문이라고 생각하지 않는다. 그들은 나를 만나기 위해 2번씩이나 먼 길을 달려왔다. 그리고 상담은 그들의 집에서 TV 방송국 기자들과 함께 2시간 동안 진행됐다. 게다가 그들은 내가 부탁했던 자료를 준비하느라 고생했다. 상담을 받는 데 비용이 들지 않았다 해도 그들은 많은 시간을 투자했다.)

3. TV에 나오고 싶어서 그랬다. (설마? 이 부부는 하늘에서 내려온 천사 같았고 매우 다정했다. 그리고 조용하고 나서기를 좋아하지 않는 사람들이었다.)

4. 그들은 어떠한 계획도 필요하지 않았기 때문에 내 조언에 따라 행동하지 않았다. 그보다 샐리는 자신이 청구서 대금을 훌륭하게 처리한 것을 자랑하고 싶었던 것이다.

너무 가혹하게 말했다고 생각하지 말기 바란다. 좀더 설명해보자. 우리는 사람들에게 자신의 재정 상태를 돌아보라고 권유한다. 왜냐하면 다른 사람의 의견이 도움이 될 수도 있기 때문이다. 우리가 권하는 내용을 받아들이는 사람들 중에는 도움이 절실한 사람도 있다. 그들은 그러한 조언을 감사히 받아들인다. 그런데 개중에는 그저 약간의 자극만을 원하는 사람들도 있다. 그들은 재정 문제를 다루는 자신의 방식에 약간의(그리고 그것은 그다지 중요하지 않은 사안들일 때가 많다) 변화를 주고 싶은 것이다. 그저 등을 두드려주며 이런 말을 해주기를 바라는 것이다. "자, 지금까지 해오신 대로 계속하시면 됩니다."

그러나 가끔 우리는 개인 재정 관리의 많은 부분을 실패했지만, 한두 가지에 있어서는 정말 탁월한 사람들을 만날 수 있다. 그들이 얘기하고 싶어하는 것은 바로 그러한 부분이다. 그들은 자신의 약점을 들춰내서 그에 대한 조언을 받고 싶어하지 않는다. 그들은 그저 자랑만 하고 싶은 것이다.

"내 주식 포트폴리오를 한번 보세요!"라고 그들은 말한다. 그러면 우리는 "당신의 주택저당대출이나 세금, 유언, 그리고 보험 상태는 어떻습니까?"라고 되묻는다. 그러면 그들은 "그것에는 신경 쓰지 말고 내 주식 포트폴리오를 한번 보라니까요!"라고 말할 뿐이다. 이런 일은 드물지 않게 접할 수 있다.

하지만 재정적으로 성공한 사람들은 이런 실수를 범하지 않는다. 그들은 다른 모든 것들을 배제한 채 어떤 한 가지에만 몰두하지 않는다. 아무런 투자도 하지 않은 채 그저 4개의 은행 계좌만 덩그러니 갖고 있는 경우도 없다. 그들은 보험은 아랑곳없이 그저 청구서 대금을 처리하는 데만 시간을 보내지도 않는다. 그들은 병아리를 세기보다는 보다 많은 달걀을 만드느라 바쁘다.

'예산 세우기'와 '지출의 흐름을 아는 것'은 다르다

미국의 부자들에게서 찾아볼 수 있는 가장 놀라운 점은, 그들이 자신의 일을 충실히 하면서도 개인 재정의 모든 영역을 잘 관리하고 있다는 사실이다. 샐리가 보험에 가입하지 않고 투자를 하지 않은 것은 '그로 인해 시간을 빼앗기는 것이 싫어서'도 한 가지 이유가 되었을 것이다. 그녀는 청구서 대금을 정산하는 데 매주 15시간을 들이는데, 거기에 다른 일까지 첨가하면 그녀는 얼마나 많은 시간을 쏟아 부어야 하겠는가?

그러나 그런 생각을 할 필요가 없다. 많은 사람들이 돈 관리를 위해 매주 10시간 내지 20시간 이상을 쓴다고 하지만, 이런 사람들은 그것을 취미로 생각하는 것이다. 그들은 볼링 클럽에 가입하는 것보다 자신의 돈을 가지고 노는 것을 더 좋아하는 사람들이다. 그러나 많은 돈을 벌기 위해 꼭 돈 다루는 일을 좋아해야만 하는 것은 아니다. 그저 충치를 예방하기 위해 양치질하듯이 생각하면 된다. 주당 몇 시간씩 쓸 필요도 없다. 우리 회사의 고객 중 그렇게 하는 사람은 단 한 명도 없다.

내가 조사한 바에 따르면 다음과 같다.

• 우리 회사 고객의 85퍼센트는 청구서 대금을 처리하는 데 한

달에 3시간도 쓰지 않는다. 그리고 고객의 3분의 1은 1시간도 채 쓰지 않는다.

- 97퍼센트는 수표 지출을 확인하는 데 한 달에 2시간도 채 쓰지 않는다. 그리고 9퍼센트는 아예 신경쓰지도 않는다.
- 82퍼센트는 한 달에 3시간도 채 안 되는 시간을 투자에 할애한다. 그리고 5퍼센트만이 한 달에 5시간 이상을 할애한다.

당신에게 더 좋은 소식이 있다. 우리 고객들은 예산을 짜는 것은 완전히 시간 낭비라고 생각한다. 그 증거로, 예산을 세우고 그것에 따라 지출하는 고객은 전체의 6퍼센트에 불과하다. 그러나 우리 고객들이 부자여서 그런 것이라고 생각해서는 안 된다. 그리고 부자들은 예산에 따라 살 필요가 없다고 생각해서도 안 된다. 왜냐하면 우리 고객의 21퍼센트는 예산을 세운 적이 있으며, 그 중에서도 그 예산에 따라 생활했던 사람은 전체의 24퍼센트밖에 되지 않기 때문이다. 그러므로 당신도 예산 세우는 일이 골치 아프거나 예산을 따르지 못해서 자책감을 느낀다면, 그 일을 언제든 멈추면 된다.

한편, 지출의 흐름을 알아야 한다는 사실에는 많은 공감대가 형성되어 있다. 우리 고객 중 76퍼센트가 그렇게 하고 있다. 이것은 중요한 차이점이다. '예산 세우기'와 '지출의 흐름을 아는 것' 사이에는 커다란 차이가 있기 때문이다. 예산 세우기는 당신이 어떻게 돈을 쓸 것인지에 관한 하나의 약속이며, 지출의 흐름을 아는 것은 당신이 실제로 돈을 어떻게 쓰는지를 보여준다. 예산을 짜서 생활하는 사람들은 예산을 초과하는 일이 잦아 결국 그 때문에 빚을 지게 되는 반면, 지출의 흐름을 파악하는 사람들은 자신의 목표를 향해 꾸준히 나아간다. 당신도 그렇게 해야 한다.

당신이 그동안 부자가 되지 못한 이유를 돈 관리에 신경을 쓸 시간이 없어서라고 주장한다면, 이제 다른 핑곗거리를 찾아보아야 할 것이다. 우리 고객들이 보여준 것처럼 재산을 모으기 위해 그리 많은 시간이 필요한 것이 아니다.

66 돈 관리에 드는 시간은 한 달에 3시간이면 충분하다 99

나는 인터넷을 이용해 돈이 들어오고 나가는 것을 쉽게 파악할 수 있습니다. 한 달에 두세 시간 정도 할애하고 있죠. 우리에겐 계좌가 2개 있는데, 하나는 주로 공과금 같은 것을 내는 데 사용합니다. 전에는 계좌가 3개였는데 세번째 계좌는 필요없다는 것을 알았습니다.

예산을 짜지는 않지만, 청구서 대금을 정산하기 위해 얼마가 필요한지는 알고 있지요. 우리는 비상시에 대비하여 언제나 현금을 갖고 있습니다.

익명, 병원 직원
배우자, 전 주유소 사장

나는 매주 청구서 대금을 정산합니다. 한 30분쯤 걸리죠. 은행계좌는 단 하나입니다.

열흘 정도를 미리 내다보면 앞으로 해야 될 것들에 대해 계획을 세울 수 있습니다. 청구서들을 자동 이체시켜 놓았기 때문에 예전보다 청구서를 정산하는 시간이 많이 줄어들었지요. 나는 2개의 신용카드를 갖고 있지만 마이너스가 된 적은 한 번도 없습니다. 전남편은 자신이 돈 관리를 잘 한다고 생각했어요. 하지만 그에겐 결혼 전부터 빚이 있었고, 그 빚이 계속 따라다녔죠.

베스티 로데릭, 행정관

나는 청구서 대금을 계산하는 데 약 30분 정도를 할애합니다. 이런 일을 한 달에 2번 하지요. 남편 명의의 계좌가 하나 있는데 그것은 청구서 대금을 내는 데 쓰고, 잡다한(선물 구입 같은 것) 비용 지출을 위해 내 명의의 계좌를 하나 가지고 있습니다. 우리는 계좌를 2개 이상 가져본 적이 없습니다. 요즘엔 남편이 청구서 대금을 정산합니다. 예전에는 그렇게 하지 않았어요. 어떤 때는 내가 내기도 하고, 또 어떤 때는 둘이 같이 내기도 했지요.

예산을 세워본 적은 없어요. 청구서에 파묻히기라도 하는 날이면, 그것을 다 결제할 때까지 돈을 계속 거기에 집어넣을 뿐이었죠. 돈을 벌기 위해서는 청구서 대금 정산에 그리 많은 시간을 쓸 필요는 없어요. 우리는 우리가 무엇을 할 수 있는지 알고 있는데, 어떤 사람들은 그렇지 못한 것 같아요. 사실, 청구서 대금을 정산하는 데는 한 달에 1시간 이상 필요하지 않습니다. 요점은 다른 사람들이 한다고 전부 따라할 수는 없다는 것이지요. TV에서 사라고 부추기는 것들을 모두 사야 한다고 생각하지 마세요.

익명, 교사

우리는 한 달에 한 번씩 청구서 정산을 합니다. 시간이 많이 걸리진 않아요. 한두 시간 정도 걸리죠. 우리는 계좌를 3개 갖고 있습니다. 하나는 MMF이며, 비상용으로 유지하는 것입니다. 두번째 것은 부부

공동 명의의 당좌예금 계좌로, 청구서 대금을 정산하는 데 사용합니다. 그리고 아내는 자신이 원하는 것을 하기 위해 계좌를 따로 하나 가지고 있습니다. 아내는 그 계좌로 그녀가 원하는 것 외에 식료품 같은 것을 사기도 하지요. 우리는 돈을 당좌예금 계좌에서 그녀의 계좌로 옮기고, 그녀는 또한 공예품점에서 돈을 벌어 그녀의 계좌에 넣어둡니다.

돈이 우리 가정에서 중요한 문젯거리는 아닙니다. 내가 회계사이기 때문에 직접 청구서를 관리합니다. 34년 전 결혼했을 때, 아내는 내게 돈을 타서 쓰는 것을 부담스러워했습니다. 그래서 그녀의 계좌를 따로 만들었고, 그 뒤로 그녀는 자기가 쓸 돈을 알아서 관리하고 있습니다.

나는 예산 때문에 골치 아파본 적은 없습니다. 나는 수입과 지출에 대해 항상 알고 있었지요. 중요한 것은 예견할 수 있어야 한다는 것과, 그것이 체계적이어야 한다는 것입니다. 적어도 청구서가 언제 날아오는지쯤은 알고 있어야 합니다.

익명, 회계사
배우자, 자영업자

나는 매주 한 번씩 식탁에 앉아 청구서 대금을 계산합니다. 각각의 봉투에 내야 할 날짜와 금액을 적은 라벨을 붙여놓습니다. 그리고 나서 그것들을 묶어놓고 그 묶음 안에 있는 것을 매주 정산합니다. 이 일을 하는 데 대략 30분에서 1시간쯤 걸립니다.

우리는 2개의 계좌를 갖고 있습니다. 하나는 가족들이 필요한 것을 구입하는 가계지출 계좌입니다. 그리고 아내는 자신에게 맞는 계좌를 가지고 있습니다. 나는 3개의 당좌예금 계좌를 가지고 있었는데, 한

군데서만 관리하는 것이 훨씬 낫더군요. 그리고 수지를 맞추기 위한 계좌도 하나만 두고 있지요.

나는 48년 동안 청구서 대금을 정산해왔습니다. 원래는 아내가 해왔는데 언젠가 내가 불평을 하자, 그러면 지금부터 나더러 하라고 하더군요. 그 이후 나는 만사에 입 다물고 있는 편이 좋다는 것을 알았습니다.

댄 노박, 경리부장
진 노박, 비서

매달 청구서 대금을 정산하는 데 많은 시간이 들진 않습니다. 몇 개의 청구서가 당좌예금 계좌에서 자동 이체되기 때문이죠. 우리는 당좌예금 계좌는 하나만 사용합니다. 비용 지출은 신용카드로 처리해서 월말에 정산되도록 합니다. 소득은 계좌로 바로 들어가고 생활비는 일주일마다 현금으로 찾아서 씁니다. 우리는 월말에 감당하지 못할 정도로 지출하지 않습니다. 그러나 가계부를 쓴 적은 없습니다. 우리는 그저 필요하면 사고, 남은 것은 저축하려고 하지요. 우리는 분수에 넘치는 생활을 하지 않습니다. 우리가 가진 유일한 부채는 주택저당대출과 자동차 할부금밖에 없습니다. 우리는 이것을 '재정적으로 성공'한 일이라고 생각한 적은 없습니다. 그저 매달 하는 일일 뿐이죠.

마틴 벨, 원예가
마사 벨, 회사원

우리는 20년 동안 매달 청구서 대금을 정산해왔습니다. 이제는 그것을 2주에 한 번씩 합니다. 정산하기 전날 밤, 정산할 것을 기록하고 우편으로 보낼 준비를 합니다. 한 달에 2번 정산하기 시작한 이후, 우리는 매달 중순쯤에 수표장에서 대출금의 반 정도를 떼어놓고 그 돈은 없는 것으로 생각합니다. 그리고 다음 정산일이 오면 나머지 반을 더해 대출금을 갚아나갔습니다.

청구서 대금을 정산하는 데는 1시간도 걸리지 않습니다. 남편과 나는 이 일을 몇 달마다 교대해가며 하고 있기 때문에 정산 날짜를 어기지 않도록 대금 수표 발송에 특히 주의를 기울입니다.

나는 우리 재정에 어떤 일이 일어나는지 잘 알고 있었습니다. 이것은 아주 중요합니다. 가정의 재정 상태에 대해 모르는 여자들이 많다고 하더군요. 우리는 5명의 아이들을 키우고 있고, 이런 경험을 아이들에게도 가르쳐주고 있습니다.

중요한 것은 체계적이고 엄격하게 지출을 조절하는 것이지요. 신용카드를 쓰지 말고, 당신이 가진 범위 내에서 지출하며, 지금 당장 모든 것을 소유하려는 생각을 버리십시오.

익명, 접수계원
배우자, 조사 분석 책임자

나는 매달 말에 청구서 대금을 정산합니다. 정말 싫어요. 1시간쯤 걸리는데 그 1시간이 얼마나 길게 느껴지는지 몰라요. 나는 1개의 신용조합 계좌를 가지고 있습니다. 내가 할 수 있는 만큼 외상 처리를 하고 수표는 월말에 단 1장만 발행합니다. 그게 훨씬 빠르고 쉽죠. 10년 내지 15년 전에는 2개의 계좌를 가지고 있었는데 두번째 것은 필요없더군요. 처음 5년 동안은 아내가 청구서 대금을 정산했습니다. 하지만 그녀는 지쳐버렸고, 지금은 나도 그렇습니다.

나는 신용을 잃지 않기 위해 모든 청구서를 꼭 기일 안에 납부합니다. 수년 전에는 꼬박꼬박 청구서 대금을 낼 수 있다는 것만으로도 만족해 했습니다. 그건 일종의 성취감이었지요. 하지만 지금은 단지 허드렛일이라고 생각해요!

예상하셨겠지만 나는 예산을 짜지 않습니다. 하지만 한 가지 규칙은 있습니다. 매달 더 나아지는 것이 있어야 한다는 것이죠. 체계적으로 처리하는 것이 성공의 열쇠입니다. 재정과 관련된 모든 것이 체계화되어 있어야 성공할 수 있습니다. 그걸 반드시 좋아할 필요는 없겠지요. 하지만 어쨌든 그렇게 해야만 합니다.

프랭크 데콜라, 자동차 세일즈맨

캐서린 데콜라, 교사

직장을 그만둔 것은 어려운 결정이었고 여전히 힘듭니다. 모든 사람들이 이구동성으로 생계를 위해서는 맞벌이를 해야 한다고 말하지요. 내가 일을 그만두었을 때 스티브는 4만 달러를 벌고 있었고, 나는 3만 2,000달러를 벌고 있었습니다. 그래서 아이 하나에 임신까지 한 상태인데도 직장을 그만두고 집에 있는다는 것은 수입의 상당 부분을 포기하는 것이었지요.

우리는 지출 내역을 살펴보고 줄일 수 있는 것을 찾아보았습니다. 매달 내야 하는 돈을 줄이기 위해 자동차 대출금과 주택 대출금 중 많은 금액을 상환했습니다. 또한 쓰레기 처리 대행과 케이블 TV 시청을 중단했습니다. 나는 효과적으로 돈을 저축하는 방법을 알기 위해 관련 서적을 찾아 읽었지요. 나도 일을 해야 한다는 생각 때문에 정신적으로 힘들었습니다. 우리는 예쁜 집에 살거나 좋은 차를 가지거나, 그밖에 남들이 하는 것을 하지 못했기 때문에 내가 일을 다시 해야 하지 않을까 고민을 했습니다. 그러면 어쨌든 돈은 좀 벌었을 테니까요.

하지만 그러고 싶지 않았습니다. 결혼 전에 우리는 아이를 키우기 위해 내가 집에 있어야 한다는 데 합의했습니다. 하지만 첫아이를 낳았을 때는 재정적으로 잘 꾸려갈 자신이 없었습니다. 직장을 그만두기 전에 상사는 일주일에 나흘은 집에서 일하고 하루는 사무실에서 일하는 것은 어떠냐고 제안했습니다. 하지만 아들이 커가자 그것도 힘들어지고 살림도 엉망이 되었습니다. 그러다 둘째가 들어서자, 더 이상 그렇게 할 수가 없었지요.

당신도 나와 마찬가지로 가장 중요한 것이 무엇인지를 결정해야 합니다. 그래도 가장 잘한 일은 내가 24살 때부터 저축을 했다는 것이지요. 지금도 계속 저축하고 있습니다. 그것은 남편이 은퇴할 때까지 계속될 것입니다. 일찍부터 저축을 시작한 것은 매우 잘한 일이었어요. 내 친구는 많은 것들을 사들이느라 401(k)에 1년에 서너 번밖에 돈을 넣지 않더군요. 우리는 절대로 그러지 않을 겁니다.

메리 그리어, 주부, 전직 컴퓨터 프로그래머
스티브 그리어, 시스템 엔지니어

나는 지금 당장 필요하지 않은 것을 사고 싶을 때마다 지금 쓰려고 하는 돈의 이자를 내기 위해 얼마나 많은 돈이 필요한지 헤아려봅니다. 그러면 물건 사는 것을 다시 한번 생각해보게 되지요.

윌리엄 허치슨, 보험 설계사

어렸을 때 플로리다에 가서 하루 동안 먹고 노는 데 5달러를 썼습니다. 나는 하루를 보낸 다음에도 돈이 남아 있기를 바랐지요. 덕분에 돈을 저축하는 것이 내게는 하나의 놀이가 되었습니다. 그건 지금도 마찬가지입니다.

캐스린 케임, 국제경제학자

우리는 예산을 짜거나 저축할 돈을 따로 챙겨두거나 하지 않았습니다. 그저 쓰지 않았을 뿐이죠. 우리는 지금도 그렇게 하고 있습니다.

그런데 한 가지 사건이 일어났어요. 몇 년 전에 오랫동안 보지 못했던 친구가 휴가를 맞아 나를 만나러 왔습니다. 우리는 점심때 만나서 아이 쇼핑을 하며 여기저기 돌아다녔지요. 어느 가게에서 마음에 드는 바지를 본 그녀는 그걸 입어보았습니다. 그 바지는 그녀에게 잘 맞았고 잘 어울렸습니다. 그녀는 그걸 사는 게 좋을지 내게 물어봤습니다.(그녀는 점심을 먹을 때 분명히 저축하고 싶다는 말을 했습니다.) 나는 말했죠. "그게 필요하니?" 그녀는 마치 내가 그리스어로 말하는 듯 의아한 얼굴로 나를 쳐다보았습니다. 그러고는 필요하다는 것이 무슨 뜻이냐고 되물었지요. 나는 그 바지가 없으면 어떤 곳을 갈 수 없거나 초대에 응할 수 없는지 생각해보라고 말하면서 '필요'라는 말의 정의를 내려주었습니다. 그런 필요를 충족시켜주는 옷이 지금 가지고 있는 옷 중에 없냐고 물었습니다. 그녀는 나를 신기한 눈으로 쳐다보더군요. 그러고는 점원에게 생각을 정리한 후에 다시 오겠다고 했습니다. 우리는 가게를 나와서 욕구와 기호에 대한 얘기를 나누었고, 보기 좋은 것과 필요한 것(특히 저축하고자 하는 상황에서)의 차이에 대해 얘기했습니다. 결국 그녀는 그 바지를 사지 않았지요.

H.B., 회계사

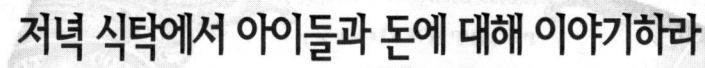

7 저녁 식탁에서 아이들과 돈에 대해 이야기하라

자녀에게 얘기해야 할 것과 하지 말아야 할 것

7
저녁 식탁에서 아이들과
돈에 대해 이야기하라

미국의 많은 가정에서는 저녁 식탁에서 절대 이야
기하지 않는 세 가지가 있다. 정치, 섹스, 돈이 그것
이다. 나도 처음의 두 가지에 대해서는 이야기하고
싶지 않다. 그러나 세번째에 관해서는 한번 이야기해보려고 한
다. 만약 당신이 가족들과 돈에 대해 이야기하지 않는다면 상당
한 문제가 야기될 수도 있다. 그러나 부모들은 자녀들이 나이가
적든 많든 간에 그들과 돈에 관한 이야기를 거의 하지 않는다.

어린 자녀를 둔 부모들이 저지르는 실수

당신은 아마 돈에 대해 아이들에게 이야기하지 않을 것이다. 그
러나 그들은 돈에 대해 배워간다.

이 점을 한번 생각해보자. 당신은 아이들이 학교에서 돈에 대해 배우지 않는다는 걸 알고 있다. 그러나 당신은 아이들이 「플레이보이」를 보면서 섹스에 대해 알게 될지도 모른다고 생각하지만, 그들이 「이코노미스트」를 통해 돈에 대해 배울 거라고는 생각하지 않는다. 한 가지 알아야 할 사실은 아이들은 돈에 관한 모든 것을 단순히 당신을 보면서 알게 된다는 것이다.

5살짜리 아이들에게 돈이 어디서 생기느냐고 물어보면, 가장 흔한 대답은 현금 자동 출납기일 것이다. 당신에게는 그 대답이 유머처럼 들리겠지만, 유치원에 다니는 아이들은 진지하게 대답한 것이다. 아이들은 당신을 따라 현금 자동 지급기에 갔는데, 당신이 버튼을 누르자 돈이 나오는 것을 본 것이다. 만약 그 이치를 설명해주지 않으면 아이들은 어떤 결론을 내리겠는가?

회사의 한 여직원이 12살짜리 딸에 대한 이야기를 한 적이 있다. 그녀는 신용카드 빚을 없애기 위해 부단히 노력했다. 모든 돈을 갚고 나자 그녀는 백화점에 전화해서 신용카드를 없애려고 했다. 그러자 옆에서 듣고 있던 딸이 놀라며 이렇게 말했다. "엄마, 그럼 이제 어떻게 옷을 사요?" 그녀는 이렇게 설명했다. "걱정하지 마. 우리가 옷을 사고 싶으면 그냥 현금으로 사면 돼." 그랬더니 딸이 놀라며 대답했다. "현금이요? 난 현금을 받는 가게를 하나도 모르는데."

이 이야기를 듣고 웃기 전에 당신 자신에게 물어보라. 당신이 언제 백화점에서 현금을 주고 옷을 산 적이 있는지 말이다.

당신의 아이들은 돈이 어떻게 움직이는지 이해하고 있는가? 당신이 어떻게 돈을 벌고 돈을 가지고 무엇을 하는지 아이들이 알고 있는가? 당신은 아이들에게 이런 것을 가르쳐주어야 한다. 아이들에게 돈을 아껴 쓰는 것, 저축하는 것, 투자하는 것에 대해 가르쳐주어라. 그리고 어느 정도는 즐기는 것도 가르쳐주어라. 그래서 그들이 돈으로 할 수 있는 것을 좋아할 수 있도록 해야 한다. 단지 돈 자체를 좋아하는 것이 아니라.

또한 그들에게 돈을 벌면 거기에는 세금이 부과된다는 것도 확실히 가르쳐주어야 한다.우리가 받는 월급은 세금을 제하고 난 금액이라는 점도 아이들에게 숙지시켜주어야 한다. 그리고 14살 정도의 자녀가 있다면, 당신이 세금을 내야 할 때 세금 계산하는 것을 돕게 하라. 그것은 좋은 수학 공부가 될 뿐 아니라 경제 공부도 될 것이다. 또한 가족의 재정 상황에 대해 알려줄 수 있는 아주 훌륭한 기회이기도 하다.

그런데 이것은 자신의 수입을 다른 사람에게 밝혀야 하는 일이기도 하다. 당신이 얼마를 버는지 아이들에게 이야기하는 것이 창피한 일인가? 당신이 얼마나 빚을 지고 있고 가지고 있는 돈이 얼마나 적은지 아이들에게 이야기하는 것이 창피한 일인가?

나는 당신의 수치심이나 창피함이 걱정스럽지는 않다. 그보다 당신이 이러한 감정을 극복하지 못했다는 것이 걱정스러울 뿐이다. 그러면 당신의 아이들도 돈 문제에 있어서 수치심이나 창피함을 느끼는 것을 배우게 될 것이다. 아이들은 모든 걸 당신을 보고 배우니까.

성인 자녀를 둔 부모들이 저지르는 첫번째 실수

자녀들을 현실로 끌어들이지 않는다면, 그들은 당신이 아무런 문제가 없다고 생각하게 될 것이다. 부모들이 괜찮다고 한다면, 자녀들은 부모를 걱정할 필요가 없다고 느낄 것이다. 어쨌든 부모는 자녀들이 자신들에 대해 걱정하는 것을 바라지 않는다. 하지만 많은 부모들은 자녀들이 놀라기를 바라는 모양이다.

자신의 부모가 청구서를 처리할 능력이 없다는 걸 알게 되어 놀라고, 부모의 재산에 압류 딱지가 붙는 걸 보고 놀라고, 아버지와 어머니가 자신들에게 얼마를 남겨주었는지를 보고 놀랄 것이다.

그렇게 놀라는 것은 부당하고 불행한 일이지만 그런 일은 여전히 자주 일어나고 있다. "아이들은 나의 돈 문제에 대해 알 필요가 없어요. 나는 아무 문제 없고 그들도 때가 되면 많은 돈을 벌게 될 거예요." 이러한 태도는 공황기에 태어난 사람들에게서 공통적으로 나타나는 특징이다. 이들은 부족한 채로 삶을 살아왔다. 그들의 부모는 가진 게 없었고 아무것도 기대할 것이 없었던 것이다.

그래서 그들은 자신의 아이들도 똑같을 거라고 생각한다. 그러나 삶은 똑같지 않다. 공황기에 태어난 많은 사람들은 퇴직 후에 안락한 삶을 누리고 있으며 재정적인 걱정을 하지 않는다. 대신 그들의 가장 큰 재정적 문제는 남은 삶 동안 자신의 재산을 어떻게 유지하느냐이며, 궁극적으로 그 재산을 아이들에게 어떻게 분배하느냐이다. 그런데 여기에서 가장 큰 충격이 비롯된다.

너무나 많은 부모들이 자신의 재산에 대해 자녀들에게 이야기하지 못한다. 그들에게 자신의 모든 것을 물려주려 한다 할지라도 말이다. 당신은 아이들이 돈 때문에 당신을 사랑한다고 생각하는가? 만약 그렇다면, 왜 당신은 아이들에게 돈을 주지 않는가? 그리고 그렇지 않다면 왜 그들과 돈에 대해 이야기하는 것을 꺼리는가?

자신의 재산에 대해 자녀들에게 비밀로 하는 것이 얼마나 나쁜 결과를 가져올 수 있는지 많은 부모들이 모르고 있다.

성인이 된 자녀를 둔 부모가 가정에서 끔찍한 문제를 일으키는 것은 좋지 않은 일이다. 부모가 그러한 것을 피하기 위해 한 일이 오히려 더 문제를 일으키고 만다면 더더욱 좋지 않은 일이다. 그 이유가 무엇일까? 부모는 자녀에게 공정하기를 원한다.

그런데 이것은 다음과 같은 두 가지 이유에서 늘 문제를 일으킨다. 우선 한 가지는 공정함의 기준이 다르다는 것이다. 두번째 이유는 인생은 공정하지만은 않다는 것이다. 그래서 당신의 돈을 그렇게 다루려 한다면 실패할 수밖에 없다.

어떤 부모들은 일을 공정하게 처리하기 위해 자녀들에게 똑같은 액수의 돈을 남긴다는 유언장을 만든다. 그것은 결국 4명의 자녀에게 집을 사등분해서 나눠준다는 말이다. 그럼 3명이 그 집을 팔려고 하는데 1명이 반대한다면 어떻게 되겠는가? 부모는 자신들은 공정하게 일을 처리했다고 생각한다. 그러나 그들이 한 일은 오히려 자녀들간에 불화를 일으켰다.

자녀들과 그들의 배우자들에게 솔직하게 이야기하라. 나도 안다. 당신의 아이들은 서로 아끼고 사랑한다. 그러나 사위나 며느리들도 그럴 것인가? 두 딸이 전화로 이야기한다고 하자. 남편이 옆에서 엿듣고 있을지도 모른다. 그리고 전화를 끊고 나서 누가 비난받을 것인지 생각해보라.

당신은 어떤 자녀에게는 재산을 물려주지 않을 수도 있다. 그 점에 대해 자녀들에게 미리 이야기했는가? 당신이 왜 그렇게 했는지 말해주어야 한다. 다른 아이들에게도 그 이유를 이야기해주어야 한다. 그렇지 않으면 당신의 자녀들은 가정 불화를 상속받게 될 것이다.

또한 나는 한 아이에게 더 많은 재산을 남기는 것을 본 적이 있다. 그건 단지 그 아이를 더 사랑하기 때문이 아니라, 다른 형제들은 그 아이보다 재정적으로 더 성공했기 때문이다. 배우 아들은 의사 아들보다 돈을 못 벌기 때문에 돈이 더 필요하다고 그들은 말한다. 그러나 이 점을 자녀들에게 충분히 설명하지 못한다면, 그들에게 혼란과 상처와 분노, 그리고 유산 싸움을 물려줄 수밖에 없다.

이러한 실수는 쉽게 피할 수 있다. 당신이 해야 할 일은 단지 아이들에게 이야기해주는 것이다. 그들에게 당신의 계획을 이야기하고, 당신이 그렇게 판단한 근거를 이야기해주어야 한다. 그것이 가족에게 행복을 물려주는 첫번째 길이다.

성인 자녀를 둔 부모들이 저지르는 두번째 실수

내 고객 중에 재정적으로 곤란을 겪었던 젊은 부부가 있다. 그들은 맞벌이를 하고 있으며, 두 사람의 수입은 합쳐서 연봉 8만

5,000달러 정도 된다. 그들에게는 3명의 아이들이 있고 평범한 전원 주택에서 살고 있다. 그런데 그들에게 무려 3만 5,000달러의 신용카드 빚이 있다는 건 상상도 못 할 일이다.

돈은 그들에게 늘 골칫거리였다. 그들은 2만 1,000달러를 매년 세금으로 내고 주택저당대출의 월납입금으로 매달 2,125달러를 내며(이것은 연간 2만 5,500달러이다.) 자동차 2대에 대한 할부금으로 매달 489달러를 낸다(이것은 연간 5,868달러이다). 그리고 8,000달러를 기름 값으로, 1만 달러를 음식값으로, 2,500달러를 한 아이의 음악 캠프비로, 3,200달러를 다른 두 아이들의 축구 캠프비로, 그리고 9,000달러를 아이들의 옷값으로 쓴다. 지금까지 나열한 것들을 합하면 약 8만 5,000달러이다. 그래서 그들은 보험이나 집 유지비, 가구, 전화 또는 다른 비용을 내는 데 쓸 돈이 한푼도 없었다. 이제 그들이 왜 3만 5,000달러의 신용카드 빚을 지게 됐는지 쉽게 이해할 수 있을 것이다. (나는 그들이 어쩌다 이렇게 됐는지 이해는 하지만 용납할 수는 없다. 이들은 자신의 재정 상태로 감당할 수 없는 생활을 하고 있는 것이다.)

하루는 그녀가 자신의 부모에 대해 이야기해주었다. 그녀의 아버지는 해군 장교로 15년간 근무했고, 전역 후 통신회사의 간부로 일했으며, 어머니는 학교 선생님으로 30년간 근무한 후 은퇴했다. 두 사람은 합쳐서 3개의 연금과 사회보장 제도의 혜택을 받으며, 많은 금액을 저축하여 그 이익금을 받았다. 또한 아버지는 마지막으로 근무한 회사에서 받은 스톡옵션과 회사에서 정기적으로 납입해준 퇴직연금, 그리고 직장에서 일하는 동안 꾸준히 부어온 정기저축 덕택에 대략 140만 달러의 돈을 모을 수 있었다.

그러나 그분들은 여전히 해군과 초등학교 교사로 일할 때처럼 생활하고 있다. 그들은 매년 수입으로 들어오는 모든 돈을 어떻게 써야 하는지 방법을 알지 못하며 그럴 생각도 없었다. 그들의 계획은 당연히 딸과 딸의 가족에게 그 재산을 물려주는 것이었다.

난 그 딸의 재정 상태를 알고 있다. 부모의 재정 상태도 알고 있다. 그리고 그 둘 모두 상대방의 재정 상태에 대해 알지 못한다는 것도 알고 있다. 딸은 어깨를 들썩이며 얘기했다. "아버진 퇴역 장교이고 어머닌 은퇴한 학교 선생님이세요. 그분들은 아마 돈을 제대로 관리하고 있을 거예요."

내가 서로의 이야기를 상대방에게 했을까? 만약 그랬다면 그들은 어떻게 반응했을까?

당신은 그 대답을 여기서 찾을 수 없을 것이다. 그 답은 별로 중요하지 않기 때문이다. 그러나 다음 질문은 정말 중요하다.

당신이 부모라면 당신이 자녀들의 재정 상태를 아는 것이 도움이 되겠는가?
당신이 부모라면 자녀들이 당신의 재정 상태를 아는 것이 도움이 되겠는가?

당신이 그 딸이라면 당신의 부모가 당신의 재정 상태를 아는 것이 도움이 되겠는가?
당신이 그 딸이라면 당신이 부모의 재정 상태를 아는 것이 도움이 되겠는가?

그래서 나는 당신에게 묻고 싶다. "당신은 아이들이나 부모에게 돈 얘기를 한 것이 언제인가?"

마지막으로 하고 싶은 말은 이러한 상태는 단지 세대간의 문제로만 국한되지 않는다는 것이다. 나는 배우자간에도 엄청난 비밀이 존재하는 것을 여러 번 보았다. 그 중에서도 다음 사례는 특히 두드러진 경우이다. 한 여성이 나의 웹사이트를 방문해 도움을 청했다. 다음은 그녀가 쓴 글이다.

> 릭 선생님 안녕하세요?
>
> 남편과 나는 6년 전에 결혼했어요. 결혼하기 전에 남편은 세금 체납액이 8만 5,000달러나 있었어요. 결혼할 때만 해도 나는 그것에 대해 모르고 있었지요. 결혼하고 나서 1년 후 우리의 재정을 합하고 나서야 그 세금에 대한 것을 알 수 있었어요. 이제 다시 재정을 분리할 수 있는 방법이 없을까요? 그리고 결혼하기 전에 있었던 일에 대해 내가 책임지지 않을 방법은 없나요?

비밀이 많은 관계는 단순히 돈과 관련된 문제가 아니더라도 잘못된 것이다. 더구나 돈 문제는 부부끼리도 가장 나누기 힘든 경험일지도 모른다.

성인 자녀들이 저지르는 실수

아버지들은 단지 편하다는 이유 때문에 자신의 낡은 권위 의식을 버리려 하지 않는다. 그럼 어떻게 아버지와 진솔한 이야기를 하기 전에 아버지의 재정 상태(거래 은행의 잔고와 세금 같은 것)에 대해 알 수 있을까? 당신은 아버지가 세금 환급을 위해 영수증을 모으고 있다는 것을 알고 있는가?

어느 날 갑자기 부모님이 심각한 부채 상태에 있다는 것을 알게 되는 경우가 있다. 비록 부모님은 괜찮다고 하지만 말이다. 부모님의 생활 방식에 대해 잠시 생각해보자. 그들이 즐겨하던 어떤 일을 그만둔 것이 있는가? 아마 그들은 회원제 클럽 등록을 취소했을지도 모른다. 물론 거기에는 많은 이유가 있을 수 있다. 하지만 더 이상 재정적 지출을 감당할 수 없어서 취소했을지도 모를 일이다. 집 관리는 잘 되고 있는가? 청구서 대금 정산 기한은 잘 지키고 있는가? 집안에 먹거리는 충분한가? 이것은 모든 사람들이 생각해볼 만한 일이다. 단지 간단히 알아보는 것만으로 끝날 수도 있고, 더 자세히 조사해야 하는 경우가 있을 수도 있다. 당신과 부모님의 안정된 삶을 위해 지금 당장 해보도록 하라.

성공한 가족들은 자신들의 재정 상태에 대해 터놓고 이야기한다. 설문 응답자 중 87퍼센트가 자녀가 있다. (많은 사람들이 아이들의 양육비 때문에 돈을 모으지 못했다고 말한다. 그러나 우리 고객 중 열에 아홉은 자녀가 있다. 그리고 그것은 그들이 부자가 되는 데 전혀 방해가 되지 않았다. 다른 변명을 찾아보는 게 좋을 것이다.) 또한 이들 중 82퍼센트가 자녀들과 재정과 부동산에 대한 이야기를 나눈다. 나머지 18퍼센트도 아이들이 너무 어려서(미취학 아동이거나 초등학생) 그런 이야기를 상세히 하지 못했을 뿐이라고 말한다.

그리고 응답자의 46퍼센트는 적어도 한 분의 부모와 배우자의 부모가 살아 있다고 대답했다. 이들 중 거의 3분의 2에 해당하는 사람들이 부모의 재정적 상황이나 부동산에 대한 계획을 알고 있었다. (많은 숫자이긴 하지만, 이것은 내 설문 조사에서 드러난 일면일 뿐이다. 나는 상대적으로 낮은 이 비율이 다음과 같은 사실에서 비롯되었다고 본다. 즉 고객들이 돈에 관해서 부모와 이야기를 하고 싶어한다 해도 그들은 어른들이 원하는 것을 존중할 수밖에 없다는 것이다. 오늘날의 나이든 세대는 이런 문제를 자식들과 전혀 이야기하지 않았던 시대를 살아왔다. 그래서 63퍼센트의 고객만이 부모의 돈 문제에 대해 함께 이야기를 나눌 수 있었던 것이다.)

돈에 관한 이야기를 하는 것이 어렵게 느껴지더라도, 돈 얘기가 깊은 관계를 유지하는 데 가장 좋은 방법이라는 걸 명심해야 한다. 그것은 당신과 부모 모두에게 도움이 될 것이며, 당신의 아이들이 재정적 성공을 거두는 데도 도움이 될 것이다.

만약 돈에 대해서 이야기할 수 있다면, 정치나 섹스에 대해서도 이야기할 수 있지도 모른다.

66 저녁 식탁에서 아이들과
돈에 대해 이야기하라 99

내가 어릴 적 아버지가 은행 계좌에 돈을 저축하는 것 외에는 다른 투자를 하지 않으셨다. 그래서 나는 투자에 대해서 배울 기회가 없었고, 나는 첫아이가 대학 들어가기 몇 년 전까지만 해도 투자에 대한 지식이 없었습니다. 나는 그것이 상식에 속한다는 것을 몰랐지요. 물리학 학사학위와 공학 박사학위 그리고 전문적인 자격증을 가지고 있으며 숫자나 그래프 등을 분석하는 능력이 뛰어난 동료들이 막상 재정 분야에 그러한 능력을 써먹으려고 하면 아는 것이 그리도 없다는 것은 놀라운 일입니다. 나도 대학에서 수학을 배웠지만, 재테크 강좌를 듣기 전까지는 실생활에서 응용해본 적이 없었지요.

부모님이 자식들이 원하는 것을 매번 사준다면, 그들에게 도움이 되지 않을 것입니다. 모든 것을 받기만 해온 두 사람이 결혼해서 이제 모든 것을 스스로 해결해야 된다면, 그들은 매우 힘들어할 테니까요.

우리가 자식들을 키우는 원칙은 이렇습니다. "우리는 필요한 것을 살 테니 너희들은 원하는 것을 사도록 해라." 가령, 우리는 운동화를 얼마를 주고 사려고 합니다. 그런데 만약 아이가 걸을 때 빛이 나는 네온 운동화를 사고 싶어서 그 추가 비용을 자신이 내겠다고 한다면 그것은 괜찮다는 거죠. 아이들은 스스로 돈에 대해 깨달아야 합니다. 우리 아이들은 자신들이 원하는 것을 사기 위해 저축하는 법을 배웠습니다. 그리고 자신의 돈으로 구입하면, 그 물건에 대해 좀더 애착을 가지게 되지요. 좀 나이가 들게 되면 충동 구매도 막아줍니다.

밥과 베스티 워너

자식이 넷인데 모두 결혼했습니다. 나이는 각각 35, 33, 29, 25살이지요. 그들 모두 재정과 재산 계획에 대해 잘 알고 있습니다. 우리는 그것에 대해 자주 얘기합니다. 매우 자유롭게요. 우리는 늘 그래왔지요. 아이들이 고등학교에 다닐 때부터 가족의 재산에 대해 이야기했습니다. 절대 비밀이 아니었죠. 우리는 빚, 저축 같은 것에 대해 아이들에게 모두 이야기해주었습니다. 그들이 우리가 돈을 관리하는 것을 보면서 배우기를 원했기 때문이죠.

어머니는 82살이신데, 우리는 어머니의 재정 상태에 대해서 알고 있으며 그분도 마찬가지입니다. 어머니는 기꺼이 모든 재정 상태를 말해주었고 우리가 처한 상황에 대해서도 알려달라고 했습니다. 내 누이도 또한 어머니의 재정 상태를 알고 있습니다. 누이는 처음에는 그걸 알고 싶어하지 않았지요. 누이는 어머니가 평생이라도 사실 것처럼 여깁니다.

하지만 장모님 내외는 굉장히 비밀스럽고, 뭐가 어떻게 되어가는지 전혀 알 수가 없습니다. 우리가 물어봐도 대답하지 않습니다. 최근에 그분들은 재산 일부를 팔았지만, 우리에게 말하지 않았습니다. 우리가 그 재산을 사고 싶어한다는 것을 알면서도 말이죠. 그분들은 일을 다 끝낸 후에 결과만 얘기해주셨죠.

나는 부모님을 통해 재정에 대해 배우긴 했지만, 그들이 어떤 조언을 해준 것은 아닙니다. 단지 나는 그분들의 행동을 보고 배웠을 뿐이죠. 그분들은 투자를 전혀 하지 않았기 때문에 항상 빚이 있었고 가난했습니다. 부모님은 돈에 대해 잘 몰랐지요. 그분들을 보면서 나는 그러지 않아야 한다는 것을 배웠습니다. 이렇게 부모의 재정 상태를 알면 어떤 식으로든 배울 수 있기 때문에 도움이 된다고 생각합니다. 만약 부모님께 재정에 관한 조언을 해드리기가 꺼려진다면 오히려 그분들에게 좋은 조언을 해달라고 부탁하세요. 그렇게 돈에 관한 이야기를 시작해야 합니다.

만약 과거로 돌아갈 수 있다면, 나는 부모님과 더 일찍 재정 상황에 대해 이야기하고 싶습니다.

조셉 아이버스, 교회 성인교육 프로그램 책임자
코니 커밍스, 교회 소년교육 프로그램 책임자

우리에겐 3명의 아들이 있는데, 각각 38, 35, 32살입니다. 둘은 결혼했죠. 그들은 모두 우리의 재정과 재산 계획을 알고 있습니다. 사실 그들은 우리 계획의 사본을 갖고 있답니다.

우리는 아이들이 중학생이었을 때부터 돈에 대해 이야기하기 시작했습니다.

아버지는 91살이고 어머니는 86살입니다. 나 역시 그분들의 재정과 재산 계획에 대한 서류 사본을 가지고 있습니다. 언젠가는 유산이라는 형태로 그 계획과 맞닥뜨릴 것이기 때문에 미리 알아야만 하지요.

로버트 몽고메리, 전직 전기 엔지니어, 현재 부동산 중개인
엘리자베스 몽고메리, 전직 교사, 현재 부동산 중개인

아이들에게 용돈을 줄 때는 일부를 저축하는지 꼭 확인해야 합니다. 저축하는 습관을 기르도록 가르치세요.

조 셔크, 전직 국방부 직원
팻 셔크, 컴퓨터 전문가

우리에겐 36살 난 결혼한 아들이 있습니다. 그애는 우리 재정과 재산 계획에 대해 알고 있습니다. 나는 스스로 재정 관리를 해왔기 때문에 아들의 세금 문제를 도와주기도 했으며, 그애의 재정 상태에 대해서도 알고 있습니다. 아이가 어릴 때부터 남편이 일 때문에 멀리 가 있는 적이 많았습니다. 나는 아들에게 우리의 재정에 관한 모든 것을 알려주었고, 어떤 일을 결정할 때도 그애의 의견을 물었지요. 그애는 우리의 외동아들이었거든요.

용돈을 주기 시작한 것은 초등학교 때부터였습니다. 우리는 저축의 중요성을 가르쳐주고 싶었습니다. 좀더 자랐을 때 그는 계좌를 열었고 증권저축을 샀습니다. 부모님은 내가 어렸을 때부터 사고 싶은 것을 모두 사면 안 된다고 가르치셨습니다. 얼마가 되지 않아도 좋으니 늘 저축을 먼저 하라고 하셨지요. 먼저 스스로를 위해 저축하는 습관을 가지세요. 나는 아들에게도 똑같이 말해주었습니다.

익명, 전직 군인

22살과 24살인 자식이 둘 있습니다. 둘 다 미혼이고, 학교에 다니고 있지요. 그들의 할머니는 아이들에게 몇 년간 돈을 주었습니다. 아이들은 그것을 투자했지요. 할머니는 또한 아이들에게 조지 클래이슨 (George Clason)의 『바빌론 부자들의 돈 버는 지혜 (The Richest Man in Babylon)』이라는 책도 선물해주었습니다. 그 책은 돈을 장기적으로 저축할 돈, 빚을 갚을 돈, 자유롭게 쓸 돈, 이 세 가지로 나누는 이야기를 담고 있습니다. 이 책을 아이들에게 읽히길 정말 잘했어요. 아이들은 매번 돈을 쪼개 저축하는 방법을 배웠답니다.

아이들은 학년이 오르면서 차를 샀습니다. 하지만 거기에는 문제가 숨어 있었지요. 그들은 학교에 다닐 때 매달 50달러씩 저희에게 내야 했습니다. 그 돈은 뮤추얼펀드로 들어갔지요. 우리는 차를 살 만한 돈을 모을 때까지는 새차를 사지 말고 저축하라고 독려했습니다.

아이들은 우리의 재산 계획에 대해 알고 있습니다. 그들은 남편과 내게 무슨 일이 일어난다 해도, 35살이 되기 전까지는 유산을 한푼도 받지 못한다는 것을 알고 있습니다. 비상시를 제외하고 말이죠.

87살인 시어머님은 많은 돈을 가지고 있고, 재정 상황에 대해 남편에게 자세히 알려주고 있습니다. 그녀는 남편에게 재정 기록을 정기적으로 보냅니다. 돈을 관리하는 것은 그녀의 취미 생활이지요. 가장 즐겨보는 잡지가 「포브스」랍니다.

내 부모님은 가지고 있지 않은 돈을 쓰지 말라고 가르쳤습니다. 돈에 대한 내 생각도 그들과 크게 다르지 않습니다. 지금 우리는 더 비싼 집으로 옮길 능력이 있지만, 그렇게 하지 않습니다. 또한 우리는 컨트리클럽에 가입하거나, 비싼 새차를 사거나, 일등석을 타고 여행할 수 있는 돈이 있지만 그렇게 하지 않습니다.

만약 과거로 돌아갈 수 있다 해도 나는 돈에 관한 교육 방법을 바꾸지 않을 겁니다. 아이들은 할머니로부터 물려받은 돈에 대한 좋은 감각이 있는 편입니다.

익명, 주부, 전직 교사

어머니는 2차 세계대전 후 20달러를 가지고 그리스에서 미국으로 이민을 오셨습니다. 어머니와 이모는 그 돈으로 코카콜라와 다른 회사의 주식을 샀고 돈은 늘어났습니다. 그때 돈이 늘어나는 방법을 알게 된 것이죠. 아버지는 투자에 대해 끔찍하게 생각합니다. 아버지는 대공황 때 그 당시 할아버지가 운영하시던 6개의 식당을 한꺼번에 잃는 것을 보셨거든요. 어머니는 의상실을 차리고 건물을 임대했습니다. 고등 교육은 전혀 받지 못하셨지요. 하지만 아버지는 와튼 스쿨에서 MBA를 수료했고 광고 제작자로서 꽤 많은 돈을 벌었지만 전혀 저축하지 않았습니다. 하지만 어머니는 가능한 한 많이 투자하고 저축했습니다. 이제 그들은 은퇴했고, 만약 돈이 남아 있다면 그것은 어머니 덕분입니다.

익명, 시나리오 작가
배우자, 언론인

딸은 4학년 교사입니다. 그애는 학생들의 숙제에 점수를 매겨 장난감 돈을 지급합니다. 그들은 그 돈을 그애의 뮤추얼펀드에 투자할지 아니면 학급의 은행에 투자할지 결정합니다. 매주 말에 그들은 투자 수익을 계산하고 합계를 내야 합니다. 때때로 손해를 보기도 하지요. 숙제를 다 못한 학생은 그녀에게 벌금을 내야 하기 때문입니다.

이 뮤추얼펀드는 3개월 동안 운영되며, 3개월이 지나면, 그녀는 학생들이 번 돈을 사용할 수 있게 경매를 합니다. 주로 아이들에게 필요한 학용품들이죠.

공황에 대해 가르칠 때 그애는 학생들에게 돈을 모두 잃어버렸다고 말했습니다. 그 반응이 얼마나 엄청나던지! 이 일로 인해 학생들은 당시의 조상들이 어떤 시절을 보냈는지 좀더 잘 알게 되었습니다. 학생들이 며칠간 진땀을 흘린 후에야 그애는 돈을 돌려주었습니다.

에텔 퍼킨스, 은퇴

어머니는 내가 어렸을 때 매주 25센트를 주었습니다. 일요일이면 그 중 10센트를 교회에 헌금해야 했고, 5센트는 저축하기 위해 돼지저금통에 넣었지요. 5센트는 학교에서 사탕을 사먹는 데 썼습니다. 사탕은 그때 1센트였으니 하루에 사탕 1개밖에 살 수 없었죠. 마지막 5센트는 내가 원하는 데에 쓸 수 있었지요. 몇 해 지나 용돈은 늘었지만, 그 원칙은 똑같이 유지되었습니다.

바바라 브라운

12살 된 딸인 다코다에게 저축의 필요성에 대해 이야기해주었더니 아이는 이런 말로 요약하더군요. "하루에 1달러는 늙었을 때 부자로 만들어주는군요." 귀여운 아이지요?

로빈 톰슨, AXYS 매니저

8 TV, 신문에서 쏟아지는 정보의 홍수를 거부하라

돈에 대한 뉴스에 주의를 기울여야 할 때와 멀어져야 할 때

8
TV, 신문에서 쏟아지는 정보의 홍수를 거부하라

 재정적으로 성공하기 위해서는 정보가 필요하다. 그럼 당신은 도대체 어디서 그러한 정보를 얻는가? 그건 간단하다.

우선 매일 아침 「월스트리트 저널(The Wall Street Journal)」이나 「인베스터즈 비즈니스 데일리(Inverstor's Business Daily)」를 읽으며 시장 상황을 알아본다. 「워싱턴 포스트(The Washington Post)」로 정치와 국내 뉴스를 접하며, 「뉴욕 타임스(The New York Times)」를 통해 경제와 국제 뉴스를 접한다. 그리고 가끔 블룸버그(Bloomberg)나 CNN, MSNBC 같은 채널을 보기도 한다. 혹시 자신이 놓칠지도 모르는 것에 관해서는 PBS의 〈심야 비즈니스 리포트(Nightly Business Report)〉를 보며 보충한다. 매주 금요일, 그들은 「비즈니스 위크(Business Week)」를 읽으며 PBS의 〈월스트리트 위크(Wall Street Week)〉를 본다.

그리고 격주로 발간되는 「포브스(Forbes)」나 「포춘(Fortune)」을 읽으며, 매달 「머니(Money)」, 「스마트 머니(Smart Money)」, 「워스(Worth)」, 「블룸버그 퍼스널(Bloomberg Persnal)」, 「키플링어 퍼스널 파이낸스(Kiplinger's Personal Finance)」 등을 보고, 그외에도 많은 정보지를 본다.

그들은 또한 '미국의 개인 투자자 모임(Individual Investors Association of America)'에 가입되어 있으며, 매달 개최하는 모임에도 충실히 참가한다.

그리고 자신의 포트폴리오 상황을 매일 다운로드받는다. 어떤 때는 잘 움직이는 시간 단위로 다운로드받기도 한다. 그리고 오늘의 기온보다 다우지수를 더 잘 알고 있다.

그런데 당신은 이러한 일들을 하지 않는다. 왜냐하면,

1. 그럴 시간 여유가 없다.
2. 그러한 일들은 정말 지루하다.
3. 다른 사람들의 이야기에서 별로 도움을 받지 못한다.

세 가지 중에서 하나를 골라보라. 어떤 사람은 전부 고를 것이다. 그건 중요하지 않다. 어느 것을 고르든, 당신이 재정의 세계에서 어떤 일들이 일어나는지 관심을 기울이지 못하는 이유로 충분하기 때문이다. 그러나 그러한 관심 부족이 성공하지 못하는 이유가 될 수 없다. 왜냐하면 재정적으로 성공한 대부분의 사람들은 당신만큼도 그러한 일들에 관심을 기울이지 않기 때문이다.

그건 사실이다. 우리의 설문 조사 결과에 따르면 단지 19퍼센트만이 「월스트리트 저널」을 읽으며, 단지 21퍼센트만이 CNBC나 PBS의 〈월스트리트 위크〉를 볼 뿐이다. 그리고 20퍼센트 미만이 재정에 관련된 세미나에 참가한 적이 있으며, 15퍼센트가 될까 말까 한 정도가 재정에 관한 잡지를 본 적이 있다. 그리고 11퍼센트만이 PBS의 〈심야 비즈니스 리포트〉를 시청한다고 한다. 8퍼센트도 채 안 되는 사람들이 투자 방법을 설명하는 뉴스레터와 경제신문 그리고 재정에 관련된 라디오나 TV 방송을 듣거나 보며, 재정에 관련된 웹사이트에 접속한다고 한다. 나머지 77퍼센트에서 99퍼센트에 이르는 고객들은 매체와 관련되어 위에서 말한 그 어떤 일도 하지 않는다고 대답했다. 그래도 그들은 재정적으로 성공했다.

성공하려면 시장에 너무 깊숙이 들어가지 마라

당신이 정보가 없어서 돈 관리를 잘 하지 못했다고 생각한다면, 다른 변명거리를 찾아보는 게 나을 것이다. 이 책에서 이야기했던 다른 모든 변명들처럼, 이런 변명은 통하지 않는다.

오히려 매체에 신경을 쓰지 않는 사람일수록 과중한 정보를 거부하므로 성공할 확률이 높다. 많은 초보 투자자들이 인터넷 채팅방을 찾아가고, 게시판을 보고, 얼굴도 모르는 사람과 대화를 하고, 생전 들어보지도 못한 주식에 대한 투자 방법을 들으며, 자신들은 이해하지도 못하는 거래에 관한 소문을 듣는다. 그렇게 얻은 자료조차 확인도 해보지 않고 어떤 회사의 주식을 사게 된다.

사실 투자 전문 잡지에는 너무나 많은, 스스로 할 수 있는 투자 비법이 거의 40가지가 넘게 실려 있다. 그것은 1년간 500개가 넘는다. 월스트리트 시장을 다룬 각각의 신문 칼럼에서는 10가지 주식에 대해 이야기하는데 이 또한 1년으로 따지면 500가지가 넘는다. 게다가 수백 명의 기고자를 감안한다면 그것은 어마어마한 수치가 될 것이다.

TV에서는 자산 관리사, 재정 고문, 저널리스트, 경제학자와 같은 사람들이 매일 화면에 나와 각각 5가지 정도의 투자 방법에 관해 이야기해주는데 이 또한 연간 5,000여 개가 된다.

300개가 넘는 투자 정보지에서는 잡지마다 50가지 정도의 투자 비법을 알려 준다. 어떤 정보지는 매일 한 가지씩 알려주기도 한다.

빨리 부자가 되는 방법을 알려주는 사람들도 수십 명이나 있다. 그들은 책이나 테이프 또는 세미나 등을 통해 그 방법을 제공하기도 하며, 어떤 때는 자신의 투자 전략을 알려주는 대가로 수천 달러를 요구하기도 한다.

이 모든 이야기는 전세계에서 가장 성공한 투자자인 워렌 버펫이 하는 말과 상충된다. "아무리 뛰어난 투자자라도 평생을 통틀어 10개에서 20개 정도의 좋은 아이디어가 떠오를 뿐이다."

당신이 재정적 성공을 바란다면, 내 고객들이 피하고자 하는 것들을 피해야 한다. 그들처럼 해야 한다. 우리 회사의 고객들은 시장에 너무 깊숙이 들어가지 않는다. 그들은 시장과 매체에 의해 쏟아져 나오는 정보의 홍수를 피하려 한다. 대신 그들은 될 수 있는 한 많은 돈을 자주 투자한다. 그렇게 한다면 당신도 부자가 될 수 있을 것이다.

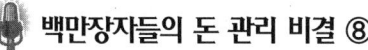 **백만장자들의 돈 관리 비결 ⑧**

❝TV, 신문에서 쏟아지는 정보의
홍수를 거부하라 ❞

나는 개인 재정에 관한 TV 프로그램를 보거나 책을 읽는 데 일주일에 7시간 정도를 할애했습니다. 또한 「워싱턴 타임즈」와 「워싱턴 포스트」의 경제난을 읽었고 TV의 경제 뉴스를 빠짐없이 보았지요.

결국 나는 개인 재정에 관한 그 많은 이야기들이 불필요하다는 것을 알았습니다. 나는 이제 재정 관련 잡지를 구독하지 않습니다. 그 이유는 그 모든 것을 개인 재정 고문에게 일임했기 때문이지요. 예전에는 주식에 손만 대면 실패해서 주식 시장을 멀리했습니다. 나는 어쨌든 지금은 그런 일에 시간을 허비하지 않습니다. 그럴 시간도 없고요. 그리고 매체를 보고 어떤 일을 결정하진 않습니다.

짐 엘리어트, 홍보 전문가, 은퇴
제인 엘리어트, 주부

내게 있어 투자는 취미라기보다는 허드렛일이고, 매스컴은 좋은 충고와 나쁜 충고를 동시에 주기 때문에 거기에 의존하지 않습니다. 그리고 최신 투자 정보에 따라 투자한 적은 한 번도 없었습니다. 대신 나는 장기적으로 투자하고, 돈을 어디에 넣어두어야 할지에 대해 좋은 충고를 해줄 사람을 찾습니다.

케네스 고사지, AT&T 직원, 은퇴

경제에 관한 프로그램은 따분해서 보지 않습니다. 나는 매스컴에서 좋은 충고를 해주지 않는다고 믿습니다. 사실, 나는 최신 정보에 따라 투자를 한 적이 있습니다. 1980년대에 개인 투자자를 위한 잡지를 구독했는데 꽤 괜찮아 보였지요. 나는 투자에 대해 전혀 몰랐지만 딸에게 그것에 대해 이야기했고, 딸은 제 생일 선물로 그 잡지에서 추천하는 주식 50주를 사주었지요. 그것은 저가주였고 많이 비싸지는 않았습니다. 그런데 3주 후에 그 회사는 부도나 버렸습니다. 하지만 나는 주식수가 적혀 있는 그 주식을 여전히 가지고 있습니다. 그건 같은 실수를 하지 않게 해주는 일종의 비망록인 셈이죠.

프랜 룩스, 컴퓨터 시스템 분석가, 은퇴

나는 개인 재정에 관한 매체를 보느라 시간을 허비하지 않습니다. 만약 장기적으로 투자할 생각이라면, 매일매일 다우지수를 보면서 연구할 필요가 있을까요?

나는 개인 재정 운용이 허드렛일도 아니고 취미도 아니라고 생각합니다. 그것은 의무입니다. 그래서 나는 매스컴을 통해 읽거나 본 것을 기초로 재정적 결정을 내리지 않습니다. 차라리 별점을 보고 결정하는 게 낫겠지요. 확실히 내가 어떤 결정을 할 때는 내 조언자가 해준 분석과 연구에 기반한 것이고, 그 후에 제 마음을 결정하죠.

빌 에어바흐, 목사
마사 에어바흐, 간호학과 교수

나는 개인 재정 관련 TV 프로그램은 보는 데 매주 15분도 할애하지 않습니다. 최신 정보를 알기 위해 보는 게 아니라 정보의 기반으로 활용하기 위해 보지요. 그 다음에 전문가와 상담합니다.

팀, 세일즈맨

나는 시간이 없기 때문에 TV를 보는 데 많은 시간을 쓰지 않습니다. 나는 은퇴할 때 돈이 조금이라도 남아 있기를 바라는 마음으로 투자에 관심을 두고 있을 뿐이지요. 내가 고등학생일 때, 할머니는 다니시던 회사가 문을 닫고 연금이 물거품이 되자 정년 후에도 2년 정도 더 일을 했던 적이 있습니다. 할아버지는 어디에서도 연금 가입 자격을 얻을 만큼 길게 일해본 적이 없었습니다. 나는 부모님과 할아버지 사이에 어떤 대화가 오고갔는지 기억하고 있습니다. 조부모님에게는 은퇴 후를 대비해주는 것이 사회보장 제도밖에 없었기 때문에 이후에 어떻게 살지 걱정하셨지요. 그것은 모두에게 충격이었습니다. 나는 그렇게 끝나고 싶지 않았습니다. 가정에서 이런 일을 본 것은 내게 큰 자극이 되었습니다.

익명, 웹디자이너

나는 매스컴에서 좋은 충고를 하지 않는다는 것을 배워왔기 때문에, 매스컴의 최신 정보를 바탕으로 어떤 결정을 내리진 않습니다.

익명, 경영자

백만장자가 된 사람들이 들려주는 이야기

내 생애 최악의 실수

젊었을 때 투자를 많이 하지 못했다. 대신 나는 종신보험에 가입했다. 나는 종신보험이야말로 멋진 저축이라고 생각했다. 하지만 그렇지 않았다.

마이클 버크, 에어프랑스 은퇴, 현재 변호사
엘리노어 버크, 전직 에어프랑스 간호사, 현재 판화가

나는 젊었을 때 투자를 시작하지 못했다. 나는 46살이 되어서야 투자를 하기 시작했다. 왜냐하면 나는 내가 무엇을 해야 하는지 몰랐기 때문이다. 그래서 결국 나는 그때까지 아무것도 하지 못한 것이다.

재키 펠루소, 공무원

내 인생에서 가장 큰 실수는 좀더 일찍 주식 투자를 시작하지 않은 것이다.

익명, 경영 컨설턴트
배우자, 법률 집행관

목돈이 모였을 때 곧바로 재정 자문을 받지 않은 것.

법이 허용하는 범위 내 최대한의 금액을 저축하지 않은 것. 내가 대학을 졸업하고 처음으로 돈을 벌기 시작한 20대 초반, 그때는 돈이 쉽게 왔다가 쉽게 가버렸다. 나는 장기 투자가 얼마나 중요한지 깨닫지 못했었다. 그리고 나는 퇴직 후의 삶에도 별 관심이 없었다.

데이비드 웨브, 가스산업연구협회 이사
진 웨브, 가정주부

나의 최악의 실수는 곧바로 투자를 시작하지 않은 것.

짐 맥다니엘, 공원 관리자
미셸 맥다니엘, 행정 보좌관

나는 주택저당대출을 목돈으로 한번에 상환한 적이 있다. 차라리 그 돈을 다른 곳에 투자하는 게 나았다.

비아 블랙로우, 생태학자
로저 블랙로우, 정치인

일찍 투자를 시작하지 않은 것. 우리는 30대가 되어서 투자를 시작했다. 집을 개조하고 부엌을 개조하는 데 돈을 들일 게 아니라 투자를 하는 데 썼어야 했는데 그렇게 하지 못했다.

스테파니 토머스, 미 농무부 정보 사무관
브래드 토머스, 컴퓨터 분석가

나는 1987년의 증시 폭락 일주일 전에 뮤추얼펀드를 구입했다. 나는 1만 2,000달러를 투자했으며 일주일마다 3,000달러 정도의 손실을 입었다. 그러나 결국에는 회복이 되었다.

토니 댈러샌드로, 전기 기술자
루스 댈러샌드로, 주부

퇴직 후를 대비해 일찍부터 저축해 놓지 않은 것, 나는 늦게 저축을 시작했고, 그 늦은 것을 만회하기 위해서 정말로 힘들게 일해야만 했다.

윌리스 마틴, 시스템 기술자
마르시아 마틴, 여행사 직원

젊었을 때 저축해놓지 않은 것. 젊고 철모를 때에는 저축을 생각하지 않는다. 나는 젊었을 때 저축을 시작하지 않은 대가로 지난 15년 동안 벌어들인 돈의 대부분을 저축해야만 했다.

찰스 카나드, 은퇴

내 집을 마련한 것. 왜냐하면 나는 집을 사기 위해 401(k)에서 융자를 받았다. 나는 정년이 다가오자 그것이 얼마나 큰 실수였는지 알았다. 그러나 나는 현명하게 처리했다. 대출금을 모두 상환한 후에는 그 돈만큼 401(k)에 넣고 있다.

익명, 경영 컨설턴트
배우자, 내과의사

정년에 대비해 일찍 투자를 시작하지 않은 것. 내가 세금 공제를 받기 위해서 개인연금에 투자하기 시작한 것은 대략 35세 정도였다. 좀더 빨리 시작했더라면 하는 후회가 들었다.

샐리 허스트, 간호사

내 생애 최대의 실수는 젊었을 때부터 좀더 많이 저축하지 않은 것이다. 젊었을 때 나는 뮤추얼펀드에 주당 5달러씩 적립했다. 그 돈은 계속 불어나서 내가 처음으로 집을 살 때 보탤 수 있는 정도가 되었다. 나는 금융에 대해서는 전혀 알지 못했지만 운이 좋았고 복리이자의 장점을 이용할 수 있었다.

찰스 하텔, 컴퓨터 전문가

50대가 아닌 30대에 투자를 시작했더라면 지금보다 훨씬 더 부유해졌을 텐데.

닐 월프, 지역 경제전문가, 은퇴
메리 월프, 신용분석가, 은퇴

일찍 투자하지도 않았고 많이 투자하지도 않은 것.

프레드, 자영업자
셸리, 자영업자

나는 일찍 투자를 시작했다고 생각하지 않는다. 나는 학교를 졸업하고 첫 직장을 잡았을 때 바로 투자를 시작했어야 했다.

익명, 기획 관리자
배우자, 교사

나는 부동산에 투자해보라는 친구의 조언을 받아들였다. 아마도 10년인가 15년 전일 것이다. 그렇지만 그다지 효과는 보지 못했다. 내가 권유를 받아들일 당시에는 시장이 매우 과열되어 있었지만 2년 후 곧 침체되어 버렸다. 나는 다시는 충동적인 결정을 하지 않을 것이다.

프리델 그로넨, 전자기기 제조업체 사장

내 생애의 최악의 실수는 좀더 일찍 뮤추얼펀드에 투자하지 않은 것이다.

익명, 변호사
배우자, 학교 도서관 사서

입사 첫날부터 회사의 401(k)에 참여하지 않은 것.

마크 대니슈비츠, 대기업 재무부장
카렌 대니슈비츠, 주부

나는 더 나은 투자를 하기 위해 전문가에게 재정 자문을 받아왔음에도 불구하고 CD에 많은 돈을 투자했다.

린다 재키, 미국 정부 검사관 대리인

내 최대의 실수는 일찍 저축을 시작하지 않은 것이다. 성인이 되고 일을 하자마자 저축을 시작했어야 했다.

찰스 더트웨일러, 무역협회 출판인

한 무책임한 사람의 연대 보증을 서준 대가로 그의 빚을 대신 갚아야만 했다.

캐스린 케임, 국제경제학자

나는 내 월급이 늘어난 만큼 저축액을 늘려나갔어야 했다.

익명, 내무부 이사, 은퇴
배우자, 비서, 은퇴

우리는 1만 4,000달러의 목돈이 생겼을 때, 그 중 일부를 저축하는 대신에 써버리고 말았다.

레이먼드 콕스웰, 생산고문
베티 콕스웰, 주부

과거로 돌아갈 수 있다면 나는 몇 가지를 과감히 바꾸어놓을 것이다. 전남편은 결혼 후 부동산 투자를 했다. 그는 개인연금을 신청할 필요가 없다고 했다. 부동산 투자로 퇴직 후 대비를 할 것이라고 말했다. 그리고 우리는 이혼했고, 부동산 투자는 실패했고, 나의 전남편은 파산했다. 이혼 후 그가 내 허락도 받지 않고 내 이름을 빙자해서 사업 자금을 대출받은 사실이 밝혀졌다. 나는 전남편의 빚을 갚았고, 여러 기관으로부터 고소를 당했고, 7년간 소비 활동을 중단해야 했다. 나의 가장 큰 실수는 내 스스로 퇴직 준비를 위해 저축하지 않았으며, 나 자신을 돌보지 않은 것이다.

카렌 그리핀, 비서

별로 필요하다고 생각하지 않았지만 친구의 권유로 보험에 가입했다. 좋지 않은 이유로 보험에 가입한 것이다.

릴리언 브라운, 조지타운 대학 조교수

한때 나는 크게 유행할 것이라고 예상되는 녹음기 제조회사의 주식을 샀다. 그러나 내 생각대로 되지 않았다. 또 한번은 헬기를 발명한 사람이 무언가 시작해 세상을 휩쓸어버릴 것이라는 소문에 끌려 그 회사에 투자했다. 결국 실패했다. 나는 더 이상 그러한 소문에 관심을 두지 않는다. 이런 투자가 나의 가장 큰 실수이다.

짐 엘리어트, 홍보 전문가, 은퇴
제인 엘리어트, 주부

우린 젊었을 때 우리에게 필요하지도 않은 것을 구입하느라 너무 많은 돈을 낭비했다.

조셉 로저스, 공장장
에드나 로저스, 비서

처음 투자를 시작했을 때 주식 대신에 CD에 투자한 것.

어니 허버드, 기술자
잔느 허버드, 부동산 중개인

난 한 가지 주식을 너무 많이 소유하고 있었으며, 분산 투자를 하라는 자산 관리사의 충고를 귀담아 듣지 않았다.

익명, 시스템 매니저
배우자, 비서

나는 체인점에 투자를 했었고 2만 5,000달러의 손실을 입었다. 그리고 그 2만 5,000달러는 빌린 돈이었기 때문에 나는 그것을 상환해야만 했다. 내가 투자한 사업은 중국음식 체인점이었는데 시설비로 6만 5,000달러가 들어갔다. 그때 아내는 다시 생각해보라고 충고했지만 그때는 이미 파산으로 치닫고 있었다. 세상에는 쉽게 벌 수 있는 돈이란 없다.

조셉 아이버스, 교회 성인교육 프로그램 책임자
코니 커밍스, 교회 소년교육 프로그램 책임자

나는 내가 일하던 회사의 주식에 너무나 많은 돈을 투자했다. 그때는 자기 회사에 투자하는 게 좋은 방법이 아니라는 걸 몰랐다. 운 좋게도 그 회사는 파산하지는 않았다.

리처드 볼케르, 과학자
S. 볼케르, 주부

나는 좀더 일찍 투자를 시작해야 했다.

리처드 식스, 전기 기술자

어머니가 돌아가셨을 때 나는 내가 해놓은 어리석은 일 때문에 엄청난 세금을 내야 했다. 어머니가 사시던 집을 나와 형의 명의로 해두었기 때문이다. 우리는 그녀의 재산을 물려받으면 증여세를 내야 할 것 같아 걱정되었기 때문에 그렇게 했었다. 하지만 우리의 전략은 오히려 엄청난 양도소득세를 안겨주었다. 왜냐하면 어머니가 그 집을 샀을 때는 2만 9,000달러에 불과했지만 우리는 25만 달러에 팔았기 때문에 22만 1,000달러에 대한 소득세를 물어야만 한 것이다. 만약 우리가 세금, 금융, 법률 문제에 대해서 전문가의 조언을 들어보려고 했다면 우린 그런 엄청난 비용을 감당하지 않았을 것이다.

앤디 테일러, 전직 미 해양청 사무관, 현재 교사
필리스 테일러, 간호사

나는 지금까지 네 군데의 직장을 다녔고 그때마다 항상 퇴직연금 제도에 참여했다. 나의 가장 큰 실수는 그 중 한 직장을 그만둘 때였다. 그때까지 납입한 퇴직연금을 저축하지 않고 인출해서 다 써버린 것이다. 미래를 위해서가 아닌 한때 즐거움을 위해서 말이다.

잭 맥고이, 컴퓨터 전문가
로이 맥고이, 출판인

나는 다단계 판매회사에 투자를 하였으나 그 사업은 사기로 밝혀졌다.

로버트 아담스, 퇴역 육군 장교
루실 오버튼 아담스, 주부, 비서

나의 회계사는 개인연금에 가입하지 말라고 했고, 난 그의 충고를 받아들였다. 그러나 그것은 중대한 실수였다.

익명

나는 20대 초반에 저축을 시작했어야 했다. 그리고 모든 돈을 한 곳에 집중했어야 했다.

익명

합자회사의 주주가 된 것.

돈 그루이트, 컴퓨터 프로그래머
크리스 그루이트, 컴퓨터 프로그래머

나는 젊었을 때 신용카드를 너무 많이 썼다.

익명

내가 저지른 가장 큰 실수는 저축을 일찍 시작하지 않은 것이다. 젊었을 때에는 저축이나 투자를 할 만큼 수입이 충분하지 않다고 생각했기 때문에 별로 노력하지 않았다. 그 당시 나는 홀어머니 밑에서 4형제 중의 하나로 경제적 여유를 느끼지 못했기 때

문이다. 하지만 나는 더 많은 돈을 저축했어야만 했다.

프렌 록스, 컴퓨터 시스템 분석가

새차를 구입한 것. 그것은 세상에서 가장 최악의 투자였다.

빌 그레이브스, 자산 관리사
조 그레이브스, 응접계원

나는 10년이나 15년 정도 일찍 투자를 시작했으면 더욱 부유해질 수 있었을 거라고 생각한다.

익명, 화학자
배우자, 도서관 사서

나는 10년 전에 구입한 콘도를 처분하느라 매우 애를 먹었다. 나는 혼자였고 그 돈으로 아파트를 빌렸더라면 지출을 줄일 수 있었을 것이다.

프레이 우드, 소프트웨어 기술자
토머스 우드, 조달청 직원

우리는 젊었을 때 적절한 종류의 투자 상품을 선택하지 못했다. 우리는 결혼 초에 투자 계획을 세울 때 위험 부담이 있다고 생각되는 상품에 투자하는 것을 두려워했다. 그래서 우리는 원금을 잃을 확률이 적은 채권과 은행 CD를 구입했다. 우리가 주식에 투자하게 된 것은 그로부터 한참 뒤였다. 돌이켜보건대 약간의 위험을 감수할 수만 있었더라면 우리는 더욱 부유해질 수 있었을 것

이다.

익명, 은퇴
배우자, 퇴역 장교

나는 내 힘으로 주식 거래를 하기 위해 노력했다 — 그리고 난 돈을 잃었다!

로버트 도어티, 퇴역 육군 장교

나는 보편적인 투자 계획을 세워 주기적으로 투자를 시작했어야 했다. 20대에 약간씩 투자를 시작했지만 결혼하고 곧 그만두었다. 나는 30대가 될 때까지 필사적으로 노력을 기울여 30대 후반에는 투자를 다시 시작할 수 있었다.

제리 화이트 파테인, 시스템 분석가
카밀 화이트 파테인, 컨설팅회사 중역

나는 대학에 다닐 때부터 신용카드를 만들어 사용했다. 나는 곧 빚더미에 앉게 되었고 결국 카드를 없애버렸다. 나는 신용카드 빚은 무거운 짐이란 것을 배웠다.

다이애나, 소프트웨어 개발자

신용카드를 갖게 되면 그것은 너무나 가지고 다니기 쉽기 때문에 당신은 곧 갚아야 할 빚이 쌓이게 된다. 그리고 한번 사용하기 시작하면 악순환이 계속된다.

잰드라 케른, 개인관리 전문가

우린 너무나 많은 카드 빚을 지게 되었다. 어머니는 신용카드 하나만 가지고 계셨는데 신용 조회의 목적 이외에는 사용하지 않으셨다. 왜냐하면 그것 없이는 어느 곳에서도 수표에 사인할 수 없으셨기 때문이다.

로니 맥컨치, 행정 보좌관
미셸 맥컨치, 주부

어머니께서 살아 계셨을 때 어머니는 집의 명의를 여동생과 내 이름으로 등록하셨다. 우리가 명의를 변경하기 전에 어머니가 돌아가셨고 우리는 엄청난 증여세를 부담하고 있는 중이다.

카렌 브렛아우어, 농무부 소속 회계사

우리는 법적으로 부동산 투자에 대해 대폭적인 세금 공제 혜택이 주어졌을 때에 부동산 투자를 시작했다. 우리는 부동산 투자에 매력을 느껴 계속해서 사들였다. 그런데 그때 세법이 바뀌었다. 부동산 경기가 매우 침체되었으며 몇몇 매물은 우리가 처분하려 했을 때 시장에 내놓는 것조차 힘들었다.

익명, IBM 은퇴

젊었을 때에는 주식 투자는 위험 부담이 크다고 생각해 안전한 투자만 했다. 나는 40대 후반이 되어서야 두려움 때문에 안전한 투자만 고집하는 건 어리석은 일이라는 걸 깨달았다.

로버트 워렌, 컨설팅회사 고문
크리스틴 워렌, 주부

나의 남편은 항간에 떠도는 소문을 믿고 주식 투자를 시작했다가 5,000달러를 손해 보았다. 투자 손실은 계속해서 눈덩이처럼 불어나 우리는 완전히 거덜나고 말았다. 덕분에 현실을 빨리 배울 수 있었다.

파울라 짐베르그, 전직 공무원, 부동산 중개인

옵션 거래를 한 것. 나는 정신적으로 매우 피곤했으며, 하루종일 그 일에만 매달려야 했다.

익명, 관리자

나는 두 가지 실수를 했다. 워싱턴에 오기 전에 나는 대학 교수였다. 내가 워싱턴으로 이사왔을 때 나는 연금에서 돈을 대출받아 집을 구입했고 그 때문에 많은 세금 부담을 떠안아야 했다. 나는 절대로 다시는 그러고 싶은 마음이 없다. 그리고 내가 투자를 시작했을 때 나는 뮤추얼펀드에 투자하지 않고 공채에 투자했다. 나는 더 많은 투자를 했어야 했으며 내 통장에 그렇게 많은 돈을 묵혀두지 말았어야 했다.

익명, 프로그램 매니저
배우자, 행정 보좌관

난 좀더 일찍 투자를 시작했더라면 하고 바란다.

진 로라, 은퇴

자산 관리에 대해 조언해줄 사람을 더 일찍 찾아봤어야만 했다.

나는 20년 전으로 돌아갔으면 한다.

익명

나는 투자를 너무 늦게 시작했다. 젊은 해군 장교였던 나는 한 때 급여를 100달러 정도까지 받았다. 어느 누군가가 그중 반 정도는 주식에 투자하길 권유했다. 하지만 나는 그 말을 귀담아듣지 않았다. 그것이 내가 저지른 최대의 실수이다.

래리 갈리온, 퇴역 해군 장교

신용카드 빚을 지게 된 것 — 별로 놀랄 일은 아니지만. 내가 사는 모든 것은 연 15퍼센트, 16퍼센트 또는 17퍼센트 정도의 이자를 덧붙여서 산 게 되었고, 나는 내가 구입하는 것에 대해서 그만큼의 추가 지급을 해야만 했다. 내가 그러한 청구서에 지급을 한 이후로 나는 저축할 돈을 모아본 적이 없다. 나는 너무 늦게 저축을 시작했다.

익명

나는 합자회사에 투자했으나 세금에 관한 법률이 개정되면서 그러한 투자는 수익을 잃어갔다. 나는 내가 입은 손실을 헤아릴 수조차 없다.

익명, IRS 직원
배우자, 주부

나는 한때 임대물 2개를 구입한 적이 있었다. 그러나 나는 가치

저하의 결과를 고려해보지 않았다. 결과적으로 나는 그것들을 매각하면서 엄청난 세금 고지서를 받아야만 했다.

행크 베이커, 기술자
베티 베이커, 간호사

나는 일찍 저축을 시작했어야 했다.

딕 버크

내 생애 최고의 결정

집을 장만한 뒤에 나는 식당과 출장 요리 사업을 시작했다. 그리고 충분히 성공했다.

하인리히 호프먼, 요리사
애나 호프먼, 요리사

나는 직장에서 벌어들인 대부분의 돈을 401(k)에 쏟아 부었다. 그리고 그러한 돈들은 나의 노력에 충분히 보답해주고 있다.

비아 블랙로우, 생태학자
로저 블랙로우, 정치인

재정 고문을 찾아간 일. 나는 개인연금에 투자하기 위해 노력했으며 뮤추얼펀드에 투자했다. 하지만 나는 내가 무엇을 하고 있는지 몰랐다. 나는 전문가를 찾아갔고 그들은 모든 것을 바꾸어

주었다. 나는 아마도 그들의 도움이 없었더라면 은퇴하지 못했을 지도 모른다.

제리 존스, 기술자
카렌 존스, 보조 비행사

나의 두번째 아내와 결혼한 일. 나의 아내는 나의 재산에 긍정 적인 영향을 끼쳤다.

윌리엄 힐먼, 교육부 직원
헬렌 힐먼, 시청 직원

나는 보수적인 투자 방식을 고집하지는 않았다. 나는 어렸을 때 부터 주식 시장에 대해서 배웠다. 할아버지께서는 손자들에게 듀 폰의 주식을 선물로 주셨으며, 그로 인해 나는 많은 것을 배울 수 있었다.

팻 블랙, 컴퓨터 프로그래머

우리는 처음 투자를 시작했을 때부터 우리가 버는 수입의 일정 퍼센트를 떼어내 투자를 했다. 그리고 우리는 그 돈을 절대 건드 리거나 그 돈에 대해 걱정하지 않았다. 그것은 말 그대로 목돈이 되었다.

익명, 경영 컨설턴트
배우자, 내과의사

나는 매달 청구서를 결제하기 전에 먼저 투자를 했다. 이런 습

관을 들인 것은 확실히 현명한 일이었다.

찰스 하텔, 컴퓨터 전문가

나는 어떤 목표를 정해놓고 전문가들의 도움을 받았다.

익명

재정 고문의 조언을 받아들인 것. 그러한 조언은 당신으로 하여금 투자 가능성에 대한 통찰력을 키워주고 애매한 점을 걸러내는 데 도움을 줄 것이다.

닐 월프, 지역 경제전문가, 은퇴
메리 월프, 신용분석가, 은퇴

내가 한 가장 현명한 일은 금융 시장에 뛰어들어서 뮤추얼펀드에 투자한 일이다.

익명, 소프트웨어 기술자

처음 410(k)의 가입 기회가 주어졌을 때부터 나는 최대 금액을 투자했다.

익명, 소프트웨어 기획자

나는 내가 할 수 있는 한 최대 금액을 저축했다.

마크 대니슈비츠, 대기업 재무부장
카렌 대니슈비츠, 주부

내가 한 가장 현명한 일? 아내와 결혼한 일.

익명, 방송인.

신용카드 빚에서 빠져 나온 것. 그것은 또한 경제적 어려움을 경감시켜 주었다. 나는 내가 쓰는 동전 한푼까지도 기록했고 내가 발행하는 모든 수표를 기록했다. 그리고 나는 그동안 내가 신용카드 회사에 얼마나 많은 이자를 지급하고 있는지 알게 되었다. 나는 날마다 지출을 자제했고 신용카드 빚을 갚았다. 나는 매우 고무되었다. 왜냐하면 신용카드 빚을 갚는 것으로 나는 월급이 200달러 인상된 효과를 보았기 때문이다.

익명

나는 폐암 진단을 받았고 작년에 한쪽 폐를 제거했다. 나는 2년 전 암 진단을 받기 전에 생명보험에 가입했다. 병세가 심해질수록 나는 미리 재정 계획을 세우길 정말 잘했다고 생각했다. 그렇지 않았더라면 더 힘들어졌을 것이다. 우리에게는 이제 10대인 딸이 둘 있었고 집이 있었고 만약 내게 안 좋은 일이 일어나면 남편이 가계 재정을 꾸려가기로 되어 있었다.

그나마 우리가 이 정도의 재정 계획을 세울 수 있었던 것은 신의 은총이다. 사람은 누구나 일찍부터 최악의 상황에 대비해야 한다. 그리고 그것은 남자들에게만 국한된 것이 아니라 여자 또한 마찬가지여야 한다. 나는 밖에 나가지도 못하고 생명보험도 들 수 없다. 당신은 사람들이 재정 계획을 세우는 것에 대해 들을 것이다. 하지만 그들은 결국 실행에 옮기지 않는다. 하지만 그들은 해야만 한다. 지금 바로!

앤, 약사

우리는 한 사람의 수입에 의존하여 살아왔다. 그리고 다른 사람의 것으로는 투자를 해왔다.

익명, 컴퓨터 시스템 관리자
배우자, 실행 관리자

자산 계획 세미나에 참석한 것.

캐스린 케임, 국제경제학자

내 아들 케빈은 1970년생이다. 그리고 나는 당시 27세였다. 우리는 그 아이의 대학 등록금을 마련하기 위해 곧바로 저축에 가입했으나 우린 당시 돈이 많지 않았다. 아내와 나는 매일 잔돈을 모으기 시작했다. 그것은 한 달에 60달러 가까이나 되었다. 그래서 2년 후에 우리는 그동안 모은 잔돈을 부금으로 바꿀 수 있게 되었다. 1년 동안 대략 700달러 정도가 부금으로 들어갈 수 있었다. 케빈이 대학에 들어갈 무렵 그 부금은 5만 3,000달러가 되어 있었다. 충격적이지 않은가? 너무나 놀라웠다. 나는 별다른 노력을 하지 않고도 그 돈으로 아들 케빈과 딸 캐리의 수업료 절반을 낼 수 있었다. 언제든지 누군가가 저축에 대해서 물어본다면 항상 이 이야기를 한다. 그리고 가장 중요한 점은 만일 대학 등록금을 걱정할 필요가 없는 상황이라면 이미 그 자체가 훌륭한 투자가 된다는 것이다. 그리고 이것은 저축에 대해 특별한 계획을 필요로 하지도 않는다. 단지 내 주머니 속의 잔돈을 잊어버리지 않고 모으면 된다. 요즘도 나는 작은 컵을 화장대 위에 놓아두고 매일 저녁 잠들기 전 주머니를 비운다. 그리고 그 돈은 나의 곧바로 뮤추얼펀드에 투자된다.

찰리 스미스, 세탁 체인점 사장
캐롤 스미스, 간호사

우린 다행히도 너무 큰집을 사지 않았다.

조셉 로저스, 공장장
에드나 로저스, 비서

우리 어머니는 돌아가시기 전 알츠하이머 병으로 누워 계셨다. 어머니는 엄청난 수의 주식을 가지고 계셨는데, 나는 그 주식을 뮤추얼펀드로 바꾸어, 거기서 생기는 수익으로 어머니의 치료비와 간병인 월급을 감당할 수 있었다. 나는 또한 내가 보유한 주식도 뮤추얼펀드로 바꾸어 투자했다. 4년 전 어머니가 돌아가셨을 때 한 달에 3,000달러를 꼬박꼬박 인출했음에도 불구하고 그녀의 자산은 우리가 시작했을 때보다 훨씬 증가해 있었다. 나의 동생은 이것이 꽤나 흥미로웠던지 우리가 어디에 투자했는지를 알고 싶어했다. 지금 그는 내가 나와 어머니를 위해서 했던 투자를 자신을 위해서 하고 있다. 그리고 그는 이것이 자기가 해왔던 자산관리 방법 중에 최고의 방법이라고 말한다.

앤디 테일러, 퇴역 해군 장교
필리스 테일러, 간호사

재정 고문을 찾아갔던 것.

짐 아이언스, 퇴역 육군 장교
준 아이언스, 판매원

비교적 젊은 나이에 나는 우리 회사의 퇴직연금에 가입했다. 나는 여기서 정년을 맞을 것이고 삶의 방식을 바꾸지 않아도 된다.

익명

내가 어렸을 때 나는 신용카드 빚을 청산했고 다시는 신용카드 회사에 빚을 지지 않았다.

익명

내 아내와 결혼한 것. 그러지 않았더라면 나는 개인적이든 경제적이든 어떠한 교훈도 얻지 못했을 것이다. 그녀는 나에게 안정과 밝은 전망을 주고 있다.

마이크 페리에, 회사 사장
캐롤 페리에, 사회 사업가

내가 가진 회사의 지분은 1974년에 매각되었고 21년간의 진심 어린 충정은 한줌 연기가 되어 날아갔다. 그때 나에게 남은 것은 내가 이미 구입했던 79주의 주식뿐이었다. 나는 100주가 되도록 21주를 더 구입했다. 몇 년이 지난 후 나는 몇몇 지분을 재투자해서 주식에 더 투자했다. 나는 2번에 걸쳐서 추가 지분을 구입했다. 그 회사는 트레블러즈(Travelers)였고 최근에 시티은행과 통

합되어 시티그룹 회사가 되었다. 25년간의 재투자에 따라 나는 현재 시티그룹의 주식을 1,385주나 소유하게 되었고 그것은 8만 7,000달러의 가치가 있다.

익명

재정 고문과 상의한다는 것은 매우 탁월한 아이디어였다. 당신은 당신이 현재 가지고 있는 자산에 대해서 할 수 있는 것보다 훨씬 더 유망한 관점을 찾을 수 있을 것이다.

익명, 화학자
배우자, 도서관 사서

나는 쇼핑하는 것을 좋아한다. 나는 외출하고 물건을 구입하는 데에서 무언가 승리의 쾌감을 느낀다. 그래서 나의 남편은 나를 앉혀놓고 말했다. "당신, 물건을 사버리는 것 대신에 뮤추얼펀드에 투자해보지 그래?" 그는 내가 심리적 만족을 위해 쇼핑을 즐기고 있음을 알고 있었던 것이다. 그래서 나는 낭비를 줄이고 뮤추얼펀드의 최고 이익 매물을 찾기 시작했다.

D.R., 판촉 판매 담당자
D.R., 경영 컨설턴트

우리가 한 가장 현명한 일은 재정 계획을 기획하고 실행한 일이며 그 일을 할 때 감정을 배제한 것이다.

익명, IBM 은퇴

나는 투자 위험 부담에 대한 공포를 극복했다.

마이크 라이더, 프로그램 매니저

내가 살아가면서 어려움을 당하지 않는 가장 큰 이유는 나는 내 능력 안에 살기 때문이다.

익명

나는 1993년 4월에 산림연구소의 주식 100주에 550달러를 투자했고 1998년까지 보유하고 있었다. 내가 그것을 되팔았을 때에 그 가치는 7만 4,000달러로 불어났다. 내가 그것을 팔기로 결심한 것은 그 주식들의 덩치가 너무 거대해지다보니 걱정이 늘고 그로 인해 수면 시간이 줄어들었기 때문이다. 나는 내 모든 달걀을 한 바구니에 담아놓을 수 없었다. 왜냐하면 만일 그 회사가 망한다고 했을 때 나까지 포기할 수는 없었으니까 말이다. 나는 그것을 팔아치웠고 그 이후로 잠자리가 편안해졌다.

랠프 빅, 건축소장
셰리 빅, 관리자

나는 나와 비슷한 철학을 가진 여자와 결혼했다.

게리 불리스, 기술자
린다 불리스, 주부

나는 가난한 집에서 태어났다. 아버지가 실직을 했기 때문에 우리는 추수 때 삼촌의 농장에서 일해야만 했다. 우리는 부유하게 살아본 적이 없으며 아버지는 평생 매우 검소하게 사셨다. 나는 아버지가 자신을 위해 일해서 돈을 벌어들이고 저축하기 전까지는 계속해서 성실하게 일만 하신다는 것에 깊은 인상을 받았다. 그래서 내가 해군에 입대했을 때 나는 내가 할 수 있는 한 최대의 저축을 했다. 나는 다른 친구들이 그러는 것처럼 허튼 곳에 돈을 쓰지 않았다. 그당시 나는 한 달 급여로 42달러밖에 받지 못했지만 몇 년이 지났을 때 나는 수천 달러를 저축에서 주식으로 전환할 수 있었다. 1973년에 그 주식의 시세는 무려 2만 5,312달러가 되었다.

나는 그 주식을 처분하여 2개의 뮤추얼펀드에 투자했다. 난 1978년에 5,000달러를 인출해서 차를 구입한 것 이외에는 그 돈에 전혀 손을 대지 않았다. 1996년에 나는 1만 달러를 더 투자했다. 그게 전부이다. 다른 건 없다. 오늘날 그 두 계좌에는 67만 7,738.88달러가 들어 있게 되었다. 나는 옛날에 폭스바겐을 사느라 돈을 인출한 것을 매우 유감스럽게 생각한다. 나는 차는 할부로 사고 투자금은 그대로 놓아두었어야 했다. 나는 복리이자가 어떤 것인지 몰랐고 어떻게 적용되는지도 몰랐다. 주식 투자도 시작했는데 어떤 것은 이익을 보고 어떤 것은 손해를 보았다. 그렇지만 어느 것도 나의 뮤추얼펀드만큼 이익을 가져다 주지는 못했다. 몇 년이 지난 후 나는 주식 거래를 그만두고 몽땅 뮤추얼펀드에 투자하기로 맘 먹었다. 그리고 나는 내가 한 일에 대해서 만족한다. 왜냐하면 현재 나는 160만 달러 상당의 재산을 소유하게 되었기 때문이다. 내 아내가 은퇴할 무렵이면 우리는 대략 200만 달러의 재산을 갖게 될 것이다. 그럼 우리는 남은 여생을 그 돈에서 나오는 이자만으로도 충분히 살아갈 수 있게 될 것이다.

익명

나는 100달러어치의 은행 주식을 샀다. 그 은행은 몇 년 동안 합병되면서 거대해졌고 현재는 선트러스트의 자회사가 되었다. 그 100달러의 투자는 현재 1만 8,000달러의 가치를 지니게 되었다.

도로시 윌리엄스, 교육 공무원

나는 35세에 투자를 시작했고 더 이상 기다리지 않았다. 나는 사람들이 하루라도 빨리 재정 계획을 세워야만 한다고 생각한다. 하지만 대부분의 사람들은 그러지 않는다. 사람들은 긴 안목으로 모든 것을 바라보아야만 한다.

익명, 변호사
배우자, 학교 도서관 사서

우리는 매달 꾸준히 투자하겠다는 계획을 세웠고, 직장에서는 401(k)에 투자하고 있다.

스테파니 토머스, 미국 농무부 정보사무관
브래드 토머스, 컴퓨터 분석가

우리는 투자에 대한 두려움을 극복했다. 아직은 조심스럽게 접근하고 있지만 할 수 있는 한 최대로 배우려고 노력하고 있다.

익명, 연방정부 직원, 은퇴
배우자, 육군 전역

내가 겪은 어려운 일들

    나는 1970년부터 혼자서 생활을 하였다 — 내 아들이 7살이 되자 그가 그렇게 자라준 것이 자랑스러웠다. 혼자 자식을 키우는 데는 많은 어려움이 따른다. 그러나 어떻게든지 나는 그것들을 극복해내곤 하였다. 생각해보면 매우 어려운 시절이 많았다. 내가 두번째로 실직을 했을 때(1985년 9월) 나는 콘도를 1개 가지고 있었고 나의 아들은 10대였다. 나는 6개월간 일자리를 구하지 못했다. 내게 돌아오는 일자리는 시간제 아르바이트밖에 없었다. 그 당시에 나는 거의 영화, 외식, 또는 그 어떤 사회적인 활동도 하지 못했다. 설령 그것이 3달러에 불과한 작은 돈만 있으면 할 수 있는 것임에도 불구하고.

    1986년 3월에 나는 다시 정규직을 구했다. 나는 401(k)에 가입했고, 나는 40대가 되어 있었다. 나는 처음에는 월급의 1에서 3퍼센트 정도를 투자하는 것으로 시작했다. 그리고 점차 그 비율을 늘려갔다. 나는 식비를 아끼기 위해 도시락을 싸가지고 다녔다. 1987년 처음으로 자동차를 장만했다. 그후로 오랫동안 그 차의 할부금을 내느라 고생했다. 그리고 아직도 12년 된 그 차를 끌고 다닌다.

혼자 자식을 키우는 다른 부모들이 그렇듯이 나도 한번에 두 가지 직업을 가진 적이 있었다. 그러나 부업으로 생기는 수입은 모두 따로 떼어놓았다가 투자를 했다. 세금을 환급받았을 때도 나는 그 돈을 가지고 나가서 써버리지 않았다. 그 돈은 나의 투자 자금에 합쳐졌다.

1995년 2월에 세번째 실직을 했을 때 그 회사로부터 연금을 받게 되었다. 오늘날 내가 가지고 있는 자산은 2개의 개인연금과 환율 시장 기금, 4개의 뮤추얼펀드, 은행 CD, 성인 시민 저축통장으로 이루어져 있다.

현재 내 재산은 대략 20만 달러가 넘는다. 내가 오랜 세월 동안 배운 것은 저축한 것은 내버려둘 것이며, 분산시켜 두고, 그것에 너무 깊이 빠져들지 말며, 당신의 계좌에서 한꺼번에 많은 돈을 인출하지 말라는 것이다. 우선 투자를 하라. 나는 다른 사람이 당신에게 아무리 투자와 저축의 중요성을 강조하고 당신의 재산 관리에 대해 당신이 할 수 있는 한 최대로 배우라고 아무리 스트레스를 주어도 과하지 않다고 생각한다.

마르시아 크로스비, 도서관 사서

나는 저축하기 위해 무언가를 희생하지 않았다. 그러나 나는 선택을 해야만 했다. 좀더 멋진 차를 몰고, 멋진 휴가를 즐기거나 때

때로 그러한 지출을 보충하기 위해 투자 자금을 인출할까 하는 유혹도 있었다. 하지만 나는 그러한 유혹을 이겨냈다.

짐 맥다니엘, 공원 관리자
미셸 맥다니엘, 행정 보좌관

지금 내가 가지고 있는 돈은 최근 20년간의 직장 생활 동안 꼬박꼬박 저축한 돈이다. 내가 젊었을 때 저축했던 것은 내 아이들의 대학 교육과 위급 상황, 그리고 그 밖의 생활비로 지출되었다.

내가 처음 돈을 번 일은 신문 배달이었다. 그때 나는 13살이었다. (나는 70세가 되어서 은퇴했다.) 지금 내가 재산을 모을 수 있게 된 것은 8학년 때 선생님께서 해주신 조언 덕분이다. 그 당시 나는 수학과 과학 성적은 우수했지만 천식 때문에 자주 결석을 했다. 결석이 잦아지자 어머니는 나에게 너무 힘들면 학교 생활을 그만둬도 좋다고 하셨다. 그러나 담임 선생님이 나를 수학과 과학 우수 학생으로 대학 준비반에 들어갈 수 있게 해주셨다. 3년 후 일본이 진주만을 침공해왔고 나는 뉴저지 해군 수비대에 입대했다. 나는 아직 어린 고등학생이었고, 천식을 앓고 있었기 때문에 사람들은 내가 신체검사를 통과한 것을 놀라워했다. 해군에서는 수학에 소질 있는 학생을 선발하기 위해 우리 학교를 찾았는데 나는 그들에게 내가 천식인 것을 밝히지 않고 신체검사에 임했다. 군용기 전자 기술자로 입대하여 기술을 닦았다. 그리고 전쟁 후에는 대학에도 갈 수 있게 되었다. 나는 아직도 8학년 선생님을 만나게 된 것을 신께 감사드린다.

나는 몇 개의 특허를 가지고 있지만 그것으로 돈을 벌 수는 없

백만장자가 된 사람들이 들려주는 이야기 287

었다. 왜냐하면 나는 그에 관련된 모든 권리를 당시 일하던 회사에 양도했기 때문이다. 내가 말하고 싶은 것은 모든 발명은 당신이 무언가를 만들고 그것이 당신이 의도하지 않은 무언가가 발생할 때 이루어진다는 것이다. 이러한 일이 일어나면 그것을 실패로 간주하지 마라. 대신에 자신에게 물어보아라. "이런 의도하지 않은 특성을 뭔가 유용한 것으로 바꾸어 놓을 수 있을까?" 만약 당신이 "그렇다."라고 대답할 수 있다면 당신은 뭔가 새로운 발명을 한 것이다. 이것은 특히 당신이 흥미로운 것을 보이는 응답 특성들에 대해 예측할 수 있는 경우에는 사실이 된다. 불행히도 당신은 주식 시장에서는 이러한 방법을 사용할 수 없다. 물론 사람들은 그러기 위해서 노력하고 있지만. 주식 시장의 현상들은 물리학적 법칙이나 어떤 논리적 과정을 잘 따르지 않는다.

내가 직장을 다닐 때 같은 분야에서 일하던 한 전문가가 통계적 제어 이론을 내놓았다. 주식 시장의 일일 변동은 고전적인 마찰이 존재하는 제어계의 현상을 보여준다는 이론 말이다. 예를 들면 그 과정이 예측 불가능한 난수 변동에 의해 특징 지워진다는 것이다. 이것은 계획을 매우 어렵게 만들었다. 내가 25년간 일을 하고 있지만 나는 거의 모든 돈을 퇴직연금에 투자하고 있다. 그리고 나는 그 금액이 나의 퇴직 후에 나와 내 아내가 충분히 편안한 여생을 보내기 위해 부족함이 없다는 것을 계산할 수 있었다.

휴 테일러, 물리학자

우리는 항상 퇴직연금에 투자하고 저축해야 한다는 사실을 알고 있었지만 나와 내 아내는 그 당시 생활에 충분히 만족하며 살았다. 왜냐하면 나는 25살에 65살부터 지급되는 퇴직보험이 제공되는 회사에 근무했기 때문이다. 그럼에도 불구하고 1971년에 회사는 직원에게 월급의 5퍼센트까지 퇴직연금에 투자하거나 회사 주식을 구입할 수 있도록 해주었다. 나는 주식 구입을 선택했다.

불행하게도 우리 회사의 내가 속한 부문은 1974년에 매각되었고 21년에 걸친 퇴직보험은 물거품이 되어버렸다. (퇴직연금 또한 마찬가지였다.) 우리 아이들은 곧 자라서 대학에 갈 것이고 따라서 우리가 저축한 것의 상당 부분은 그들의 교육비로 쓰일 것이었다. 결국 내가 가진 것은 내가 이전에 구입해둔 79장의 회사 주식 뿐이었다. 나는 21주를 더 구입해서 100주를 만들었다. 우리는 단돈 750달러를 가지고 우리의 노후 계획을 세우기로 했고 우리는 주식을 CD로 바꾸었다. 이것은 70년대 중반의 일이었다. 이자율은 점점 오르기 시작했고 주식 시장은 거의 포기 상태가 되었다. 우리는 1984년까지 그 750달러를 은행 CD에 투자하는 일을 계속했고 그때에 가서 우리는 이 CD를 뮤추얼펀드로 전환했다.

1985년에 나는 연방정부 직원이 되었고 정부의 새로운 퇴직보험의 혜택을 받게 되었다. 그리고 정부가 우리에게 주식 투자를 허용하자마자 우리는 투자했다. 왜냐하면 이 방법이야말로 우리가 퇴직 후 편안한 생활을 영위할 수 있는 달러를 가져다 줄 것으로 알았기 때문이다. 나는 또한 생활 물가지수가 오를 때마다 적립금을 늘렸다. 3년 이내에 나는 내가 할 수 있는 최대의 투자를 하고 있었다. 동시에 나의 아내는 급여의 일정 부분을 그녀가 다니는 직장의 401(k)에 투자했다. 우리는 비록 늦게 투자를 시작했지만 체계적인 투자로 최대의 이익을 얻을 수 있게 되었고 퇴

직 후 삶을 준비할 수 있었다. 그런데 내가 1970년대에 구입한 주
식은 어떻게 되었을까. 나는 그것들을 계속 가지고 있었고 지분
을 25퍼센트씩 계속 재투자했다. 그 회사는 트래블러즈였고 현재
는 시티뱅크와 합병되어서 시티그룹이라는 회사가 되었다. 25년
간 재투자의 결과로 나는 1,385주를 소유하게 되었으며 오늘날
그 가치는 8만 7,000달러나 된다.

익명

우리는 함께 돈을 벌던 결혼 초부터 편안한 노후 생활을 목표로
재정 계획을 세웠다. 도를 넘는 소비를 하지 않았으며, 절대로 우
리의 자산 범위를 넘어가는 빚을 지지 않았다. 또한 생필품과 사
치품을 구입할 때 매우 신중하게 결정했다. 그리고 우리는 무엇
보다 우리가 할 수 있는 최대한의 저축을 했다.

켄 미즈너, 회사 사장
게리 미즈너, 주부

나는 1941년부터 1954년까지 정부에서 일했다. 그리고 이혼 후
재혼했다. 내 남편은 1958년에 퇴직했으며 1960년에 심장 발작
을 일으키고 1970년에 사망했다. 1960년부터 1977년까지 나는 집
에서 대학 신문을 타이핑했고 쌍둥이 손녀딸을 보았다.

내 남편이 1974년에 죽었을 때 나는 1만 달러도 안 되는 돈을 가
지고 있었을 뿐이다. 나는 보험회사로부터 2,000달러를 받았고 내
총수입은 1만 1,000달러가 안 되었다. 나는 내가 가진 적은 돈으
로 주식 거래를 했으며 배당금과 이자로 1975년에 920달러의 소

득을 올렸다. 주식은 점점 값이 올랐고 회사는 배당금을 늘려갔다. 1997년 나는 그 주식으로 8,561달러를 배당 받았다. 이것은 나의 거의 모든 수입이었다. 1974년 1만 달러도 안 되던 것이 1991년에는 6배로 늘어나게 되었으며 지금도 1년에 대략 50만 달러씩 늘어나고 있다. 나는 내 행운이 계속되길 바란다.

익명

나는 1923년에 태어났다. 나는 가난한 집에서 자랐다. 10대가 되기 전까지는 가난이 무엇인지 잘 몰랐다. 우리 어머니는 집안일을 하시며 닭을 기르고 채소밭을 가꾸셨다. 나는 왜 사람들이 일요일 저녁 만찬에 쓸 달걀과 채소, 그리고 닭을 시장에서 사는지 깨닫지 못했다.

우리는 어려서부터 책임감을 배웠다. 우리는 채소밭에 씨 뿌리는 것을 도왔고 닭에게 모이를 주었으며 달걀을 모았다. 그리고 우리는 집안 청소 또한 도와야 했다. 우리는 옷감이 50센트라는 것을 배웠고 그것으로 햇빛 가리는 옷을 만들어 1달러에 파는 것도 배웠다. 또한 우리는 하루 동안 아기를 돌봐주는 대가로 1달러를 벌 수도 있었다. 나는 언젠가 어머니에게 한 달간 일을 쉬면 안 되냐고 물은 적이 있다. 어머니는 어려움에 처할 때를 대비해 돈을 모아야 하기 때문에 안 된다고 말씀하셨다.

나는 아직도 어려서 잔돈을 모으던 조그만 저금통을 갖고 있다. 그 옆면에는 이렇게 쓰여 있었다. "저금통에 있는 1달러는 주머니 속의 2달러와 같다." 나의 아버지께서는 항상 "네가 원하는 어떤 것을 보았고 그것을 가질 만한 돈이 있거든 사라, 그러나 돈이 없거든 사지 마라."고 말씀하셨다. 돈이 나갈 곳이라면 우리가 소유한 집 2채밖에 없었다. 우리는 자동차를 사기 위해 저축했으며 집안 단장을 할 때는 할부 품목 중에서 물건을 골라 현금으로 샀다. 그때는 신용카드를 사용할줄 몰랐다. 그러나 현재는 신용카드를 편리하게 쓰고 있다.

전쟁중에 나는 전쟁 채권에 투자했다. 그리고 이와 별도로 한 달에 2달러씩 저축했다. 이 돈으로 우리는 은제 식기를 구입할 수 있었고 1950년에는 가구로 집안 단장을 한 새집을 마련할 수 있었다. 그 집의 가격은 1만 2,050달러였다.

우리는 1946년에 결혼했다. 집을 마련하는 것은 매우 어려웠다. 하지만 우리는 원룸 아파트를 구할 수 있었다. 우리는 그 방에서 먹고 자고 했다. 우리는 한푼한푼을 소중하게 여겼다. 우리는 각각의 봉투에 돈의 사용 목적에 따라 임대료, 식비, 비상금 등의 표시를 해놓았다. 우리는 AT&T의 주식에 투자하기 시작했다. 우리가 주식 1주를 사는 데는 2년이나 걸렸다. 그리고 언제든 여유가 생길 때마다 몇 주를 더 구입했다. 우리의 목표는 배당금으로 한 달에 100달러를 받게 될 때까지 충분한 주식을 사는 것이었다. 우리는 우리가 1년에 1,200달러의 소득을 올리는 날을 행복하게 그려보곤 했다. 이것은 1946년의 일이라는 사실을 잊지 마라. 우리는 목표를 초과 달성했다. 오늘날 우리의 순수 자산은 200만 달러가 넘는다. 오늘날의 젊은이들은 모두 행운아들이다. 그들은 투자와 저축을 하기 위한 여러 가지 옵션을 가질 수 있다. 우리 시절에는 부자만이 주식을 가질 수 있었고 보통 사람들은 지금 우리가 알고 있는 뮤추얼펀드만을 살 수 있었다. 나는 내가 만약 오늘날의 젊은이들처럼 부유해서 주식과 채권과 뮤추얼펀드에 마음대로 투자할 수 있었더라면 하고 생각해본다.

익명

우리 부부는 내 친구가 골프 치고 수영을 즐길 때 계속해서 자산 관리에 힘썼다. 우리는 세 아이를 양육하면서 여러 가지 다른 일도 했다. 우리는 가족을 만나는 것 이외에는 진정한 휴가를 가져본 적이 없다. 우리는 저금하기보다는 써버리고 싶은 유혹을 참는 데에 초점을 맞추었다. 나는 그것을 희생이라고 생각해본 적이 없다; 나는 그것을 선택이라고 생각했다. 우리는 다른 사람들이 여가를 즐길 때 아주 많은 선택을 해야 했다. 그리고 그것은 나에게 별로 어렵게 느껴지지 않았다. 왜냐하면 그것이 바로 내가 하길 원한 것이었으니까.

게리 불리스, 기술자
린다 불리스, 주부

나는 내 아들에게 "네 수입에서 조금 떼어놓은 후 생각하지 말고 내버려두어 불어나게 하는 게 어떻겠니."라고 말하곤 한다. 나는 그렇게 하지 못했지만 내가 그랬었더라면 하는 후회를 한다. 결혼 생활 초기에 나는 한 달에 5달러씩 꼬박꼬박 모았다. 하지만 4년 뒤 그나마도 우리는 중단할 수밖에 없었는데 그것은 우리에게 아기가 생겼고 집, 자동차 등을 구입했기 때문이다 나는 40년 전에 그것을 중단하지 않았더라면 좋았을 텐데 하는 후회를 하며 만일 저축을 멈추지 않았다면 지금쯤은 내가 얼마만큼의 돈을 갖게 되었을까 하는 생각을 해본다.

빌 에어바흐, 목사
마사 에어바흐, 간호학 교수

우리는 6에이커의 땅에서 친칠라를 사육했다. 한때는 700마리 정도를 사육한 적도 있다. 우리는 그 농장을 1951년에 1만 9,000달러에 사들여서 1967년에 10만 5,000달러에 처분했고, 그 이후 8년간 약간씩의 돈을 받기로 했다. 1969년에 우리는 그 중 4만 5,000달러를 계약 기간이 다 가기 전에 저축하기로 결정했다. 그리고 우리는 우리의 목표를 달성했다. 우리는 그 돈으로 생계를 유지해야 했고 우리 딸의 대학 학비까지 부담해야 했지만 우리는 최대 한도로 저축을 했다. 그리고 우리는 지나치게 절약해야 할 필요는 없었다. 우리는 멋진 자동차를 소유했고 즐거웠다. 오늘날의 사람들은 돈을 쓰지 않으면 즐기는 게 아니라고 생각하는 것 같다. 우리는 결코 사치스럽게 살지 않았으며 우리가 할 수 있는 일은 사람을 고용하지 않고 직접 했다. 그리고 나는 아직도 행복하다. 나는 어떠한 후회도 없다.

해리엇 할웨이, 주부

나는 28세에 결혼했고 12년 뒤에 이혼했다. 그때 아이들은 9살과 10살이었다. 나는 위자료를 거의 받지 못했다. 왜냐하면 우린 별로 가진 게 없었기 때문이다. 우린 집을 처분했고 나는 그 중의 일부를 받았다. 그리고 아이들 양육비로 매달 200에서 300달러씩 받기로 하였다. 나는 공무원이었다. 그래서 월급을 많이 받지는 못했다. 그래서 우린 꽤 검소하게 살았다. 이혼 후에도 예전에 살던 것처럼 깨끗한 집에서 살 능력은 되었다. 그래서 우리 아이들은 전과 같은 학교에 다니게 했다.

나는 매달 수입이 있었고 다행히도 빚은 없었다. 그리고 내 아들과 내 딸을 키울 능력이 있었다. 그들은 가족이라는 환경을 구성해주었다. 우리 막내는 대학을 졸업하면서 독립을 했는데 빚은 전혀 지지 않았다. 나 역시 빚이 없었고, 비록 많은 돈을 벌지는 못했지만 나는 50달러에서 100달러가 되더라도 매달 저축을 했다. 그러나 나는 딸아이의 교육비가 지출되기 시작했을 때는 저축하기 무척 힘들었다. 그래도 나는 단돈 5달러라도 저축을 했다. 그래서 그녀가 졸업할 때쯤이 되어서 나는 지금까지의 생활을 계속 유지할 수 있었고 나는 내가 가진 전액을 저축하는 데 투자했다. 그리고 나는 언제든 그것을 따로 비축해두었다. 왜냐하면 내가 저금을 해놓으면 나는 내가 항상 꿈꾸어왔던 플로리다의 멋진 곳에서 살 수 있다고 생각했기 때문이다.

나는 열심히 일해왔다 그리고 내 노력으로 얻어진 모든 이익을 이젠 거두어들이고 있다. 나는 이 순간이 되길 얼마나 고대했는지 모른다. 나는 자수성가한 사람이다. 나는 단지 고등학교 교육만 마친 사람이다 그러나 내가 자산에 대해 내린 선택에 의해 나는 잘해나갈 수 있었다.

미치 윌리엄스, 공무원

독자들에게 하는 충고

투자는 젊었을 때 시작해야 하며, 뮤추얼펀드에는 당신이 투자할 수 있는 최대를 투자하라.

익명

자산 관리사에게 조언을 구해라. 왜냐하면 당신은 당신이 무엇을 모르는지조차 모르고 있다.

딕 아이브즈, 퇴역 해군 장교

저축을 규칙적인 삶의 일부로 만들어라.

딕 아만, 기업 사장

저축을 일찍 시작하라, 그리고 당신에게 이익이 되게 하라.

필리 파커

당신이 할 수 있는 한 최대한 일찍 저축을 시작하라. 그러면 당신은 노후에 여유 있게 살 수 있다.

맥스 토머스, 육군 장교

정기적인 저축 계획을 세워서 저축을 시작하고 당신이 무언가를 구입하기 전에는 심사 숙고해라

캐스린 콜먼

당신의 신용카드 대금은 그 달에 결제하라. 지출에 대해서는 보수적이 되어라.

익명

일주일에 10달러에 불과할지라도 기본적인 저축을 하고 그 돈을 수익성 있는 뮤추얼펀드에 투자하라. 그렇지만 무언가는 저축하라. 자산 관리사의 조언을 참고하고 친구의 말에는 귀 기울이지 마라.

조디 피어스, 주부
돈 피어스, 건설업

정기적으로 저축하라. 당신이 도달하고 싶은 궁극의 목표를 정해 놓아라. 저축하는 습관을 들여라. 어디든지 저축하라.

익명

일찍 시작하라. 당신이 할 수 있는 한 최대의 저축을 하라. 무엇

보다 당신 자신에게 투자하라.

익명

저축을 일찍 시작하고 어느 정도의 희생은 기꺼이 감수하라.

윌버 젠킨스, 소방관

당신의 재산 범위를 벗어나 소비하지 마라.

캐스린 케임

금융이 무엇이고 어떻게 돌아가는지를 배워라. 당신의 이익을 위해서 어떻게 자산 관리를 해야하는지를 이해해라.

짐 맥다니엘

일찍 시작하라. 당신이 할 수 있는 한 최대의 저축을 하라. 무엇보다 당신 자신에게 투자하라.

익명, 경영 컨설턴트
배우자, 법률 고문

젊었을 때 자산 관리사와 이야기해라.

짐 아이언스

당신이 할 수 있는 한 저축하라

익명

일찍 저축을 시작하라

당신의 인생에서 할 수 있는 한 일찍 저축을 시작하라. 그리고 저축하는 것에 익숙해져라.

달린 조이스

투자에 충실하고 당신이 참여할 수 있는 한 최대로 401(k)에 투자하라.

레이먼드 콕스웰

장기적인 계획을 세워라.

익명

날마다 주식을 거래하지 마라.

릴리언 브라운

항상 돈을 움직일 수 있는 앞날의 효과를 고려하라. 오늘 주식 시장이 좋지 않다고 해서 주식을 매각하지 마라. 그리고 젊었을 때 저축을 시작하라. 뭔가 규칙적인 저축 방법을 강구하는 것이 가장 최선의 길이다.

익명

당신의 돈을 이리저리 옮기지 말고 당신이 투자해 놓은 것으로

300   그들은 어떻게 부자가 되었을까

부터 떠나 있어라. 좀더 저축하고 좀더 일찍 저축하고, 최대한 저축하라.

조비타 프랑코, 소매업자

재정 고문의 조언을 구하고 당신이 무슨 일을 하고 있는 중인지 알아라. 일찍 시작하고 당신의 돈이 불어나게 놔두어라.

조셉 로저스, 공장장
에드나 로저스, 비서

돈에 대해서 배울 수 있는 만큼 배워라. 당신이 투자 대상을 결정했다면 그것을 고수해라. 자산관리사의 조언을 듣는 것도 고려해보라. 젊었을 때 저축을 시작하라.

바바라 래미, 여행 가이드

최대한 일찍 저축하라.

비비언 로스캄, 교육학 교수

숙제를 하고 당신의 목표를 확인해라.

지니 게일링, 용역회사 공동 소유자

당신의 돈을 굴리기 전에 심사숙고해라.

리처드 볼커

당신이 나와 같다면 나는 당신이 자산 관리사와 상담해볼 것을 추천한다. 지금 즉시.

리처드 식스, 전기 기술자

당신이 가진 모든 것을 주식에 투자하라.

익명

적어도 당신 수입의 10퍼센트 정도를 떼어놓고 절대로 손대지 마라.

존 배로우

시간과 복리이자의 강력한 관계를 이해하고 경제적 성공을 이루는 보편적이 방법이 무엇인지 지식을 쌓아라. 최고의 선택은 누군가를 고용해서 이러한 결정을 하도록 하는 것이다. 그렇지 않다면 당신은 혼자서 연구하고 훈련해야 한다.

존 드베라디니스, 성인교육 프로그램 책임자

401(k)제도의 이점을 최대한 이용하고 먼 훗날 얻을 수 있는 것을 기대하라. 그러한 이점은 당신의 예금계좌에선 나타나지 않는다.

엘리자베스 반힐

가능한 한 일찍 401(k)에 최대한 투자하라.

존 램버트, 판매 관리자

얼마가 되었든지 매일 저축하라, 단지 실행하고 그것을 가장 우선시해라.

앤 더들리, 약사

당신이 할 수 있는 한 최대한 길게 저당을 잡혀라. 다른 사람의 돈을 이용하는 것은 자신의 돈을 이용하는 것보다 항상 낫다.

마이클 버크, 퇴역 공군 장교

항상 집을 허름하게 두어라. 당신이 감당할 능력이 있다면 집을 저당을 잡혀라. 왜냐하면 엄청난 세금 공제를 받을 수 있기 때문이다.

데이비드 웨브

여유가 된다면 집을 사라 그리고 최대한 길게 저당을 잡혀라.

마티

집을 저당 잡혀라. 왜냐하면 당신이 얻을 수 있는 돈 중에서 가장 싸게 빌릴 수 있는 돈이 주택저당대출이기 때문이다.

월리스 마틴

집을 허름하게 두지 말라.

셸리 허스트

주택저당대출이야말로 내집 마련의 첫걸음이라는 것을 이해해라. 매달 유지 보수하는 것을 잊지 말라. 그리고 임시비와 중요한 난방과 지붕과 배관 등에 대한 보수비를 항상 준비하라.

윌리엄 하퍼, 관리자

당신이 감당할 수 없는 집을 사지 말아라.

캐스린

매달 당신의 신용카드 대금을 완납하라. 그리고 절대로 그 균형을 잃지 말라. 그리고 개인연금 등에 저축하라 그러나 유사시에 대비한 현금은 가지고 있어야 한다.

익명

당신의 수입과 지출의 비율에 주의해라, 당신이 여유를 갖고 있지 않다면 낭비하지 말아야 한다.

익명

당신의 수표로 결제해라. 절대로 신용카드의 이자를 부담하지 마라. 그러면 약간의 돈이지만 나가기보다는 들어올 것이다.

엘리자베스 로데릭, 개인 사업자

꾸물거리지 마라.

돈 그루트, 컴퓨터 프로그래머

보험 수수료라든지, 연중선물 등의 매달 계산하지 않는 것에 대해 기억하라. 한 해에 부담해야 할 당신의 계산서를 간추려보고 지급할 돈을 마련해두어라.

익명

저축하기보다는 투자해라.

마이크 페리에

네가 삶을 꾸려나갈 수 있을 만큼 여러 가지 직업을 가져라. 물론 그렇게 하기 위해서는 많은 교육을 받아야 할 것이다.

댄 노박

만일 당신이 결혼을 했다면 공통 목표가 무엇인지, 지금 무엇이 진행되고 있는지 확실히 알아야 하며 상대를 신뢰해야 한다.

익명

당신의 아이들에게 어떻게 투자하는지 가르쳐주어야 한다.

익명

만약 할 수 있다면 매달 신용카드 대금을 완납해라. 그렇지 않으면 적어도 차감 잔액을 확실히 줄여두어라. 당신이 벌어들이는 것 이상으로 소비하지 마라. 당신의 지출 항목을 기록하면 당신은 저축할 여유를 찾을 수 있을 것이다.

피터 칼레자스, 기술자

복리이자의 원리를 배우고 그 이점을 이용하라!

프랭크 드콜라

당신이 일찍 투자를 시작할수록, 당신이 더 많은 돈을 투자할수록, 당신은 더 부유해질 것이다. 그리고 당신은 더욱 일찍 은퇴할 수 있을 것이다.

프레드, 자영업자

최대한 투자하라.

익명

아무리 적은 양이라도 일찍 투자를 시작하라. 시간은 당신의 가장 큰 자산이다.

익명

투자를 시작하기 전 자산 관리사를 우선 만나보라. 당신에게 적절한 조언을 해줄 수 있는 사람에게 적어도 1년에 한번 정도는 당신의 재산 내역을 보여주어라.

프리델 그로네, 전자기기 제조업체 사장

어떤 곳에 투자할지 전문가의 조언을 들어라.

익명

자기 자신에게 먼저 투자하라.

마크 대니슈비츠

당신이 지금 다니고 있는 직장에서 401(k)에 참여하고 있다면 최대한의 금액을 401(k)에 투자하라. 연금, 사회적 안정, 은퇴 계획, 그리고 추가적인 투자가 당신을 지탱하는 네 가지가 되게 하라.

익명

당신이 벌어들인 모든 것을 다 써버려서는 안 된다. 자기 나름의 저축할 수 있는 방법을 찾아야 한다.

린다 재키

다양한 투자를 해야 한다는 사실을 잊지 마라.

찰리

물건을 사기 전에 정말로 필요한 것인지 다시한번 생각해봐라. 필요하지 않은 것이라면 구매를 멈추고 그 돈으로 투자를 해라. 당신은 결핍과 필요를 구분할 필요가 있다.

익명

당신이 얼마나 많이 투자하고 있든 간에 걱정하지 마라. 단지 더 저축하는 데에만 집중하라.

익명

최대한 일찍 투자를 하고 그렇게 하기 위한 계획을 세워라.

캐롤 와이언트, 프로그램 분석가

　무언가를 항상 저축하라. 당신이 얼마나 적게 하는지는 상관하지 말고 저축하라.

빌 그레이브즈

　당신이 주식 투자를 하고 나서는 그것이 이익이 되게 하라. 열심히 일하고 검소하게 생활하라. 인생을 즐기되 검소하게 즐겨야 한다.

조지 젠틸리

　지금 빨리 저축을 시작해라. 저축액이 얼마가 되든 절대로 건드려서는 안 된다. 그리고 당신은 당신의 부모님이 무엇을 하고 계시는지 유심히 관찰해볼 필요가 있다. 왜냐하면 그들은 인생의 주기를 보여주기 때문이다. 만일 그들에게서 얻을 수 있는 교훈이 없다면 당신이 부모님께 경제적인 조언을 해드려야 한다.

조셉 아이버즈

　주식과 채권은 내가 생각했던 것만큼 위험하지 않았다 ─그 들에 대해 공부해보라. 당신의 아이들에게도 주식과 채권에 대해 가르쳐주어라. 자녀들을 가정 경제에 참여시키고 돈을 버는 것이 얼마나 힘든 것인지 알게 하라. 만일 당신의 부모님께 어떤 일이 일어났을 때 부모님을 어떻게 돌봐드릴지 계획을 세워라. 주식 시장에 대해 이해하고 있는 사람에게 찾아가서 조언을 구하고 기꺼이 따라라.

조 슈크, 공무원

아이들에게 용돈을 줄 때에는 그 돈 중 일부를 꼭 저축하게 해라. 그리고 당신은 일찍 저축을 시작하고 당신이 손해를 보면서 가족에게 돈을 빌려주지 마라.

익명

그게 얼마든 간에 일정 금액을 저축하는 습관을 들여라. 그리고 부모님과 장례식에서부터 자산 관리에 이르기까지 상의하라.

익명

당신이 가지지 않은 것은 소비하지 말라. 부모님과 아이들과 상의해라. 그럼 그들은 지금 어떻게 되어가는지 알 것이다.

익명

내 충고는 당신이 일을 시작하자마자 저축을 시작하라는 것이다. 절대로 기다리지 마라. 이것이 모든 성공의 열쇠다.

케사다, 경영 분석가

당신이 할 수 있는 최대한의 돈으로 월간 투자 계획을 세워라. 그리고 최대한 일찍 투자를 시작하라.

카렌 그리핀, 비서

직장에 다니는 동안 401(k)에 투자하라. 당신의 노후를 위한 돈을 먼저 분리해두어야 한다. 지금 저축을 시작해라. 충동구매를 자제하고 금전적 안정을 위해서 자산을 이용해라. 100살까지 살 계획을 세워라.

팀

우리가 들려주는 이야기

독자 여러분에게 부자가 된 평범한 사람들의 생각을 전달하기 위해서 수백 명의 고객들을 인터뷰하는 일에 우리 회사 직원들도 참여했다.

나는 그들과의 인터뷰를 통해 직원들이 어떠한 느낌을 받았는지 궁금했다. 직원들은 한 사람당 수십 명의 고객들을 수백 시간 동안 인터뷰했다. 어떤 인터뷰는 1시간이 넘게 걸리기도 했다. 내가 궁금한 것은 그들의 반응이었다. 이런 사람들과 이야기하는 것은 그들에게 어떠한 영향을 주었을까? 나는 각각의 직원들에게 이러한 질문을 던졌다.

레니 웨스트(Renee West) 44살, 기혼, 딸 1명

이 프로젝트에 참가하면서 수십 명의 고객들을 인터뷰했습니다. 그리고 난 뒤 그동안 내가 살아온 삶을 돌아보게 되었습니다. 그들은 어떤 악조건이 있더라도 저축을 그만두지 않았습니다. 교사나 공무원 월급이 그리 많지 않다는 건 누구나 아는 사실인데 그들은 빚을 지지 않고 살았어요. 그래서 나는 남편에게 그동안 우리는 저축을 너무 적게 해왔다고 얘기하고 저축액을 늘리기로 약속했습니다. 나보다 수입이 적었던 그들이 그렇게 많은 돈을 저축하고 살았다는 사실은 나에게 충격이었습니다. 나는 내 노후에 대해서 곰곰이 생각해보기 시작했습니다. 고객들 중 배우자의 건강이 좋지 않은 사람들이 많았습니다(나 역시 마찬가지입니다). 그러나 그들은 자신의 인생이 불운하다고 한탄하지 않고 서로를 돌보며 삽니다. 대부분 자신들에게 부족한 게 있다고 생각하지도 않았고 어떤 일에도 불평하지 않았습니다. 그들은 공황을 겪은 사람들이기에 자신이 현재 가진 것에 만족했습니다. 그들은 오늘날 자신의 아이들은 너무 성급하다고 생각했습니다.

리자 코낙(Lisa Kornak) 30살, 기혼, 첫 아이를 기다리고 있음

이번 조사는 매우 흥미로웠습니다. 내가 인터뷰한 사람들은 모두 우호적이었으며 재미있는 이야기를 들려주었지요. (그들은 별로 해줄 얘기도 없고 재미없을 거라고 했지만 그들의 이야기는 정말로 흥미로웠습니다.) 나는 평범한 가정에서 태어나 역시 평범하게 살고 있는 사람들부터 상류층에서 태어나 돈에 구애받지 않고 어렵지 않게 저축하고 투자해서 성공한 사람들까지 모두 만나보았습니다. 그들이 말한 것들 대부분은 에들먼의 철학—즉 저축하라, 빚을 갚아라, 아무리 적은 돈이라도 일찍 투자를 시작하라, 현명한 재정 고문을 고용하라—과 일치했습니다. 내가 인터뷰한 모든 사람들의 이야기 중 가장 귀담아들은 것은 일찍 저축을 시작하라는 것입니다. 그 말은 내 소비 행태를 돌아보게 했고, 미래를 위해 더 많은 저축을 할 수 있도록 했지요.

로자 제디커(Rosa Zediker) 26살, 미혼

나는 이 조사에 참여하는 것이 매우 즐거웠습니다. 그들은 매우 흥미 있는 이야기들을 들려주었습니다. 그들의 이야기를 듣고 나는 퇴직 후에 대해서 그리고 인생에서 내가 여러 가지 결정을 내려야 할 때 어떻게 대처해나가야 하는지에 대해서 생각해보게 되었답니다.

마이클 볼프(Michael Volpe) 47살, 기혼, 두 아이의 부모

장인 어른은 3년 전 77살의 나이로 돌아가셨습니다. 그는 자식들에게 유산이나 유품을 물려주지는 않았지만 분명 5명의 아이들을 훌륭하게 성장시킨 좋은 아버지였습니다. 그러나 장인과 동시대에 살았던 나이든 고객들은 경제적인 면에서는 장인보다 훨씬 나아 보였습니다. 그들은 저축을 했고 현명한 투자를 했던 것입니다. 우리 부부는 신혼이었던 1978년부터 퇴직을 대비해서 돈을 약간씩 적립해오고 있었습니다. 나는 지금까지 저축해놓은 돈을 합산해보았지요. 그 돈은 내가 인터뷰를 했던 이들 중 나보다 나이가 많고 약간 늦게 저축과 투자를 시작한 사람들의 것보다 많았습니다. 우리는 지금까지 조금씩 돈을 떼어 저축해오면서 멋진 차나 사치스런 보석, 아니면 여행을 하고 싶은 충동을 느껴왔습니다. 그러나 그런 식으로 돈을 낭비하지 않은 것이 얼마나 큰 행운이었는지 깨달을 수 있었답니다.

내가 만나본 고객들 중 몇 명은 빚이 있거나 퇴직 후를 대비한 투자를 늦게 시작했습니다. 그들 모두는 그것이 일생 일대의 실수였으며, 그렇게 하지 말았어야 했다고 후회를 했습니다.

부르스 마터(Bruse Mattare) 32살, 독신

최대한 일찍 저축을 시작하는 것이 얼마나 중요한지 깨닫게 된 것만으로도 이번 조사는 내게 좋은 경험이 되었습니다. 저축을 일찍 시작한 사람들은 그것을 매우 다행으로 생각하고 있었고, 그들 자신도 오랜 시간 동안 얼마나 많은 돈이 모였는지를 깨닫고는 놀라더군요. 그들은 대부분 평범한 월급쟁이였습니다.

인터뷰 대상자들은 대부분 나보다 나이가 많았는데, 그들의 얘기를 듣고 난 후, 나도 미래를 위해 빨리 저축을 시작해야겠다는 생각이 강하게 들었습니다. 또한 그들이 매달 적은 돈으로 꾸준히 저축해 많은 돈을 모아 성공한 사람들이라는 것은 나도 그들처럼 부자가 될 수 있다는 희망을 주었지요. 나는 퇴직 후를 대비해 저축하는 일이 단기간에 끝나서는 안 된다는 것을 깨달았습니다. 사실 이전에는 퇴직 후에 목돈을 만질 수 있다는 희망은 가져보지 않았습니다. 하지만 이 프로젝트에 참여하면서 처음에는 작은 것으로 시작하지만 오랜 시간 동안 투자한다면 내게도 어려운 일이 아니라는 것을 배웠답니다. 물론 복리이자가 시간이 지날수록 얼마나 큰돈을 창출해내는지 내가 몰랐던 것은 아닙니다. 그렇지만 이론과 실천은 다른 문제이지요. 꿈이 현실로 눈앞에 벌어지는 광경을 목격하기 전에는 계획을 쉽게 바꾸지 않는 법이니까요.

이 경험은 나의 목표를 더욱 확고히 해주었고, 그것을 꼭 이루겠다는 결심을 더욱 견고하게 해주었습니다.

캐시 렌제티(Kathy Renzetti) 29살, 기혼, 한 아이의 엄마

이번 조사는 투자를 일찍 시작하는 것이 얼마나 중요한지 깨닫게 해주었답니다. 젊은 나이에 돈과 투자에 대해 좋은 지식을 얻게 된 것은 대단한 행운이라고 생각합니다. 오늘 작은 희생을 치른다면 나중에 커다란 보답을 받게 될 것이라는 소중한 가르침을 배웠지요. 내가 인터뷰한 사람들은 젊었을 때 저축하느라 고생했으나, 지금은 편안한 노후를 보내고 있습니다. 그들은 자신들이 그러한 결정을 한 것에 대해 매우 만족스러워하고 행복해하더군요.

내가 들려주는 마지막 이야기

　수천 명을 조사하고 그들 중 수백 명과 인터뷰를 한다는 것은 쉽지 않았지만 그만큼의 성과가 있는 일이었다. 우리는 이 조사를 통해 평범한 사람들이 경제적 성공을 이루는 방법에 대해서 많은 것을 배웠다. 또한 우리 직원들이 얘기했듯이 우리들 자신을 돌아보는 계기가 되기도 했다.

　이 책은 독자들에게 우리 회사 고객들의 평범하고 일상적인 습관을 보여주고, 경제적으로 보장된 미래를 준비하는 데 도움을 주기 위해 쓰여졌다. 그러나 원고를 끝내고 책을 최종적으로 점검할 때까지 나는 중요한 두 가지를 깨닫지 못하고 있었다.

　첫번째는 내 고객들 대부분이 괴로운 시절을 살아왔다는 것이다. 물론 〈내가 겪은 어려운 일들〉에 우리 고객들의 어려웠던 시절에 대한 이야기가 나온다. 그러나 그것이 전부가 아니다. 우리 고객 중 많은 사람들이 공황을 겪었고 제2차 세계대전을 겪었다. 그들은 한국전쟁과 냉전시대, 그리고 베트남 전쟁을 겪었다. 또한 건강이 좋지 않은 사람들이 많았으며, 일부는 젊었을 때 배우자를 여의고 아직까지 혼자 살고 있었다. 몇몇은 사고나 질병으로 다 큰 자식을 잃기도 했다. 심지어는 실종된 자식을 찾지 못한 고객도 있었다. 또 어떤 사람들은 정신적 도움이 필요하거나 신체적 불편함, 경제적 어려움에 처한 무능력한 자녀를 두기도 했다. 그들 중 신체적 고통을 겪거나 아이들 때문에 고통을 받는 사람들도 많았다. 어떤 사람은 전쟁 포로로 베트남에 7년 동안 감금되어 있었고, 어떤 사람은 걸프전에서 아들을 잃었다. 또 어떤 사람은 자식이 살인자로 복역중이었다. 어떤 사람은 교통 사고로 목뼈가 부러져서 하반신 마비의 고통을 받고 있었다. 어떤 사람은 30대에 시력을 잃었다. 허리케인이 강타했을 때 모든 것을 잃은 사람도 2명이나 있었다.

지금까지 내가 말한 것은 모두 그들이 실제로 겪은 이야기이다. 그러나 특이한 것은 그들은 이 이야기들을 인터뷰 중에 직접 말하지 않았다는 것이다. 그들은 이런 이야기들은 단지 사생활일 뿐이라고 생각했다. 아버지의 사업 실패로 의과 대학을 그만둔 고객이 있었다. 우리는 왜 그 일에 대해서 말하지 않았냐고 물어보았다. 그는 잠시 생각에 잠기더니 "아, 그것 말이군요. 음, 난 그게 어려움이라고 생각해본 적이 없어요. 모든 사람들이 한두 가지 정도는 이런 일들을 겪지 않나요?"라고 대답했다. 그들 중 누구도 자신의 이런 불행을 탓하지 않았다. 오히려 그들은 그 정도 어려움은 살면서 누구나 겪는 것이라고 말했다.

그들은 '어려움'을 겪지 않았다. 그들은 '인생'을 겪은 것뿐이다. '모든 사람은 어려움에 마주치고 그에 도전한다.'는 것이 내 고객들의 생각이다. 그래서 그들은 자신이 겪은 어려운 일을 얘기해달라고 했을 때 이런 일들에 대해서는 말하지 않은 것이다. 그리고 내가 깨달은 것은, 그들의 외모가 한결같이 온화하며, 겸

손했다는 것이다. 바로 이것이 사람들의 관심을 끄는 점이다.

두번째는 첫번째를 깨달은 뒤에 알게 된 진실이다. 나는 새로운 관점으로 이 글을 전부 다시 읽어보았다. 그제야 그들이 우리와 함께 나누고 싶어했던 것을 또 하나 찾을 수 있었다. 그들은 계속해서 '행운'과 '운 좋은'이라는 단어를 사용했다. 여러 번에 걸쳐서 내 고객들은 운이 좋았다고 말했다. 그들은 자신들의 성공이 좋은 집에서 태어나고, 좋은 부모를 만나고, 좋은 지역에서 태어나서 좋은 학교에 다니게 되고, 좋은 배우자를 만나서 좋은 직장에 취직하게 된 행운에 의해서라고 말한다. 또한 그들은 적절하고 올바른 투자를 하게 된 것도 행운이라고 말하며 즐거워한다. 실제로 내 고객들 중 어느 누구도 그들이 현재 즐기고 있는 성공이 그동안 겪은 힘든 일, 고통스러웠던 시절, 궁핍했던 시절에 대한 보상이라고 생각하는 사람은 없다.

내가 알게 된 것은, 그들의 성공에 행운은 어떠한 작용도 하지 않았다는 것이다. 내 고객들은 모두가 운이 잘 따르지 않았다는 것을 알고 있다. 그리고 나는 한 가지를 더 깨달았다. 바로 그들의 그러한 지식을 이용할 수 있는 내가 세상에서 가장 행운아라는 사실이다.

| 감사의 말 |

이 책을 만들기까지 많은 사람들의 노력이 있었다. 이 책을 위해 인터뷰에 참여해준 고객들과 회사 동료들 마샤 아젠트(Marsha Argent), 로델 버버(Rodel Berber), 제니 블리닉(Jennie Blinick), 스테이시 브로스넌(Stacy Brosnahan), 페기 버틀러(Peggy Butler), 윌 캐셔리(Will Casserly), 브랜든 코소(Brandon Corso), 레니 웨스트(Renee West), 스테이시 더피(Stacy Duffy), 진 에들먼(Jean Edelman), 존 패스(John Faeth), 수지 펜튼(Suzi Fenton), 캐시 프리즈(Kathy Freese), 에드워드 게코스키(Edward Gekosky), 마이크 기퍼드(Mike Gifford), 낸시 헤일(Nancy Hale), 수잔 하프(Susan Harpe), 테레사 해링턴(Teresa Harrington), 그웬 힐(Gwen Hill), 마리 존슨(Marie Johnson), 마크 카첸버거(Mark Katzenberger), 팜 켈리(Pam Kelly), 리자 코낙(Lisa Korhnak), 브루스 마터(Bruce Mattare), 존 맥코이(John McCoy), 안젤라 맥글론(Angela McGlawn), 타마라 밀위(Tamara Milwee), 모니카 모어하우스(Monica Morehouse), 프랜 노리스(Fran Norris), 캐시 렌제티(Kathy Renzetti), 캐롤 로버트(Carol Roberts), 레슬리 로버트(Lesley Roberts), 에비 시한(Evy Sheehan), 캐서린 스미스(Catherine Smith), 메리 얀 스프래들린(Mary Jane Spradlin), 수잔 데오패니디스(Susan Theofanidis), 데일 티존(Dale Tison), 마

이크 볼프(Mike Volpe), 로자 제디커(Rosa Zediker), 데니스 주첼리(Denise Zuchelli)에게 감사한다.

특히 리자 코낙과 그녀의 팀원 레니 웨스트, 브루스 마터, 캐시 렌제티, 마이크 볼프, 로자 제디커에게 큰 도움을 받았다. 이 책에 소개된 고객들과의 심도 깊은 인터뷰는 이들이 있었기에 가능한 것이었다.

여론조사 회사인 마켓 팩트(Market Facts)의 시드 그로네먼(Sid Groenemann)과 그의 동료들에게도 감사한다. 그들과 함께 일하게 되어 즐거웠으며, 작은 일에도 그들은 자신들의 뛰어난 기술과 우아함 그리고 프로 정신을 보여주었다.

또한 에들먼 파이넨셜 서비스의 동료들 잭 버본(Jack Bubonm), 에드 무어(Ed Moore), 신디 베라(Cindee Berar), 얀 코월(Jan Kowal), 크리스 듀워(Kris Duwar), 다이앤 젠슨(Diane Jensen), 베티 오리어(Betty O'Lear), 도우 래빌(Doug Rabil), 앤드류 매소로(Andrew Massaro), 조 길모어(Joe Gilmore), 켈시 윌리엄스(Kelsey Williams)에게도 감사하고 싶다. 그들과 함께할 수 있다는 것은 내게 있어 행운이다.

그림을 맡아준 애드리언 릴리(Adrian Reilly), 디자인을 맡아준 수지 펜튼(Suzi Fenton), 나의 에이전트 게일 로스(Gail Ross), 하퍼콜린스 출판사 사람들 특히 내 책의 편집자인 로버트 윌슨(Robert Wilson)에게 감사한다.

무엇보다도 자신들의 재정적인 삶에 대한 경험들을 자세하게 들려준 수천 명의 고객들에게 진심 어린 감사의 마음을 전하고 싶다. 그들의 도움이 없었다면 이 책은 빛을 보지 못했을 것이다.